C Bourwieg

Die innere Mission in Westpreußen

C Bourwieg

Die innere Mission in Westpreußen

ISBN/EAN: 9783742894618

Hergestellt in Europa, USA, Kanada, Australien, Japan

Cover: Foto ©ninafisch / pixelio.de

Manufactured and distributed by brebook publishing software
(www.brebook.com)

C Bourwieg

Die innere Mission in Westpreußen

Die innere Missio

in

Westpreußen

Dargestellt

von

C. Bourwieg,

Pfarrer in Lenzen.

Elbing,

Leon Saunier's Buchhandlung (A. Kauenhowen).

Vorwort.

Da mein lieber, in den Arbeiten der innern Mission bewährter Freund, Lic. Pfarrer Nesselmann in Elbing, die durch den evangelischen Ober-Kirchenrath veranlaßte Aufforderung des Herrn Generalsuperintendenten **Dr. Moll**, eine Schrift über die innere Mission in Westpreußen zu schreiben, ablehnte und mich zu dieser Arbeit vorschlug, habe ich die dann an mich ergehende Aufforderung des Herrn Generalsuperintendenten als einen Ruf Gottes angesehen und gerne die Gelegenheit ergriffen etwas zum Bau seines Reiches beizutragen. Im Laufe der Arbeit bin ich mir der Schwierigkeiten, die in der Unzulänglichkeit meiner Kräfte und in dem Mangel an Quellen für ein bisher noch nicht bearbeitetes Feld liegen, immer mehr bewußt geworden, um so mehr aber in das Gebet getrieben, daß der Herr aus Gnaden das Geringe segnen und das Untüchtige tüchtig machen wolle. Wenigstens ist alles, was in der nachfolgenden Schrift steht, in herzlicher Liebe zu den Bewohnern meiner Heimath und in dem festen Glauben geschrieben, daß das Evangelium das einzige, aber auch sichere und genügende Heilmittel für alle Schäden und Wunden ist.

Meinen warmen Dank sage ich dem königlichen Konsistorium, allen lieben Freunden und den Vorständen von Anstalten und Vereinen, welche mir Berichte übersandt haben. Allerdings bedauere ich, aus den meisten Kreisen keine ausführlichere Darstellung ihrer Nothstände empfangen zu haben, auch genauere statistische Nachrichten nur über den Regierungsbezirk Danzig beibringen zu können, weil über den zweiten Regierungsbezirk solche Angaben im Druck nicht erschienen sind.

Ihm aber, dem Friedefürsten und Arzt der Völker, lege ich diese Blätter in seine Hände, daß er damit schalte nach seinem Wohlgefallen, und Euch, die Ihr diese Blätter leset, bitte ich:

> Auf, laßt uns Zion bauen
> Mit freudigem Vertrauen,
> Die schöne Gottesstadt!
> Wenn wir an's Werk erst gehen,
> Wird sie bald fertig stehen.
> Wohl dem, der mitgebauet hat!

Lenzen, im August 1874.

C. Dourwieg.

I. Die sittliche und religiöse Noth in Westpreußen.

A. Ihre Erscheinungen.

Westpreußen, mit Ostpreußen seit 1825 durch ein gemeinsames Oberpräsidium, seit 1832 durch eine gemeinsame kirchliche Behörde zu einer Provinz vereinigt, erscheint meistens nur als eine Beigabe zu dem bekannteren Ostpreußen, dennoch ist es ganz eigen geartet und innerlich noch nicht mit dem andern Theile der Provinz verwachsen. Einst in der Kultur seiner Schwester voraus, steht es ihr jetzt in seinem kirchlichen Leben, der Volksbildung und zum Theil in seiner Sittlichkeit nach, ebenso in der Theilnahme an den Werken der innern Mission und den Erfolgen derselben. Wir haben hier also noch größere Schäden zu erwarten als die bekannteren in Ostpreußen.

1. Die Trunksucht.

Unter den Erscheinungen unserer Nothstände steht die Herrschaft des Branntweins voran, der seit dem 30jährigen Kriege Getränk der Vornehmen und seit dem 7jährigen Kriege tägliches Getränk der niedrigeren Klasse geworden ist. Die Branntweinsteuer, deren Ertrag Fr. Wilh. IV. am liebsten auf dem Nullpunkte gesehen hätte, betrug 1872 in Norddeutschland und Südhessen 14,232,266 Thlr., sie ist in

1

Preußen von 5,641,034 Thlr. (im Jahre 1851) fortdauernd
gestiegen, 1861 betrug sie 7,315,930 Thlr., 1866: 10,438,801
Thlr., 1868: 11,910,624 Thlr. und 1870: 13,097,200 Thlr.
Der im Jahre 1857 bereitete Branntwein war schon 50
Millionen Thlr. werth. Im Rgbz. Danzig ist die Steuer von
267,322 Thlr. (im Jahre 1861) allmälich auf 418,053
Thlr. (im Jahre 1864) gestiegen, dann aber 1867 auf
364,745 Thlr. gesunken. Im Jahre 1870 wurden in Preu-
ßen 6,162,108 Scheffel Getreide und 33,907,072 Scheffel
Kartoffeln in den Brennereien verbraucht; in je 4 Jahren
wird eine ganze Kartoffel- und in je 12 Jahren eine ganze
Roggenernte vertrunken; im Rgbz. Danzig wurden so im
Jahre 1867: 43,999 Schffl. Getreide und 1,254,518 Schffl.
Kartoffeln in ein Getränk verwandelt, welches anerkannter
Maßen in seinen 30 Theilen Alkohol und 70 Theilen Wasser gar keinen Nahrungsstoff besitzt und leiblich, sittlich und
geistig verheerend wirkt. Auf den Kopf kamen im preußischen Staate im J. 1861: 12 Sgr. 4 Pf., in den Jahren 1865 und 1870: 11 Sgr. 11 Pf. und im J. 1871
11 Sgr. 6 Pf. Steuer; im J. 1861 verbrauchte jeder
Bewohner des preußischen Staates mehr als 6 Quart, 1865
etwas weniger, 1870 etwas mehr und 1872 fast 6 Quart,
so daß der Branntweinverbrauch im Allgemeinen nicht im
Wachsen ist. Leider aber trifft im J. 1864 der höchste
Steuerbetrag für den Kopf auf Westpreußen, wie auch auf
Brandenburg und Posen, nämlich 17 Sgr. 10 Pf., während
auf den Kopf in Ostpreußen 10 Sgr., in Westfahlen 5
Sgr. 9 Pf., in der Rheinprovinz 3 Sgr. 4 Pf. fallen; in
den beiden letzteren Provinzen kommen auf den Kopf 4 bis
5 Quart Branntwein jährlich, in der Provinz Preußen ist
auf jeden Bewohner noch einmal so viel (7 bis 8 Quart)
zu rechnen. Eine westpreußische Arbeiterfamilie, Mann, Frau
und 4 Kinder umfassend, giebt also jährlich 9 bis 11 Thlr.,
etwa den 15. Theil ihrer Gesammt-Einnahme, für Brannt-

wein aus und vertrinkt 45 Quart Schnaps. — Die Brennereien, deren Zahl im preuß. Staate 1861: 8249, 1869: 8689, 1870: 8886 betrug, sind am zahlreichsten in der Prov. Preußen; in Westpreußen finden sie sich besonders in einem Theile des Kr. Flatow, in den Kreisen Dt. Crone und Schwetz, in dem westlichen Theile des Kr. Marienwerder und vor Allem in den kassubischen Kreisen (Neustadt, Karthaus, Stargard und Berent), in denen der Boden leichter ist, und hier wieder sind die Kreise Neustadt und Stargard an Brennereien die reichsten. Zum Rgbz. Danzig gehörten im J. 1864: 81, im J. 1867 83 Brennereien; nur ein verschwindend kleiner Theil ihrer Erzeugnisse (noch nicht der tausendste) wurde zu gewerblichen Zwecken verwandt. Der Hinweis auf die landwirthschaftlichen Verhältnisse genügt nicht zur Entschuldigung für den Brennereibetrieb, da es im preuß. Staate mehr als 5mal soviel Güter ohne Brennereien giebt als solche, die Brennereien besitzen, auch haben von 1861—1866 nicht weniger als 2100 Güter ihre Brennereien aufgegeben, gewiß doch zu ihrem Vortheil. Es sei hier auch an die Worte erinnert, welche Graf Schlieffen im Herrenhause gesprochen hat: „Segen kann das Gewerbe nicht bringen, das auf die Entsittlichung des Volkes gegründet ist. Es steht fest, daß der Branntwein nur Fluch verbreitet; es muß also unser Ziel sein, den Branntwein als menschliches Genußmittel vollständig auszurotten." Die Frage, ob eine Brennerei anzulegen oder aufzugeben ist, muß als eine sittliche bezeichnet werden, bei deren Entscheidung Eigennutz und Nächstenliebe einander gegenüber stehen.— Von den Gast- und Schankwirthschaften kam im J. 1865 in den Städten des Rgbz. Danzig je eine auf 147 Einwohner (ebenso 1868), auf dem Lande je 1 auf 348 (im J. 1868 auf 336) Bewohner, so daß ihre Zahl sich auf dem flachen Lande verringert, in den Städten sich nicht vermehrt hat. In den kassubischen Kreisen ist die Zahl überall etwas gesunken, am meisten in Berent, ja im Kr. Stargard wird seit 13 Jahren keine Schankanlage aufgeführt, in der hauptsächlich Branntwein geschenkt wird. Im Allgemeinen ist die Zahl der Branntweinschenken sehr groß. Die Krüge wirken dann besonders verderblich, wenn sie, wie so oft, in den Händen solcher Juden sind, die keine sittlichen Rücksichten sondern nur ihren Vortheil kennen; im Kr. Stargard z. B. sind wenigstens an 22 Stellen Juden im Besitz der Krüge; „es ist viel zu klagen über die Verwüstungen, welche die Branntweinspest, in den vielen Judenschenken recht planmäßig gehegt, hier anrichtet," heißt es auch aus Sch. im Kreise Thorn. Einige Ortschaften seufzen besonders schwer unter der Zahl der Schankwirthschaften; eine Ortschaft von 5000 Seelen zählt deren 28, Dörfer mit 660—400 Bewohnern haben je 3, Dörfer mit 420 und 300 Einwohnern je 2 solcher Wirthschaften, so daß dort also auf 130—230 Seelen je eine Schankstätte kommt. Dabei bestehen noch Hakenbuden z. B. im Kr. Karthaus auf je 2 Krüge etwa eine; diese unterscheiden sich außer durch den Handel mit Materialwaaren u. a. D. nur dadurch von den Krügen, daß sie nicht zur Nacht beherbergen, sonst wird ebenso Bier und Branntwein geschenkt, und es ist ebenso ein besonderes Zimmer für sitzende Gäste wie in den Krügen vorhanden, ja auch die Nächte hindurch wird dort heimlich gespielt und getrunken, so im großen Werder. Rechnen wir noch dazu die Winkelschenken und die Materialwaarenläden und ähnliche Handlungen, die ihren Kunden Branntwein bieten, so ist in der That schon die Verführung durch die große Zahl der Schankstätten so bedeutend, daß ein sittlich und religiös schwacher Mensch ihr kaum widerstehen kann. Seit dem Erlaß der Gewerbeordnung für den norddeutschen Bund häufen sich von allen Seiten die Klagen über zahlreiche Koncessionirungen von Branntweinschenken und über deren verderbliche Folgen. Die Gewerbeordnung vom 21. Juni 1869 fordert im § 33 nicht

2

5

einmal immer den Nachweis des Bedürfnisses, nur wenn gegen den um die Konceſſion Nachſuchenden Thatſachen vorliegen, welche die Annahme rechtfertigen, daß er das Gewerbe zur Förderung der Völlerei, des verbotenen Spiels, der Hehlerei oder der Unſittlichkeit mißbrauchen werde, oder wenn das zum Gewerbebetriebe beſtimmte Lokal wegen ſeiner Beſchaffenheit oder Lage den polizeilichen Anforderungen nicht genügt, ſoll die Erlaubniß verſagt werden. In Preußen ſoll freilich für die Anlage eigentlicher Schankwirthſchaften und für den Kleinhandel mit Branntwein die Frage nach dem Bedürfniß entſcheidend ſein, aber unter dem Namen von „Gaſthöfen“ entſtehen überall Verkehrsanſtalten, die ſich gar nicht von den Branntweinſchenken unterſcheiden, ja ſie werden als Gaſtwirthſchaften eröffnet, noch ehe die nöthigen Stallungen und Fremdenzimmer da ſind, und bleiben beſtehen, auch wenn das Jahr über faſt nie ein Fremder einkehrt; ſelbſt gegen den Willen der ganzen Ortſchaft, die ſpäter nur zu bald der Verführung zum Opfer fällt, werden ſie konceſſionirt; ſo ſind z. B. ſeit dem Jahre 1868 im Kirchſpiel L. im Kr. C. 3 ſolcher Anſtalten entſtanden, ſo daß daſſelbe gegenwärtig 9 Schankſtätten zählt. Ob aber ein Bedürfniß vorhanden iſt, darüber ſind die Urtheile ſehr verſchieden; das franzöſiſche Geſetz beſtimmt für 1000 Einwohner eine Schenke, bei uns wird öfter für 120—200 Bewohner die Bedürfnißfrage bejaht. Wer aber das Elend kennt und mitfühlt, welches durch den Branntwein entſteht, beſtreitet überhaupt, daß eine Branntweinſchenke ein Bedürfniß ſei. Ebenſo wie Gelegenheit Diebe macht, ſo läßt auch die ſteigende Zahl der Schenken die Zahl der Trinker und Säufer wachſen. Sind aber einmal Gaſtwirthſchaften u. ſ. w. konceſſionirt, ſo kann durch gerechte Handhabung des § 53 der Gewerbeordnung dem Mißbrauche vorgebeugt werden, denn dieſer beſagt: „Die Erlaubniß, welche Gaſtwirthen, Schankwirthen, Schauſpiel-Unternehmern u. ſ. w. zum Betriebe ihres Gewerbes ertheilt iſt, kann zurückgenommen wer-

den, wenn aus Handlungen oder Unterlassungen des Inha-
bers der Mangel derjenigen Eigenschaften, welche bei Ertheilung der Genehmigung nach der Vorschrift dieses Gesetzes
(vgl. § 33) vorausgesetzt werden müssen, klar vorliegt." Und
selbst wenn im Wirthshause nicht die Völlerei, das Hazardspiel, die Unzucht u. s. w. befördert wird, so entfremdet schon
das Wirthshausleben an sich den Mann der Frau, den Vater seinen Kindern und den Hausherrn seinem Hause; wo
der Mann allabendlich in das Kasino, in die Ressource oder
in den Krug wandert, wird das Familienleben zerstört.

Die Trunksucht ist am stärksten in den kassubischen
Kreisen, herrscht aber überall; am wenigsten wird von der
Danziger Nehrung geklagt, von letzterer heißt es: „Wildes
Wirthshausleben kommt nicht vor, außer an einem Tage im
Jahre, an welchem sich das Gesinde von weit und breit zum
Vermiethen in den bestimmten Krügen zu sammeln pflegt;
Trunksucht ist im Ganzen selten." Aber es wird auch da
wohl der Branntwein ebenso Hausgetränk sein wie an anderen Orten. Unser Volk will seine Feste, auch Taufen, Hochzeiten und Begräbnisse, nicht ohne Branntwein begehen; be-
trunkene Leichenträger und betrunkenes Leichengefolge, betrun-
kene Hochzeitsgäste, Brautleute und Pathen entweihen hie und
da die heiligen Stätten und Handlungen. Selbst den Kindern in der Wiege wird öfter (im Danziger Werder, im
Kr. Neustadt u. a. a. O.) von gewissenlosen Müttern
Branntwein gegeben, um sie still zu machen — sie werden
betrunken und schlafen ein. Bei den Leichenschmäusen, die
als ein Rest heidnischer Sitte unter den früher slavischen
Völkern fast in ganz Westpreußen gehalten werden, darf der
Branntwein nicht fehlen. Bei den Hochzeiten, Tanzvergnügungen und gemeinsamen Spaziergängen trinken selbst die
Mägde und Töchter der Bauern fast ohne jede Ausnahme
Branntwein, der oft mit Zucker noch stärker gemacht wird,
und rohe Bursche machen sich ein Vergnügen daraus, sie be-

trunken zu machen (Kr. Elbing). Wahl-, Schulzen- und
Kantontage, Fahrten nach der Stadt und besonders die Jahrmärkte, letztere vorzüglich unter den Kassuben, enden bei sehr
vielen mit Trunkenheit. Manche Chausseearbeiter trinken
täglich 1 Quart, ja noch mehr, und vertrinken damit mehr
als ein Drittheil ihres Verdienstes. In den Kreisen Neustadt und Stargard werden auf einen Zug ganze Viergläser
voll Branntwein ausgetrunken und dem Wanderer wird derselbe von den Brennern in Töpfen angeboten. „Leider sind
selbst die Kirchgänge bei den weiten Entfernungen und den
unzureichenden Nahrungsmitteln nach dieser Seite hin oft
sehr gefährlich," und „an manchen Orten ist es Regel geworden, daß der Arbeiter am Sonntage nicht die Kirche sondern die Schenke aufsucht" (Kr. Konitz.) Gerade am Sonntage sind die Schenken überfüllt, angetrunkene Knechte durch-
ziehen häufig lärmend und tobend die Straßen (Ldkr. Danzig.)
Es vergeht fast kein Sonntag ohne den Lärm betrunkener
Kruggäste (G. im Danziger Werder.) Selbst die Mägde
ziehen bisweilen am Sonntage betrunken durch das Dorf.
(Kr. Elbing.) — Eine Menge einzelner trauriger Fälle von
Trunksucht erzählen die Berichte der Enthaltsamkeits-Gesell-
schaft des Danziger Landkreises.

Nach dem Zeugniß eines westpreußischen Gefängnißgeistlichen wäre wohl die Hälfte der Verbrechen, die in unsern
Gegenden begangen werden, nicht vorgekommen, wenn nicht
der Branntwein wäre, während andere Gefängnißbeamte ³/₄
bis ⁴/₅ sämmtlicher Verbrechen diesem verderblichen Getränk
zuschreiben. — Ebenso schädlich wirkt er auf den Wohlstand;
ein Drittel bis drei Viertel sämmtlicher Armenunterstützungen
sind durch ihn veranlaßt. Wo aber die Trunksucht abgenommen hat, ist der Wohlstand gewachsen. — Im städtischen
Lazareth in Danzig sterben jährlich im Durchschnitt 30 Personen (nach neueren Angaben weniger), darunter auch Frauen,
am Säuferwahnsinn, in Deutschland jährlich 10,000; im

J. 1864 wurden in zwei Krankenhäusern Danzigs an dieser schrecklichen Krankheit 52 Personen, der 70. Theil aller Kranken, behandelt; der berühmte Statistiker Engel hat nachgewiesen, daß z. B. an der Cholera in den östlichen Provinzen, in welchen der Branntwein vorherrscht, drei Mal so viel Menschen sterben als z. B. im Rgbz. Trier, ebenso hat er gezeigt, daß von tausend Säufern jährlich 58, von 1000 Einwohnern desselben Alters nur 19 sterben. Beweise genug, wie sehr der Branntwein die Widerstandskraft gegen Krankheiten schwächt. — In den Gegenden, welche den größten Branntweinverbrauch aufweisen und die Kartoffel zum Hauptnahrungsmittel haben, werden nur sehr wenige zum Militärdienst tauglich befunden: von 100 Militärpflichtigen waren in den Jahren 1859—1861 in den Kreisen Karthaus, Berent und Stargard nur 12, im J. 1864 im ganzen Regierungsbezirk D. nur 14 tauglich — ein Beweis, wie sehr der Branntwein selbst die militärische Kraft unseres Vaterlandes schädigt. — Im J. 1871 wurden in den 8 alten Provinzen 48 Ehen wegen Trunksucht geschieden, davon fielen auf unsere Provinz 21 Fälle, fast die Hälfte aller; unter 100 Ehescheidungen kamen auf die Trunksucht bei uns 5, in Pommern nicht 2, in Posen noch etwas weniger, in Brandenburg kaum eine. Damit hängen die Fälle zusammen, in denen die Scheidung wegen roher Behandlung erfolgte: es kamen auf 100 Ehescheidungen in Posen 3, in Brandenburg und Pommern 5, in Preußen 7 solcher Fälle — ein Beweis, wie sehr bei uns die Ehen durch Trunksucht zerrüttet sind. — Drei Viertel der verwahrlosten Kinder in den Rettungshäusern stammen von Branntweinsäufern ab — ein Beweis, wie die Trunksucht der Kinderzucht schadet.

Die Trunksucht ist durch den Krieg sehr befördert, schon durch die Absendung von Branntwein, Liqueur, Rum u. s. w. an die Truppen, sowie durch den in aufgeregten Zeiten häufigeren Besuch der Krüge, besonders aber durch die Gewöhmung, welche die Krieger aus dem Feldzuge mitbrachten, und durch die seit dem Kriege wachsende Vergnügungssucht. Ueber die Zunahme der Trunksucht klagen am meisten die Kreise Elbing und Flatow; in den Kreisen Konitz und Schlochau scheint sie zu wachsen, im Kr. Stuhm abzunehmen; im Kr. Stargard ist sie in entschiedenem Rückgange, vielleicht in Folge der Wirksamkeit der Geistlichen und der durch Verbreitung vieler Enthaltsamkeitsschriften gegebenen Belehrung und Ermahnung. Wird auch dort, wie in anderen Gegenden, wo die katholischen Pfarrer eine große Anzahl ihrer Gemeindeglieder zum Abschwören des Branntweins veranlaßt haben, bisweilen der reine Spiritus zu „Einreibungen" gekauft und zu Hause destillirt oder wird gar ein Gemisch von Schwefelsäure, Fruchtsaft und Zucker als „Jesuitenwein" genossen, so zeugt dieses doch davon, daß dort in der öffentlichen Meinung der Branntwein um seine Herrschaft gekommen ist. — Früher stand es besser als jetzt. Wenn auch schon im J. 1540 in unserer Provinz der Branntwein als Gegenstand des Kleinhandels vorkommt, so hatte doch im J. 1772 die Stadt Graudenz, in welcher 40 Jahre früher unter den Jesuitenschülern einer das Zeugniß: „Branntweinschwelger" erhält, doch nur 2 Wirthshäuser für seine 1204 Bewohner; die Statuten des dortigen Schuhmachergewerkes gestatteten nur alle 14 Tage den Herbergsbesuch, und das Bruderbier der Schneider mußte um 9 Uhr Abends zu Ende sein, während jetzt die Herbergen sehr häufig besucht werden und rechte Pflegestätten der Trunksucht geworden sind. — Seit der letzten 50 Jahren hat der Branntwein unter den mittleren Ständen an Herrschaft verloren, unter den niedrigeren gewonnen, bei den ersteren ist dafür der Genuß der starken Biere, welche in ähnlicher Weise verderblich wirken, gewachsen. Glücklich ist noch kein Volk durch den Branntwein geworden, aber er hat vielen, wie den Bewohnern Westpreußens, großes Elend bereitet. Zur Ueber windung der Trunksucht wird freilich von den Knechten des Branntweins sittliche Kraft, von den Nüchternen aber suchende Liebe gefordert.

2. Die Sonntagsentheiligung.

„Der Mensch wird sich dann am ehesten durch rohe Genüsse schadlos halten, wenn er weder Freiheit noch Zeit hat, edlere Empfindungen aufkommen zu lassen." An keinem Tage wird soviel Branntwein getrunken wie am Sonntage. Und doch ist dieser Tag, wie Gott 2. Mose 31, 13 sagt, „ein Zeichen zwischen ihm und seinem Volke", und der Herr nennt ihn gleich darauf „seinen" Sabbath. Die Erneuerung eines Volkes ist nicht möglich ohne die Sonntagsheiligung; nur aus dem Worte Gottes können neue Lebenskräfte in die Herzen fließen, wird aber nicht der Same des Guten in das Herz gestreut, so müssen Dornen und Disteln darauf wachsen.

Von einer öffentlichen Heiligung des Sonntages kann in unserm deutschen Vaterlande kaum noch die Rede sein, und dieses gilt gewiß für Westpreußen. Es sind nur einzelne entlegene Gegenden, deren Landbevölkerung den Sonntag heiligt, so auf der Danziger Nehrung, wo die ländlichen Besitzer weder für sich noch für die kleineren Leute am Sonntage Gespanne und Knechte in Thätigkeit setzen und die Fischer der Stranddörfer an den Vorabenden der Sonn- und Festtage und an diesen Tagen selbst nicht zum Fischfange ausfahren, es sei denn, daß der Zug der Fische, welcher nur ganz kurze Zeit hindurch und nur wenige Male der Küste naht und von dessen Ausbeutung die ganze Existenz der Fischer abhängt, gerade an diesen Tagen plötzlich erscheint; ebenso ruft augenblicklicher Bernsteingewinn sie auch am Tage des Herrn an den Strand. Im Kr. Flatow wird am Sonntage sehr selten gearbeitet und selten werden Vergnügungen auf diesen Tag gelegt, schon Sonnabend Nachmittag hört dort zeitig die Feldarbeit auf. Sonst sind es nur vereinzelte Orte, an denen es gut steht: „Die Feier des Sonntages ist bisher in sämmtlichen Orten aufs Strengste beobachtet worden, an demselben wird nirgends durch das Geräusch ländlicher Arbeiten die Sabbathsstille unterbrochen." (K. Sampohl, Kr. Schlochau); „die Sonntagsarbeit ruht ganz und gar, selbst Tanzvergnügungen an den zweiten Feiertagen sind selten" (Schönberg, Kr. Berendt); von Pommehrendorf (Kr. Elbing) heißt es: „der Sonntag wird wohl durch Arbeit, aber nicht durch ausschweifende Lust entheiligt"; rechnen wir dazu noch einige wenige Güter und einige wenige Bauerdörfer, so werden wohl nicht viele Lichtpunkte übergangen sein. Einzelne Gegenden, und zwar nur ländliche, bilden also eine Ausnahme. — In den Städten steht es überall schlecht, auch in den kleinen. Ganze Klassen der städtischen Bevölkerung haben keinen Sonntag, so die Droschkenkutscher, die Kellner, die Dienstboten und Beamten in größeren Gasthöfen, ebenso die meisten Ladengehülfen und Gehülfinnen, da das Geschäft erst kurz vor dem Gottesdienst geschlossen wird, die meisten Läden den Sonntag über offen stehen (z. B. in Graudenz) oder heimlich selbst während des Gottesdienstes im Innern der Häusern verkauft wird. Viele Handwerker arbeiten am Sonntag-Vormittag, so daß ihren Gesellen und Lehrlingen die Theilnahme am Gottesdienst unmöglich gemacht wird. Die Marktfrauen der Stadt E. sitzen am Sonntagmorgen bis 9½ Uhr auf dem Markte aus. In den Fabriken derselben Stadt wird, wenn die Arbeit für dringend gilt und in dem einen Zweige der Fabrikarbeit weiter vorgeschritten ist als in den andern, am Sonntage gearbeitet; es trifft dieses etwa auf jeden fünften Sonntag, und dann ist ungefähr ein Drittel der Arbeiter, also gegen 1000 Menschen thätig, und es wird ihnen so durch die Selbstsucht der Fabrikanten die Möglichkeit, den Gottesdienst zu besuchen, genommen, wer sich aber weigern würde, am Sonntage zu arbeiten, würde entlassen werden. Es kann auf die Dauer der gute Geist, welcher jetzt noch in einem großen Theile der Fabrikarbeiter E.'s lebt, nicht Bestand behalten, wenn ihnen so wichtige Rechte vorenthalten oder sie veranlaßt werden, darauf Verzicht zu leisten. Sämmtliche Postbeamten haben nur einen Theil des Sonntags, die Eisenbahn - Beamten nur den zweiten oder vierten Sonntag frei. Auf dem Bahnhof E. haben z. B. die Stationsvorsteher am Sonntage keinen Dienst, die Assistenten den je zweiten Sonntag frei; der Bodenmeister kennt, da die Güterzüge Sonntags wie in der Woche gehen und der Boden für neuankommende Güter geräumt werden muß, gar keinen Sonntag, sein Schicksal theilen 2 der unter seiner Aufsicht arbeitenden Leute, 5 haben es insoweit besser, als der 6. Sonntag ganz, der 3. Sonntag halb und außerdem 2 Sonntag-Nachmittage (nicht Vormittage) frei sind, von den 7 Wagenschiebern hat einer gar keinen Sonntag, von den andern haben je 2 jeden dritten Sonntag frei, dann haben aber die 5 übrigen so viel zu thun, daß kaum zum Mittagessen Zeit bleibt — also haben unter 18 Männern 2 die Sonntage frei, 4 gar keinen Sonntag und 12 die Sonntage nur theilweise zu ihrer Erholung und Erbauung. Ebenso schlecht haben es die auf den Dampfschiffen angestellten Leute und die Telegraphenbeamten. Auch werden die Fortbildungsschulen oft den gottesdienstlichen Stunden so nahe gelegt daß die Schüler am Gottesdienst nicht theilnehmen können — Auf dem Lande steht es am schlimmsten auf den Gütern. Manche Gutsherrn machen sich gar kein Gewissen daraus, auch ohne jede scheinbare oder wirkliche Noth am Sonntage einfahren zu lassen. Selbst bei sonst kirchlich gesinnten Herren kommt es vor, daß von Sonnabend auf den Sonntag die Nacht hindurch Korn gehauen und den ganzen Sonntag über eingefahren wird. „In der Erntezeit müssen Knechte und Mägde des Nachts auf dem Felde zusammen Garben binden und sind sich dabei ganz allein überlassen,

unter lautem Lärmen pflegen sie nach Mitternacht zurück=
zukehren, selbst in der Nacht von Sonnabend auf Sonntag
wird gearbeitet, nach solcher Nacht haben sie natürlich keine
Lust, die Kirche zu besuchen" (Lokr. Danzig). Auf den
Samstagabend verlegen manche Gutsherren das Erntefest, da=
mit die Leute den Sonntag über sich ausschlafen und die
Herren also wenig Arbeitszeit verlieren. Auf vielen Gütern
wird am Sonntage der Lohn den Leuten ausgezahlt oder
mit den Verwaltern Abrechnung gehalten. Da viele Guts=
herren ihren Leuten in der Woche nicht das Angespann zur
Bestellung ihres Ackers und zum Herbeischaffen von Holz,
Heu u. s. w. geben, auch ihnen weder durch Verkürzung
der Arbeitszeit noch durch regelmäßig oder ausnahmsweise
bewilligte freie Nachmittage die nöthige Zeit zu ihren häus=
lichen und wirthschaftlichen Arbeiten lassen, auch die Frauen
sehr häufig zur Feldarbeit beanspruchen, so sind die Leute ge=
zwungen, am Sonntage zu arbeiten und der Kirche fern zu blei=
ben. Das ist von den Herren weder menschlich noch christlich ge=
handelt. Der größte Theil der ländlichen Bevölkerung wird auf
diese Weise um ihr staatsbürgerliches und ihr christliches Recht
der Ruhe und Erbauung am Sonntage gebracht, ein Recht,
welches der Staat ebenso wie die Ehe, das Eigenthum, die
Ehre und das Leben schützen sollte; auf die Dauer können
die Herren nicht auf der Liebe ihrer Leute rechnen, wenn
sie dieselben so schädigen. Es wird der Socialismus auch
bei uns daran genügenden Zündstoff finden, um das Feuer
der Erbitterung wider die Besitzer aufflammen zu lassen.
Es ist jetzt noch Zeit, in freier Liebe den Arbeitern das zu
gewähren, was vielleicht später erzwungen werden wird;
die Gabe freier Liebe kann sittlich gewinnend und veredelnd
wirken, das kann aber nicht eine erzwungene Leistung. Das=
selbe, was der Socialismus als Zweck oder als Mittel zu
Vergnügungen fordert, müssen wir Christen als Mittel zur
Erbauung, Besserung, Belehrung und Erholung verlangen

und gewähren: die Sonntagsruhe für die ländlichen Arbeiter.
Sagt doch selbst Koppe (Ackerbau und Viehzucht S. 43):
„Hart und lieblos ist es in unserem eigensüchtigen Zeitalter,
wenn der Beschäftiger der gemeinen Arbeiter diese durch Sonn-
tagsarbeiten um die einzige Zeit bringt, wo sie frei und sich
selbst überlassen sind. Früher verhinderte religiöse Rücksicht
diesen Missbrauch. Nur eine Ansicht der Lebens = Verhältnisse, die das Zusammenhäufen von Schätzen als das einzige
Ziel menschlicher Thätigkeit im Auge hat, kann dahin führen,
die armen Arbeiter durch einen höhern Lohn auch an Sonn=
und Feiertagen zu gemeiner Arbeit zu veranlassen." Die
Arbeiter auf dem Lande sind nur noch selten in der Kirche
zu finden und entfremden sich derselben immer mehr, denn
„der Sonntag ist die Thür, durch welche die Christen zu den
Schätzen der Kirche eingehen," darum verschlechtert sich aber
auch dieser Stand in so auffallender Weise, wie die Zunahme
der Verbrechen in diesem Stande zeigt. Selbst der Atheist
Proudhon sagte: „Sonntagsarbeit ist der Krebsschaden des
Arbeiterstandes." Die Gutsherren sollten nur dann die Sonntagsarbeit fordern, räth Prof. v. d. Goltz in seiner Schrift
über die ländliche Arbeiterfrage, wenn von ihr die Existenz
des Besitzers und der Arbeiter abhängt, sie sollten die Leute
nie zur Sonntagsarbeit zwingen, ihnen an Wochentagen die
nöthigen Gespannkräfte geben und die Frauen oder, wenn
diese zu Hause unabkömmlich sind, deren Männer auf einen
ganzen oder halben Tag zur Beschickung der eigenen Feld=
arbeit frei lassen. Es werden die Besitzer dabei nicht schlechter fahren, weil erfahrungsmäßig bei ununterbrochener Arbeit die Menschenkraft sich eher abnutzt und ein Arbeiter, der
am Sonntag Ruhe hat, mehr leistet als ein anderer, der auch
an diesem Tage sich anstrengt; auch würden die Leute durch
den Einfluss des göttlichen Wortes zuverlässiger werden; jedenfalls hätten die Herren die Beruhigung, ihren Leuten ein
menschenwürdiges Leben bereitet und ein christliches ermög=

licht zu haben. Es bedarf kaum der Bemerkung, daß, wenn in dieser Beziehung selbst von Geistlichen ein schlechtes Beispiel gegeben wird, dieses um so verderblicher wirkt. Auf den Königlichen Domänen, die in unserer Provinz mit Einschluß der Staatsforsten einen bedeutenderen Flächeninhalt umfassen als in irgend einer andern der 8 alten Provinzen, ist für die Sonntagsheiligung nicht besser gesorgt; der Staat könnte bei Abschluß der Pachtverträge schon genügende Schutzwehren gegen die Entheiligung des Sonntages auf den Domänen anrichten. Einige wenige Gutsbesitzer z. B. in den Kreisen Rosenberg und Marienwerder haben dafür gesorgt, daß ihre Leute den Sonntag frei haben; wir haben aber keinen Kreis, wo dieses so allgemein geschehen wäre wie in dem ostpreußischen Kreise Pr. Eilau; Gott gebe uns viele Landräthe, die berichten könnten, was jener märkische mittheilt, daß er in den 18 Jahren seiner Amtsdauer die Sonntagsarbeit fast in seinem ganzen Kreise (Gardelegen) abgestellt habe. — Etwas günstiger steht es auf den Dörfern. Die Besitzer arbeiten für sich selbst seltener, aber desto häufiger überlassen sie gerade und nur am Sonntage ihre Gespanne und ihre Knechte den kleineren Leuten, und es ist auch bei den Bauern wie bei den Gutsbesitzern ein sehr seltener Fall, daß sie in der Woche ihren Leuten die nöthige freie Zeit lassen. Doch auch der freie Arbeiter, der kein Ackerstück besitzt, weiß kaum etwas von einem Sonntage; sechs Tage arbeitet er für den Herrn, den siebenten für sich und hat keinen für seinen rechten Herrn, den lebendigen Gott. Am Sonntage wird gebacken, gewaschen, Holz zerkleinert oder aus dem Walde geholt, geschlachtet, gegraben, das Getreide in die Mühle gebracht, kurz gearbeitet wie in der Woche. Die Hütejungen kommen im Sommer, die erwachsenen Hirten das ganze Jahr über fast nie zur Sonntagsruhe und zur Erbauung. Viele Müller bringen sich oder ihre Leute um den Sonntag. Am Sonntage werden die Gemeindeverſammlungen gehalten, an manchen Orten die Steuern, ſelbſt die Staatsſteuern, durch königl. Beamte, eingeſammelt, Ter- mine vor dem Schiedsrichter angeſetzt u. ſ. w. Ein Theil der Ziegeleien brennt oder verladet ſelbſt an dieſem Tage, die Eiſenhütten unterbrechen nicht den Betrieb, in den Walz- werken wird ſehr oft am Sonntage gearbeitet mit der Ent- ſchuldigung: es gehe nicht anders, daſſelbe wird auch von den Glashütten geſagt, und doch haben einige chriſtliche Be- ſitzer von Glashütten in anderen Provinzen gezeigt, daß es geht, und haben das Feuer eben nur unterhalten laſſen. Fer- ner wird durch die größeren Geſellſchaften, welche ſehr häu- fig auf den Sonntag gelegt werden, dem Geſinde noch mehr Arbeit als ſonſt aufgelegt. — Ueberblicken wir die verſchie- den Klaſſen unſeres Volkes, denen der Segen der Sonntags- heiligung entgeht, ſo bilden ſie den größten Theil der Bevöl- kerung. Viele Schuld tragen die Behörden des Staates; es werden die geſetzlichen Vorſchriften über Sonntagsheiligung nicht beachtet. Iſt auch ſeit 20 Jahren einiges geändert, ſo finden noch immer z. B. Truppenmärſche, ſelbſt mit Remon- ten, am Sonntage ſtatt; es werden auf den königl. Bahnen ohne Berückſichtigung der gottesdienſtlichen Stunden Extra- fahrten veranſtaltet, und es gehen am Sonntage die Güter- züge und fahren die Poſten wie in der Woche; es wird auch wohl an öffentlichen Bauten gearbeitet. Die Poſten können ſtille ſtehen, ebenſo die Güterzüge, die Zahl der Perſonenzüge kann beſchränkt und den Soldaten der Sonntag im Frieden ganz und ſtets freigegeben werden. Die Sonntagsjahrmärkte ſind zwar im Allgemeinen abgeſchafft, aber bei den mehr als 6 Tage umfaſſenden Märkten ſind auch die Sonntage Markt- tage, auch ſchließen mehrere Markttage mit dem Sonnabend, natürlich wird dadurch der Sonntag ein unruhiger Reiſetag; dieſes geſchieht auch, wenn die Märkte auf den Montag fal- len, was bei etwa 264 Märkten Weſtpreußens 101mal bei Kram- und 12mal bei Vieh- und Pferdemärkten vorkommt;

ein Markt fällt auf den Sonntag nach Himmelfahrt, ein anderer auf den Tag nach Neujahr, ein dritter beginnt mit einem Sonntage — Uebelstände, denen durch Verlegung der eintägigen und Verkürzung der mehr als sechstägigen Märkte unschwer zu begegnen wäre.

Ohne Sonntagsruhe keine Sonntagsheiligung. Freilich ist mit der Ruhe noch nicht die Heiligung gesichert, denn es wird an keinem Tage so viel in böser Lust gesündigt wie an diesem. Auf den Samstagabend werden viele Bälle gelegt und bis tief in den Sonntag hinein fortgesetzt, am Sonntagmorgen finden Frühkoncerte statt, die Besucher dieser Vergnügungen kommen nicht in das Haus Gottes, ebensowenig die Theilnehmer an den schon in der Sonntagsfrühe veranstalteten Extrafahrten auf Dampfschiffen und Eisenbahnen. Trunkenheit und Lärm in den fast unzähligen Schankhäusern und Tanzlokalen herrschen, wie es von Thorn berichtet wird so überall in den Städten am Tage des Herrn. Die Wirthshäuser sollten nur für gewisse Stunden offen, die Tanzlokale und Theater für den Sonntag ganz geschlossen sein. Auf den Sonntagabend werden vor Allem die Tanzvergnügungen gelegt, neben den polizeilich genehmigten werden noch die „Geburtstage" und die „Bälle" in Privathäusern gefeiert, an manchen Orten z. B. des Kr. Elbing finden sie fast sonntäglich statt; Trunksucht, Unzucht und Verbrechen nehmen natürlich mit der Zahl solcher Vergnügungen zu; wer sie für unschuldig hält, kennt die dabei entwickelte Rohheit und Trunksucht und deren Folgen nicht; wie die Tanzvergnügungen einmal bei uns beschaffen sind, müssen sie entweder bekämpft oder durch bessere Aufsicht der Herren und Eltern unschädlich gemacht, jedenfalls müssen alle unerlaubten unterdrückt werden. — An ihre Stelle treten hie und da in Westpreußen kirchliche Volksfeste, so das Missionsfest, welches jährlich im Walde von Heubuden bei Danzig Ende August von 2—4000 Menschen gefeiert wird, das Missions-

2

feſt in Vandsburg, zu welchem die Gemeinde mit dem Chor
der Poſaunenbläſer in das nahe Haidchen zieht, im Schlo=
chauer Stadtwäldchen das Guſtav = Adolf=Feſt, bei dem der
Feſtzug mit einem Muſikkorps an der Spitze hinmarſchirt,
etwa 2000 Menſchen den Worten der Geiſtlichen, die auf
dem Altar oder der Kanzel unter einer Buche ſtehen, lauſchen
und der Geſangverein mit Geſängen Abwechslung bringt, in
neueſter Zeit iſt auch ein Volksmiſſionsfeſt in Elbing in ähn=
licher Weiſe veranſtaltet worden. Leider ſind ſolche Volks=
feſte bei uns ſehr ſelten, ſelbſt das Sedanfeſt wird nur ver=
einzelt und auch dann meiſtens ohne kirchliche Weihe gefeiert.
Miſſionsfeſte und Jahresfeſte der Anſtalten und Vereine
für innere Miſſion müſſen zu Volksfeſten gemacht und unſe=
rem Volke muß ſo die Freude an beſſeren Vergnügungen einge=
flößt werden als den rohen, mit welchen jetzt die Sonntage
entweiht werden. — Der Strom, aus dem ſittliche Kräfte
fließen können, bleibt für die meiſten verſchloſſen, aber die
Schleuſen des Stromes, aus dem immer größeres ſittliches
Verderben ſich ergießt, werden am Sonntage hoch aufge=
zogen.

Es ſteht in Deutſchland nicht überall ſo ſchlimm, ganz
von England und Amerika zu ſchweigen: „im ſüdweſtlichen
Deutſchland (v. d. Goltz: Die ländliche Arbeiterfrage S. 116)
kommt die Sonntagsarbeit viel ſeltener vor, hier geben ſich
die meiſten Tagelöhner zur Arbeit an Feiertagen gar nicht
her; ſie ſind gewohnt, an denſelben die Kirche zu beſuchen
und der häuslichen Ruhe innerhalb der Familie zu pflegen,
am Nachmittag gehen ſie bei gutem Wetter ſpazieren oder
ſitzen im Freien, beſuchen freilich oft auch das Wirthshaus
und den Tanzboden. Für den Arbeiter des nordöſtlichen
Deutſchlands iſt es nicht damit abgethan, daſſ man ihm den
Feiertag freigiebt, ſondern man muſſ ihn denſelben auch rich=
tig benutzen lehren. Hierzu gehört, daſſ man den Arbeiter
an regelmäßigen Kirchenbeſuch zu gewöhnen ſucht u. ſ. w.“

Beschämend ist für uns das Gegenstück, welches Westfalen bietet. Pf. Schmalenbach sagt in seiner Schrift: Die innere Mission in Westfalen S. 34 von den Gemeinden im Minden-Ravensbergischen und im Siegerlande im Allgemeinen, daß die Sonntagsheiligung auf dem Lande gut ist, und im Besonderen: „es giebt doch manche Gemeine, in welcher bis jetzt gar keine Tanzvergnügungen bestehen. Wo es gut steht, ist der Kirchenbesuch Vor- und Nachmittags zahlreich, es darf am wenigsten die Geige zum Tanze spielen; Jemand, der des Sonntags Futter fürs Vieh vom Felde holte, würde Anstoß und Aergerniß erregen. Selbstverständlich wird auch in der Erntezeit unter keinen Umständen am Sonntage gearbeitet." Selbst die Entschuldigung bleibt unsern Landwirthen nicht, daß bei der Kürze des Sommers und bei der unbeständigen Witterung die Versuchung, ja Nöthigung zu ländlichen Arbeiten hier näher liege als anderwärts, denn in den russischen Ostseeprovinzen wird der Sonntag besser geheiligt als in Westpreußen. — Früher herrschte bessere Sitte. Gegen das achtzehnte Jahrhundert untersagte z. B. der Magistrat zu Graudenz den Schuhmachern die Sonntagsarbeit und den Fleischern den Sonntagsverkauf, und nach einem Stuhmer Schuhmacherstatut vom J. 1725 sollte der Gesell am Sonntage bei einer Strafe von 4 Gr. in die Kirche gehen, der jüngste Gesell sollte anmerken, wer die Kirche versäumt habe, und dieses dem Altgesellen alle Quartale anmelden. Die Macht der guten Sitte ist leider durch den Rationalismus gebrochen. Unserer Zeit aber, die so hastig nach irdischen Gütern jagt, thut der Sonntag mit seiner Ruhe für Leib und Seele doch wohl doppelt noth!

3. Die Unzucht.

Sie ist wie überall auch in Westpreußen im Wachsen.— Ueber Unzucht wird auch schon früher z. B. 1443 in Marienburg geklagt, es kamen dort zahlreiche uneheliche Geburten vor, Ehebruch war an der Tagesordnung und häufig der

2*

Kindesmord, kein ehrbarer Mann durfte sich des Abends mit seiner Frau auf der Straße sehen lassen — es war dieses die Zeit, in welcher auch die Ordensritter vielfach der Unsittlichkeit beschuldigt wurden. Doch war dieses nur vorübergehend. Stehend ist die Unzucht seit den Schwedenkriegen geworden. — Der Ehebruch ist in den niedrigeren Ständen selten, wird aber in den höheren kaum als ein Unrecht angesehen. — Die Verbrechen gegen die Sittlichkeit haben bedeutend zugenommen; Greuel, schlimmer als die der Heiden, in Berlin vorgemacht, finden bei uns Nachahmung. — Die unehelichen Geburten sind nicht immer im Einzelnen, aber wohl im Großen und Ganzen ein richtiger Maßstab für die Unzucht; nur steht es viel schlimmer, als die Zahlen ahnen lassen. Es kamen in den 8 alten Provinzen des preuß. Staates im J. 1864 auf 1000 Geburten 100 uneheliche. Die Prov. Preußen nahm die 5. Stelle ein, Posen, Westfalen und die Rheinprovinz standen noch besser und zwar die beiden letzteren mehr als noch einmal so gut da. In Westpreußen war es besser als durchschnittlich im preuß. Staate, auf 1000 Geburten kamen bei den Evangelischen 93 uneheliche Geburten. Der ärmere Rgbz. Marienwerder übertrifft an Sittlichkeit den Rgbz. Danzig; in M. kamen auf 1000 Geburten 69, in D. aber auf ebenso viel Geburten 92 uneheliche. Am günstigsten aber steht es im Kr. Flatow, wo z. B. im J. 1870 auf 1000 Geburten in 3 Gemeinden 40, in einer 35, in einer 30 und in einer 25 uneheliche Geburten gezählt wurden. Es kamen im J. 1864

	auf 1000 Geburten	uneheliche
1.	im Kreise Flatow	42
2.	„ „ Konitz	53
3.	„ „ Schwetz	59
4.	„ „ Dt. Crone	59
5.	„ „ Straßburg	61

auf 1000 Geburten unmeheliche

6. im Kreise Löbau 64

7. „ „ Schlochau 65

8. „ „ Rosenberg 71

9. „ „ Marienwerder 77

10. „ „ Thorn 86

11. „ „ Graudenz 86

12. „ „ Stuhm 89

13. „ „ Kulm 93

Im Rgbz. Danzig kamen in demselben Jahre auf 1000 Geburten unmeheliche

1. im Kreise Berent 55

2. „ „ Stargard 62

3. „ „ Karthaus 63

4. „ „ Neustadt 83

5. „ Landkr. Danzig 107

6. „ Kreise Elbing 121

7. „ „ Marienburg 128

8. „ Stdtkr. Danzig 193.

Die reicheren und vorwiegend evangelischen Kreise sind hier die schlechteren. Natürlich stehen die größeren Städte Elbing und Danzig am tiefsten, Elbing hat auf 1000 Geburten 133, Danzig 193 uneheliche. Doch hatte im J. 1871 eine Landgemeinde des Kreises E. auf 1000 Geburten 240 uneheliche. In der Stadt Thorn trafen im J. 1871 auf eine gleiche Zahl von Geburten doch nur 110 uneheliche, Danzig aber überragte im J. 1868 selbst Berlin um 37 uneheliche Geburten. auf 1000 Geburten. Das Schmerzlichste ist, daß das Uebel wächst. Im Rgbz. D. hat z. B. von 1841—1866 die Zahl der unehelichen Geburten überall zugenommen. nur der Kr. Elbing hat sich soweit gebessert, daß auf 1000 Geburten beinahe 10 uneheliche weniger kommen. Sonst nimmt die Unzucht überall in Westpreußen zu, sehr wenig auf dem Lande, bedeutend in den Städten. In

Danzig werden jetzt etwa 30 uneheliche Kinder auf 1000 Geburten mehr geboren als vor 30 Jahren. Ein beschämendes Gegenstück bildet Baden, wo im J. 1872 in 103 Gemeinden keine unehelichen Geburten vorkamen, wie denn überhaupt Norddeutschland in sittlicher Beziehung von Südwestdeutschland weit übertroffen wird. Das Schicksal der unehelichen Kinder aber ist ein trauriges, sie entbehren meistens der Liebe, der nöthigen Wartung und Pflege; es übertrifft die Sterblichkeit der unehelichen Kinder im ersten Lebensjahre die der ehelichen um das Doppelte und Dreifache, wie denn auch dreimal so viel Todtgeburten bei unehelichen Kindern wie bei ehelichen erfolgen. In den Städten z. B. in Danzig werden diese unglücklichen Geschöpfe in größerer Anzahl Ziehmüttern übergeben, welchen der Volksmund den traurigen Namen „Engelmacherinnen" gegeben hat, mit Wink oder ohne Wink der Mutter lassen sie die Kinder verwahrlosen, stecken ihnen ein schmutziges Beutelchen, das mit gekautem Brod gefüllt und wohl erst in Branntwein getaucht ist, in den Mund, lassen sie in Schmutz und Unreinigkeit verkommen, und bald sterben die Kinder an „Atrophie," wie etwa der Arzt bescheinigt, sie sterben aus „Mangel an Nahrung," wie das Wort auf Deutsch heißt, also sie verhungern. Da kann nur eine strenge Aufsicht über diese Frauen, durch Mitglieder eines Frauenvereins geübt, Beschränkung in der Zahl der Kinder, die aufgenommen werden dürfen, und in Fällen der Vernachlässigung Entziehung der polizeilichen Erlaubniß helfen. Auch sollte die gesetzliche Bestimmung, daß unehelichen Kindern ein Vormund gegeben werden soll, überall gehalten werden. — Mit der Unzucht hängt der Kindesmord zusammen, der in unserer Provinz häufiger vorkommt als im Durchschnitte des preußischen Staates. — Die Zahl der Brautpaare, welche ohne kirchliche Ehren vor den Altar treten, ist nicht größer als in den andern Provinzen, in Sachsen sind es zwei Drittel, im Ravensbergischen ist es ein starkes

Drittel, in Westpreußen meistens ein Fünftel oder ein Viertel, an manchen Stellen fast die Hälfte, vereinzelt auch drei Viertel. Es kann aber nicht verschwiegen werden, daß überall unter den Bräuten der niedrigsten Klasse sehr selten eine Braut den Ehrennamen einer Jungfrau und das Ehrenzeichen des Kranzes verdient; in manchen ländlichen Bezirken ist dieses bei den Bräuten aller Klassen mit Ausnahme der gebildeten der Fall. Aus den Kreisen Konitz, Schlochau und Flatow wird aber berichtet, daß die Kinder nur selten zu früh geboren werden. — Wilde Ehen kommen nur zu einem kleineren Theile deßhalb vor, weil die kirchliche Trauung verweigert ist, meistens werden nur die Pflichten und Lasten der Ehe gescheut; von der Einführung der Staatsehe ist darum keine Verminderung sondern nach Frankreichs Vorbild eine Vermehrung der Konkubinate zu erwarten. Es kommt in Westpreußen bald auf 7000, bald auf 5000, bald auf 3000 Evangelische eine wilde Ehe. — Gewerbsmäßige Unzucht ist auf dem Lande sehr selten anzutreffen, das 6. Gebot wird hier meistens mit der Absicht, die Ehe einzugehen, übertreten. Auf dem Lande hält sich aus den niedrigeren Ständen kaum einer von geschlechtlichen Vergehungen frei; in manchen Gegenden wollen die Mädchen auf sündliche Weise die Ehe erzwingen, sie wollen nicht auf Gottes Fügung und Gabe warten. Gewerbsmäßige Unzucht ist um so häufiger in den Städten anzutreffen. In der Stadt Danzig standen (schon im J. 1867) etwa 850 Frauenzimmer unter polizeilicher Kontrolle; doch war der Kreis der prostituirten Dirnen viel größer, es käme auch bei der Zahl 850 schon auf je 100 Ew. eine Prostituirte, die unter polizeilicher Kontrolle steht. Die in Danzig erkennbare Zunahme der ansteckenden liederlichen Krankheiten, die ebenso wie andere mit der Unzucht zusammenhängende Dinge sich auch in den Landgemeinden schon verbreiten, läßt auf die Steigerung der Sittenlosigkeit schließen. Danzig giebt als Garnison-

und Seestadt mehr als andere Städte Anlaß zur Prostitution. Häuser der Unzucht und Kupplerinnen befördern sie
in jeder Weise. Viele Mädchen, welche dort Dienste suchen,
fallen der Prostitution theils, wenn sie keinen Dienst finden, in Folge der Noth, theils, wenn sie in schlechte Schlafstellen kommen, auch ohne Noth zur Beute, ebenso Frauen
in den Zeiten des Mangels. Die öffentlichen Vergnügungs-
lokale und die Restaurationen mit weiblicher Bedienung, die
fast sämmtlich auf die Pflege der Unzucht rechnen, sind die
Brutstätten der Sittenlosigkeit. „Das Treiben in den Cafés
chantants hat, wie eine Danziger Zeitung im J. 1873
berichtet, einen Grad erreicht, der jede noch so hart schei-
nende polizeiliche Maßregel rechtfertigen würde. Die frivo-
len Tänze werden schamlos zur Belustigung der trinkenden
alten und jungen Zuschauer ausgeführt." Von den kleinen
Bühnen aus wird das Gift der Sinnlichkeit und Unzucht
unter das Volk ausgespritzt und Verachtung der Religion,
der Kirche, der Ehe, des Gehorsams und der Keusch-
heit gelehrt. Die Regierung zu Danzig hat unter dem
26. Februar 1874 mit Bezugnahme auf die Bestimmung
des § 361 No. 6 des Strafgesetzbuches erklärt, daß die gewerbsmäßige Unzucht der Weibspersonen im Bereich des Regierungsbezirks verboten und mit Geldstrafe oder entsprechender Gefängnißhaft zu ahnden sei, und das Strafgesetzbuch
selbst sagt: „Wer gewohnheitsmäßig oder aus Eigennutz oder
durch Gewährung und Verschaffung einer Gelegenheit der
Unzucht Vorschub leistet, wird wegen Kuppelei mit Gefängniß
bestraft." Gewiß kann die Polizei viel mehr als jetzt wirken, wenn sie auch nicht die Quellen der Unzucht, die Genußsucht und die Trägheit, verstopfen kann und zur Ueberwindung derselben andere Kräfte gehören. — Auch auf dem
Lande tragen die Tanzvergnügungen das Meiste zur Förderung der Unzucht bei. In den Spinnstuben, und besonders im Anschluß an dieselben außerhalb des Hauses, herrscht

ein wildes Treiben der Knechte und Mägde, der rohe Spaß und das gemeine Lied — dabei sind die jungen Leute ohne Aufsicht, Hausvater und Hausmutter gehen meistens aus, wenn die Spinnstube in ihrem Hause sich versammelt, und überlassen die jungen Leute der wilden Lust oder wagen es nicht, wenn sie da sind, ihnen zu wehren. Auf der Elbinger Höhe bestehen für jedes ganze Dorf oder, wenn dasselbe größer ist, für die Hälfte desselben je 3 Spinnstuben, eine für die Ganzerwachsenen, eine für die Halberwachsenen und eine für — die Kinder. Ein wildes Toben, Kreischen und Lärmen bezeichnet am Abend ihre Nähe und entwickelt sich besonders nach 11 Uhr beim Nachhausegehen in erschrecklicher Weise. Schwer werden sich die Spinnstuben ganz aufheben lassen, wie es allerdings in kleineren Dorfschaften durchgeführt ist und in Betreff der Kinder überall durchgeführt werden muß, aber sie lassen sich verbessern, die Zahl der Theilnehmer muß beschränkt und durch die Hauseltern gute stete Aufsicht geführt, passende Bücher müssen zum Vorlesen und gute Lieder zum Singen geboten werden. In Sachsen haben die Pfarrer an einzelnen Stellen mit Erfolg selbst die Spinnstuben besucht, die jungen Leute unterhalten, ihnen vorgelesen, mit ihnen gesungen u. s. w. Nicht minder verderblich sind die Bleichen und der ungestörte Umgang der Geschlechter während der Bleichzeit. Es müssen verheirathete Männer oder Frauen zum Bleichen angestellt oder die Leinwand muß des Abends aufgenommen werden. Auf dem Lande liegt viel Macht in der Hand des Hausherrn und der Hausfrau; wenn sie das Gesinde gewähren lassen, sich um ihr Treiben außerhalb der Arbeitszeit nicht kümmern, wenn Knechte und Mägde ohne Erlaubniß zum Tanzvergnügen gehen und auch sonst die Nächte hindurch beliebig sich umhertreiben und umherlärmen dürfen, wenn die Hauseltern nicht sittlich auf das Gesinde einzuwirken suchen und ihnen insbesondere nicht den Segen des göttlichen Wortes und des ge-

meinsamen Gebets zukommen lassen, dann sind sie mitschul-
dig an dem Fall ihrer Knechte und Mägde und haben ihn
vor Gott zu verantworten. Nun ist aber die sittliche Stumpfheit in Betreff der Unzucht leider eine allgemeine, und mit
Lachen wird über Dinge geredet, welche Gott ebenso verboten hat wie Diebstahl und Mord; kein Knecht, keine Magd verlieren darum an ihrer Ehre, weil sie das sechste Gebot übertreten haben. Es ist die schwere Aufgabe, das sittliche Urtheil wieder zurecht zu stellen, was nur durch Belehrung aus
Gottes Wort geschehen kann. Die jungen Männer müssen
angeleitet werden, diejenigen Mädchen für nicht ehrenhaft anzusehen, die ihnen ihre Ehre hingeben, die jungen Mädchen
müssen darauf hingewiesen werden, daß sie ihre jungfräuliche
Ehre höher stellen als die Liebe eines Mannes, die, wenn sie zur
Sünde lockt, in Wahrheit keine Liebe ist, denn die Sünde
ist der Leute Verderben, und zur Sünde verführen, ist lieblos. An einigen Orten, z. B. des Kr. Marienburg, liegt
der Unzucht geradezu die Absicht der Mütter und Töchter zu
Grunde, durch den Ammendienst sich ein bequemes Leben zu
verschaffen; an vielen Orten ist diese Aussicht der Trost; es
muß ja locken, wenn die Unzucht von der Arbeit prämiirt
wird und der Lohn einer Amme höher ist als der einer Kö-
chin oder Magd. — Auf den Gütern trägt neben dem verderblichen Treiben sittenloser Wirthschaftsbeamten und den
ungünstigen Wohnungen der Mangel an Aufsicht viel zur
Beförderung der Unzucht bei. — Sehr viel Schuld haben
die Wohnungsverhältnisse; die Bauern haben oft die
Kammern der Mägde gar nicht unter Aufsicht, wenn sie nicht
gar durch falsche Anordnung der Schlafstätten die Versuchung
für dieselben herbeiführen, in einer Stube schlafen die Eltern mit den Kindern, in den niedrigsten Ständen wohl
gar in einem Bette, da muß das sittliche Gefühl abgestumpft
werden; die Scharwerker, welche bei den Instleuten in Dienst
stehen, theilen fast immer den Schlafraum mit der Familie,

auch wenn da erwachsene Söhne oder Töchter sind. Ohne bessere Wohnungen keine bessere Sittlichkeit; den Geist der Unzucht können auch bessere Wohnungen nicht überwinden; dieses vermögen nur geistige Mächte und auch zur Lösung der Wohnungsfrage gehören sittliche Kräfte, die Kraft der Liebe und der Opferwilligkeit. Ebenso ist die ganze Frage der Prostitution nicht eine Magenfrage sondern eine sittliche. Das Gift der Unzucht wird nur durch den Balsam ausgetrieben, welchen der Seelenarzt reicht.

4. Die Zerrüttung des Familienlebens.

Das Familienleben ist der Quell für die Erneuerung des Volkslebens, aber bedarf dringend selbst der Erneuerung. Schon die Ehe, der Anfang der Familie, wird selten in rechter Weise begonnen, ja ein großer Theil der Männer aus den mittleren und besseren Ständen scheut sich überhaupt in die Ehe zu treten; bei den Ansprüchen, welche sie an das Leben machen, sagen sie sich selbst, daß sie dieselben Anforderungen wie vorher in Bezug auf feines Essen und auf Luxus in der Ehe nicht werden stellen können, verzichten aber wollen sie auf keinen Lebensgenuß; die Zahl der Hagestolze, die nach ihrem Verzicht auf die Ehe sich in Schwelgerei und Luxus schadlos halten, ist im Zunehmen. Auf dem Lande werden die Ehen sehr oft durch eine Mittelsperson zu Stande gebracht; unter den Wohlhabenderen werden sie dort häufig nur nach dem Gelde geschlossen; die Ehen der niederen Stände sind meistens erzwungene, bisweilen treten die Verlobten an den Altar, nicht um als Ehepaar zusammenzuleben, sondern um nach der Trauung wieder auseinanderzugehen und getrennt zu bleiben, bis sie eine eigene Häuslichkeit begründen können. Dennoch herrscht auch in diesen Ehen später ein äußerlich gutes Verhältniß; der Mann fordert nichts, als daß die Frau den Haushalt versehe, die Frau nichts, als daß der Mann das Brod verdiene; sie gehen ohne innern Gewinn nebeneinander her.

Aehnlich gestaltet sich auch das eheliche Leben bei einem
Theile der besseren Stände. Oft wird die Ehe ohne Gott
begonnen, ohne Gebet zu Gott und ohne Gottes Wort ge=
führt, und es wird ihrer Zerrüttung durch Unzucht, Trunk=
sucht und Rohheit keine Macht entgegengestellt. Wenn die
Auflösung des ehelichen Bandes zu befürchten ist, gelingt
es in den meisten Fällen, auf dem Lande fast immer dem
Geistlichen, die Trennung der Ehe zu verhüten, besonders
wenn er zeitig, vor der Einleitung gerichtlicher Schritte, ge=
sucht wird. Von den Sühneversuchen, die in manchen länd=
lichen Gemeinden sehr selten sind, kommt in andern jährlich
einer auf 3000 Ew. (Kr. Rosenberg, Flatow, Neustadt), auf
2000 (Kr. Marienburg), schon auf 1000 (Kr. Thorn).
Im Rgbz. Danzig sind vor den Gerichten die meisten
Ehesachen in den Kreisen Danzig, Marienburg und
Elbing anhängig, also in den wohlhabenderen, vorwiegend
evangelischen Kreisen, in denen größere Städte liegen, die
wenigsten in den ärmeren, vorwiegend katholischen Kreisen
Karthaus, Neustadt und Berent. Auf das Stadt= und Kreis=
gericht Danzig fällt fast die Hälfte sämmtlicher Ehesachen,
wie auch von 38 Ehescheidungen, die im J. 1862 im
Rgbz. Danzig vorkamen, 23 auf die Stadt Danzig fielen.
Sehr ungünstig steht der reiche Marienburger Kreis da,
weil dort schon auf 1062 Ew. eine Ehescheidungsklage
kommt. Eine Abnahme der Ehesachen, wie sie in an=
deren Provinzen hervorgetreten, ist im Rgbz. Danzig nicht
bemerkbar gewesen. Im J. 1873 waren in der Prov.
Preußen nicht weniger als 1915 streitende Ehepaare (1872:
1764, 1869: 1887), davon hatte die Stadt Danzig 76
(1872: 85); mehr als der vierte Theil von der Gesammt=
zahl der streitenden Ehepaare in Preußen (7325) kam im
J. 1873 auf unsere Provinz; bei der Hälfte gelang die
Versöhnung durch den Geistlichen. Von den 1938 Ehe=
scheidungen, welche im J. 1871 in den 8 alten Provin=

zen ausgesprochen wurden, traf ⅕ (398) die Prov. Preußen; in Folge von Rohheiten, von Trunksucht und gegenseitiger Einwilligung wurden in unserer Provinz viel mehr Ehen geschieden als in den übrigen Provinzen, wenn Berlin ausgenommen wird; mehr als der vierte Theil der wegen Mißhandlungen und gegenseitiger Einwilligung im ·preuß. Staate geschiedenen Ehen, fast die Hälfte der wegen Trunksucht aufgelösten fiel auf die Prov. Preußen. Es ist daraus zu sehen, wie unbedacht die Ehen geschlossen und wie leicht sie in Folge von Rohheit und Trunksucht aufgelöst werden. Im Rgbz. Danzig ist die Ehescheidung noch häufiger als im Rgbz. Marienwerder; dort lebte im J. 1867 unter 514, hier erst unter 626 Ew. ein Geschiedener; in Westpreußen aber steht es besser als in Ostpreußen. Während in der Rheinprovinz erst auf 2965, in Westfalen auf 2820 Ew. ein Geschiedener kommt, ist dieses in unserer Provinz schon bei 487 Ew. der Fall; Preußen nimmt unter den 11 Provinzen die 9. Stelle ein, tiefer stehen nur noch Brandenburg, Sachsen und Berlin, während in der Rheinprovinz und in Westfalen im J. 1867 nur 4 Ehesachen anhängig waren. Ehescheidungen kommen in das den vorwiegend evangelischen Provinzen da mehr vor, wo Allgemeine Landrecht mit seiner schlaffen Ehemoral und seinen unbiblischen und unsittlichen Scheidegründen herrscht. Genug, die Ehe ist so zerrüttet, daß, wenn der Einfluß der Kirche auf die Eheschließung und der Sühneversuch durch den Geistlichen fortfällt, das Einreißen französischer Leichtfertigkeit in Bezug auf die Ehe zu fürchten ist. Die Versuche des evangelischen Ober-Kirchenrathes haben das Fortschreiten des Uebels doch etwas aufgehalten, unter den 1882 Gesuchen um Wiedertrauung Geschiedener aber, welche im J. 1873 an die oberste kirchliche Behörde gerichtet wurden, waren 404 aus unserer Provinz. — Je mehr ein Ehegatte den andern als eine Gabe Gottes und die Ehe als eine Gottesordnung ansieht, desto weniger wird er daran denken, dieses Band zu lösen.

Auch die Erziehung der Kinder hängt davon ab, ob die Eltern sie als eine Gabe Gottes annehmen, der Verantwortung vor Gott für Leib und Seele der Kinder eingedenk sind und sie gewöhnen, den Willen Gottes als den ihr Leben bestimmenden anzusehen. Die höheren Stände überlassen die Kinder zum großen Schaden derselben oft sich selbst und den Dienstboten und gehen ihrem Vergnügen nach; in ihrer Erziehung stellen sie zum Theil unsittliche Beweggründe wie den Ehrgeiz und die Rücksicht auf das irdische Fortkommen voran und fassen vorwiegend die Verstandesausbildung, aber nicht die Bildung des Charakters und des Herzens, nicht die sittliche und religiöse Bildung ins Auge. In den niederen Ständen kann in vielen Häusern gar nicht von Erziehung die Rede sein; die Eltern lassen die Kinder gewähren und strafen sie, wenn sie Schaden anrichten; der Vater geht früh und kommt spät und nimmt sich auch nicht am Sonntage Zeit nach den Kindern zu fragen, da er auch dann arbeitet, die Mutter ist zu schwach, beide schwanken zwischen Zärtlichkeiten und Drohungen, Liebkosungen und Mißhandlungen planlos hin und her und lassen den Eigenwillen ungehemmt aufwachsen, ja befördern ihn. Ein Charakter kann auf diesem Wege nicht gebildet werden. Sehen die Eltern ihre Kinder nur als eine Last an, so ist es nicht zu verwundern, wenn diese als Erwachsene ganz gleichgültig an den Eltern vorübergehen und sie Noth leiden lassen, denn wer nicht Liebe empfängt, kann auch nicht mit Liebe lohnen. An der Verwahrlosung der Kinder hat auch die zu ausgedehnte Beschäftigung der Mütter mit Arbeit außer dem Hause einen großen Antheil; die Kinder verbringen die Zeit mit dumpfem Hinbrüten, mit schlechten oder gefährlichen Dingen und werden durch die Straßenjungen — auch in den mittleren Ständen — verdorben. In den Fabriken werden, so viel bekannt, in Westpreußen Kinder nicht beschäftigt, desto mehr von den Landbesitzern zur Hülfe in der Feldarbeit gebraucht. Die erwachsenen Kinder der Arbeiter geben ihren Eltern Kostgeld, und den übrigen Theil ihres reichen Verdienstes verwenden sie für Putz und Vergnügungen, in der Zeit der Noth können sie ihren Eltern dann wenig helfen. — Sehr traurig ist das Verhältniß zwischen Kindern und Altsitzern; die Kinder, welche selbstständig werden wollen, drängen bei uns sehr oft die noch rüstigen Eltern, ihnen das Grundstück zu übergeben, bald entstehen Streitigkeiten über das Altentheil, welches die Eltern meistens zu hoch ansetzen und die Kinder oft sehr schlecht geben, es werden Prozesse geführt, Vater oder Mutter leben den Kindern zu lange, es kommt wohl gar zu Verbrechen, und erst der Tod macht dem Streite ein Ende. — Für die Waisenkinder wird in den meisten Städten und in einzelnen Dörfern genügend gesorgt, sie werden in Waisenhäusern oder in ordentlichen Familien untergebracht. Sehr oft aber werden sie an den Mindestfordernden für 8—12 Thlr. jährlich ausgeboten, ohne Rücksicht darauf, ob der, welcher den Zuschlag bekommt, zum Erziehen geeignet ist. In noch liebloserer Weise werden in einigen Gegenden die Waisenkinder der Reihe nach, und zwar wochweise, je nach der Anzahl der Hufen, „umhergefüttert"; sie wachsen auf, ohne daß sie eine Heimath und Aufsicht haben und ohne daß ihnen Liebe erwiesen wird; sie treten nachher in die menschliche Gesellschaft mit dem Gefühl hinaus, früh schon die Härte der Menschen erfahren zu haben. Etwa die Hälfte der jugendlichen Verbrecher rekrutirt sich aus Waisenkindern! Man rechnet auf je 1000 Ew. 2 Waisen, die nicht von den Verwandten aufgenommen werden können sondern von den Gemeinden untergebracht werden müssen. Diesen Kindern muß die Familie, sei es durch Aufnahme in tüchtige Familien, sei es durch familienartiges Anstaltsleben ersetzt werden. — Auch außer den Waisen wachsen viele Kin-

der heran, welche von den Eltern nicht beaufsichtigt, durch das
schlechte Beispiel derselben, durch die Folgen ehelichen Unfrie-
dens, selbst schon frühe durch den Branntwein verdorben,
wohl gar zum Betteln und Stehlen abgerichtet und von der
Schule fern gehalten werden; andere werden auch von den Eltern ganz verlassen, manchen Kindern sind auch sonst tüchtige Eltern nicht gewachsen. Verwahrloste Kinder finden
aber in Familien schwer Aufnahme.

Das Gesinde ist bei uns ungebildeter und leistungs-
unfähiger aber auch genügsamer und williger als im Südwesten Deutschlands. Mit Einschluß der Handarbeiter und
der nicht in der Landwirthschaft beschäftigten Tagelöhner und
ihrer Angehörigen waren im Rgbz. D. im J. 1864:
66,758, im Rgbz. M. nur 46,181 Personen zum Gesinde
zu rechnen. Es empfängt einen genügenden, ja hohen Lohn,
die Magd bekam schon vor 6—7 Jahren in der Niederung
18.—24 Thlr., auf der Höhe 12—22 Thlr., der Knecht in
der Niederung 25—45 Thlr., auf der Höhe 20—30 Thlr.,
seit der Zeit ist aber der Lohn bedeutend erhöht worden.
Das Gesinde wird in einzelnen Gegenden Westpreußens noch
zur Familie gerechnet: Knechte und Mägde nennen den Hausherrn „den Vater", die Hausfrau „die Mutter", so auf der
Elbinger Höhe, wo in einigen Dörfern das Gesinde mit ihren Herren an demselben Tische dieselbe Speise ißt, aber es
wird dann ebensowenig, ja noch weniger erzogen wie die eigenen Kinder. Es gehört dort nicht zu den Seltenheiten,
daß das Gesinde 7 Jahre bei der Herrschaft bleibt, oft wechselt es auch bis zu seiner Verheirathung nicht den Dienst
und empfängt dann eine kleine Aussteuer. Vereinzelt kommt
es auch in Westpreußen, selbst in den Städten, vor, daß
eine Magd 25 Jahre und darüber derselben Herrschaft dient
Wo Fabriken sind, wird die Anhänglichkeit der Dienstboten
immer seltener und die Dienstzeit immer kürzer. Im Kr.
Dt. Crone ist das Verhältniß zwischen Herrschaften und Dienst-

boten noch ziemlich befriedigend, im Kr. Berent ziemlich erfreulich. Aus allen andern Kreisen erheben sich laute Klagen über das Wachsen der Zuchtlosigkeit, des Ungehorsams,
der Untreue, der Rohheit, des Uebermuthes, der Unverschämt-
heit und der Vergnügungssucht. Betrübend steht es im Gr.
Werder: im Kr. Marienburg war das Gesinde schon zur
Ordenszeit roh, am Anfange des vorigen Jahrhunderts wird
von der Frechheit und den Ansprüchen des Gesindes berichtet, im J. 1872 heißt es: „ein treuer, fleißiger und seiner
Herrschaft ergebener Dienstbote gehört jetzt schon zu den größten Seltenheiten.“ Aus dem Kr. Rosenberg lautet ein Bericht: „Es ist in dieser Beziehung hier in jüngster Zeit sehr
viel schlechter geworden, die Dienstboten wissen recht gut, daß
sie sehr gesucht sind, daher sind sie sehr empfindlich und auf-
sässig und lassen sich nichts gefallen, wissen sie doch, daß,
wenn sie heute entlassen werden, sie morgen schon wieder ein
Unterkommen finden. Die Herrschaften wissen dies auch und
lassen, um nicht in Verlegenheit zu kommen, vieles durchge-
hen; beide nehmen eine zuwartende Stellung ein; dadurch
wird aber das Verhältniß unbehaglich und gespannt, und daher kommt es, daß nach vollendetem Tagewerk keiner um
den andern sich bekümmert. Und weil nun von den Herrschaften keine Zucht geübt wird, so sind die Dienstboten zucht-
los.“ Für die beiden genannten Kreise ist zu beachten, daß
die starke Auswanderung die Arbeitskräfte sehr vermindert
hat. Auch in abgelegeneren Kreisen, aus denen die Auswanderung geringer ist, wird es viel schlechter, selbst in der
Waldeinsamkeit der Tuchler Heide, in den Kreisen Konitz und
Schlochau und unter den Kassuben. — Ist auch das pa-
triarchalische Verhältniß nur so lange haltbar, als Herrschaft
und Gesinde auf derselben Stufe der Bildung stehen und
dieselbe Sprache reden, so trägt doch nicht blos der jetzt vergrößerte Unterschied der Bildung an diesem Nothstande die
Schuld, sondern sie liegt hauptsächlich auf Seiten der Herr-

schaft und zwar wegen ihrer höheren Bildung und besseren Einsicht. Die Herrschaften vergessen ihren Beruf, Erzieher der niedrigeren Stände zu sein, sie fordern von dem Gesinde die Erfüllung vieler Pflichten, erkennen aber nicht durch die That seine Rechte auf leibliche und geistliche Pflege an; die Hausfrauen wollen Mädchen, die erzogen sind, aber wollen sie nicht selbst erziehen; es wird dem Gesinde öfter nicht das Vertrauen entgegengebracht, das doch wieder Vertrauen weckt; es wird ihm nicht genug Theilnahme für seine persönlichen Verhältnisse und für sein wahres Heil durch Zucht und Liebe bewiesen; es empfindet zu seinem innern Schaden die Gleich= gültigkeit und Härte der Herrschaft, wenn diese nur ihr ei= genes Interesse im Auge hat; seine Arbeitskraft wird aus= genutzt, aber nicht für angemessene Erholung und Freude innerhalb der Familie gesorgt; es wird nicht durch gemein= sames Gebet und durch das Wort Gottes an die Herrschaft gebunden und auf den Herrn gewiesen, der ein Diener ohne Gleichen war und die Kraft des Gehorsams und der Selbst= verleugnung gibt; es wird ihm nicht die Achtung vor den Ordnungen Gottes durch das Vorbild eines Hauses, das sich selbst unter Gottes Ordnungen gestellt hat, zu etwas Selbst= verständlichem gemacht. Es sollten die Herrschaften, die nicht in diesem Geiste mit dem Gesinde verkehren und über das= selbe klagen, diese Klagen gegen sich selbst richten. So wird für das Gesinde nicht der Dienst, was er sein sollte, eine Schule. Wie viele aber lassen die Gelegenheit, Gehorsam und Zucht zu lernen, ganz vorübergehen; die Zahl der Dienst= boten, selbst der weiblichen auf dem Lande, nimmt in bedroh= licher Weise ab; viele Eingesegnete ziehen es vor, auf eigene Hand ihr Brod zu essen. Als Arbeiter in den Ziegeleien und Fabriken verdienen selbst eben Erwachsene mehr wie als Knechte oder Mägde, die Mädchen werden lieber Schneide= rinnen oder liegen aus Faulheit bei den dürftigsten Speisen zu Hause, wenn sie nur ihre Freiheit für den Abend und

die Nacht haben. So nimmt die Zahl der dienenden Mädchen auf dem Lande immer mehr ab; aus den westlichen Kreisen
des Rgbz. M. ziehen sie vielfach nach den größeren Städten,
wo möglich nach Berlin, von dem höheren Lohne und den
Vergnügungen gelockt und vielleicht auch durch die Abneigung
gegen die anstrengenden ländlichen Arbeiten weggetrieben.
Es ist diesem Uebelstande und der uns drohenden Gesinde-
noth nur durch Erneuerung des Familienlebens abzuhelfen.

Gottes Wort aber fehlt den meisten Häusern, gewiß
allen denen, die keine Sonntagsruhe kennen. Selbst das
Tischgebet, dieses äußerlichste, leicht einzuführende und leicht
zu bewahrende Zeichen christlichen Lebens, findet sich nur hie
und da, in neuerer Zeit wieder mehr als früher; in vorneh-
meren Häusern wird es oft nur still gesagt, entgegen dem
Worte des Herrn: „wenn ihr betet, so sprecht" (Luk. 11,2).
In Westfalen steht es mit dem Tischgebet und den Hausandachten viel besser, das Tischgebet ist dort in dem mittleren Bürgerstande und auf dem Lande, selbst in der Stadt
Höxter, fast allgemein; der Morgen- und Abendsegen wird
auf dem Lande wohl in der Mehrzahl der Häuser gehalten,
regelmäßige Hausandachten sind selten. Bei uns kommt auch
der Morgen- und Abendsegen selten vor. Tägliche Hausandachten sind in Westpreußen fast nur in den Gemeinden
des Kr. Flatow und unter den Mennoniten des Werders
häufiger, werden aber auch in vereinzelten Gemeinden, auf
der Danziger Nehrung (Robbelgrube), im Kr. Dt. Crone
(Märk. Friedland), im Kr. Thorn (Gremboczyn), im Kr.
Schlochau (Sampohl) erwähnt, in letzterer Gemeinde werden
von mehreren Familien Hausandachten gehalten, besonders
wenn Kolporteure ihnen Predigt- und Gebetbücher gebracht
haben. Hie und da wird am Tage vor der Beichte am
Abend des Samstages oder am Sonntagnachmittag ein Lied
gesungen und auch wohl eine Predigt gelesen, bisweilen versammelt sich, wenigstens wenn bei schlechtem Wetter der Kir-

3 *

chenbesuch unmöglich ist, das Haus um das Wort Gottes; in den allermeisten Häusern unterbleibt auch dieses. Oft fehlt es an der Lesefertigkeit, oft an guten Erbauungsbüchern, fast immer an gutem Willen. Wie nöthig wären die häuslichen Andachten besonders für die zahlreichen Evangelischen der Zerstreuung! Sie erst geben dem Familienleben die rechte Weihe; wirken sie auch nur ganz allmälig, so doch nachhaltig.

Von größter Wichtigkeit ist die Wohnungsfrage, zunächst für das häusliche Leben, dann auch für die Gesundheit, Sittlichkeit und Frömmigkeit. Die Häuser sind zu dicht besetzt. Wir sehen zunächst auf die Städte. In Westpreußen wohnten im J. 1864 mehr als 14 Menschen in einem Hause, eine Zahl, die in keiner anderen Provinz so hoch ist; auszunehmen ist nur die durch Berlin so ungünstig gestellte Prov. Brandenburg, in welcher mehr als 16 Bewohner auf ein städtisches Haus treffen, während auf ein solches in Hohenzollern kaum 7 Menschen zu rechnen sind. Im J. 1819 betrug diese Zahl für den Rgbz. D. mehr als 9, jetzt mehr als 15, in der Stadt Danzig wohnen mehr als 17 Menschen in einem Hause, in Thorn gar 21. Etwas besser steht es in den kleinen Städten, am günstigsten im Kr. Flatow. Der Rgbz. D. steht hiebei ungünstiger da als der Rgbz. M. In Elbing war im J. 1872 bei dem Andrange des Landvolkes zu den Fabriken die Wohnungsnoth so stark, daß nach dem Vorgange von Berlin Baracken gebaut wurden, die nur schwer wieder entfernt werden konnten. — Das häusliche Leben und die Erziehung muß bei den steten nahen Berührungen und bei der gemeinsamen Benutzung eines Einganges, eines Flurs und einer Treppe leiden. In Danzig bemüht sich der Abeggverein billige und zweckmäßige Arbeiterwohnungen zu bauen. In Elbing baute eine Aktiengesellschaft für ihre zahlreichen Arbeiter einige massive Doppelhäuser; ein jedes einzelne Haus enthält 2 Wohnungen, eine

obere und eine untere, jede mit einem besonderen Eingang
versehen; die untere Wohnung besteht aus 2 heizbaren Zim=
mern, einer Kammer und Küche, einem Keller und Holzstall,
während bei der oberen Wohnung ein heizbares Zimmer we=
niger und eine Kammer mehr ist; zu jedem Hause gehören
16 □Ruthen Garten= und Gemüseland. Leider mußten
die Häuser zum Verkauf gestellt werden, ehe sie, wie es be=
absichtigt war, durch allmälige Anzahlungen in den Besitz
der Arbeiter übergehen konnten. — Auch auf dem Lande
sind die Häuser dichter besetzt als in den übrigen Provin=
zen, wenn Pommern und Posen ausgenommen werden; in diesen
Provinzen wohnen mehr als 10, bei uns beinahe 10, in der
Rheinprovinz nur 6 Menschen in einem ländlichen Hause. Auch
hierin steht der Rgbz. D. dem Rgbz. M. nach. Es ist nicht
zu verwundern, daß in der Nähe von Danzig, im Danziger
Landkreise, die Bevölkerung am gedrängtesten lebt und mehr
als 11 Menschen, in einigen Dörfern bis 17, in einem Hause
wohnen. Doch giebt es im Kr. Stargard Güter, auf wel=
chen ein Haus bis 30 und Dörfer, in denen ein Haus bis
18 Bewohner zählt. In den Kreisen Konitz und Flatow ist
diese Zahl halb so klein. Auch auf dem Lande wohnen die
Menschen jetzt viel schlechter als vor 50 Jahren. Es woh=
nen darum öfter mehrere Familien in einer Stube. Da
muß jedes Gefühl für Sittlichkeit ersterben: die Kinder sind
von frühe auf Zeugen der Trunksucht, des Streites, wohl
auch der Unzucht. — In den Armenhäusern werden Einzelne
und ganze Familien zusammengehäuft, liederliche Dirnen mit
ihren Kindern, Trunkenbolde und ordentliche, durch Unglücks=
fälle verarmte Wittwen und ihre Kinder bewohnen dieselbe
Stube. — Und wie elend sind dabei die Wohnungen! Am
schlechtesten sind sie in den kassubischen Kreisen; dort steht es
an vielen Stellen noch so, wie überhaupt im J. 1772 in
Westpreußen, wo die Häuser aus hölzernen Sprossen erbaut
und mit Lehm ausgeknetet waren und man aus der Haus=

thür gleich in die Stube trat; noch jetzt bestehen die kassubischen Dörfer oft aus einigen solcher armseligen Lehmhütten. „Alle, Mann, Weib, Kind, Knecht, Magd und ein Theil der Hausthiere logirt in einer einzigen von Unreinigkeit starrenden Stube," so heißt es aus S. im Kr. Neustadt, wo der Geistliche einmal ein todtes Kind in einem Schranke, ein andermal ein solches in einem Schweinetrog gebettet fand. Auch sonst sind die Wohnungen der Arbeiter meist erbärmlich (z. B. im Kr. Schlochau); selbst in reicheren Kreisen kommt es vor, daß der Fußboden der einzigen Stube ungedielt ist und die Klappe nach dem Schweinestalle von der Stube aus geöffnet wird. Durchweg sind die Wohnungen so schlecht, daß Reinlichkeit dabei sehr schwer zu erreichen ist. Auch ist ein so gedrängtes Zusammenleben der Gesundheit höchst nachtheilig: in den Provinzen Preußen, Pommern und Posen ist die mittlere Lebensdauer um 6—7 Jahre kürzer als in den andern Provinzen, und die Sterblichkeit der Kinder auf dem Lande ist in der Prov. Preußen fast noch einmal so stark wie in der Rheinprovinz: sterben dort 4 Kinder, so bei uns 7, sterben im preuß. Staate 35, so im Rgbz. D. 41 und im Rgbz. M. 45 Kinder. — Es kann sich der Arbeiter auch in solchen Wohnungen nicht wohl fühlen. „Treten Sie doch in meine Dienstwohnung; sehen Sie, hier ist kein Fußboden, zerfallene Decken, Wände und Oefen, Rauch in Masse; kann ich hier mit meiner Familie wohl gesund bleiben?", so sprach ein Instmann, als ihm von der Auswanderung abgeredet wurde. Andere suchen den Krug, wo es doch etwas geräumiger und ordentlicher ist als in ihrer Wohnung. — Ohne bessere Wohnungen ist eine sittliche Hebung des Arbeiterstandes nicht möglich, auch keine religiöse Erbauung durch das Gebet der Einzelnen oder der Familie. Dem Arbeiter muß sein Heim gefallen: seine Wohnung muß gesund, bequem und ordentlich sein, mindestens 2 heizbare Räume, einen zum Wohnen, einen zum Schlafen, Keller und

Boden enthalten, mit einem besondern Eingange versehen und mit einem Gärtchen umgeben sein; der Scharwerker muß seinen besonderen Schlafraum haben. Die königl. Domänen müßten, wie es in Waldau bei Königsberg geschehen ist, mit dem Bau guter Arbeiterhäuser vorangehen, ebenso die größeren Gutsbesitzer und die Inhaber großer gewerblicher Etablissements. In den Städten sollten auch uneigennützige Baugesellschaften für bessere Wohnungen sorgen. Hie und da sind die Wohnungen der Instleute menschenwürdiger geworden, entsprechen aber wohl nirgends den nöthigen Anforderungen, insbesondere fehlen die erforderlichen Schlafzimmer. Das Wohlbefinden und die Anhänglichkeit der Leute würde die aufgewandten Kosten nicht bedauern lassen. Die Arbeiter würden allmälig Luft und Licht, Reinlichkeit und Ordnung schätzen lernen. Noch wünschenswerther ist es, daß sie nach und nach in den Besitz ihrer Wohnungen, auf dem Lande mit Einschluß eines Stückchen Ackerlandes, kommen. Allerdings werden Opfer gefordert, es ist eben auch dieses eine sittliche Frage.

Die Zerrüttung des Familienlebens kommt aus der Selbstsucht und diese aus dem Unglauben an den Werth und die Nothwendigkeit geistlicher Güter.

5. Verbrechen und Gefängnisse.

Die Zahl der Verbrechen ist in unserer Provinz größer als in irgend einer anderen mit Ausnahme Schlesiens, dort kam 1861 ein Verbrechen auf je 2346 Ew., bei uns eines auf 3584, in Westfalen aber eines auf 5701 und in der Rheinprovinz eines erst auf 9985 Ew., so daß bei uns fast dreimal so viel Verbrechen geschehen als in der letztgenannten Provinz; im Rgbz. M. sind sie aber wieder häufiger als im Rgbz. D. Im Bezirk des Kreisgerichts Elbing kam in den Jahren 1859—1867 eine Untersuchung wegen Verbrechen auf je 1067, eine Untersuchung wegen Holzdiebstahls auf je 300, eine Untersuchung überhaupt auf je 62 Einwohner. Wie viele Verbrechen und Vergehen geschehen aber, die nicht gerichtlich bestraft werden!

Kann doch den Selbstmord hier keine Strafe treffen, im Rgbz. D. aber betrug 1867 die Zahl der Selbstmörder 56, sie ist seit 40 Jahren sich ziemlich gleich geblieben, denn es kamen im J. 1835 auf 100,000 Ew. 9, später 8, in den Jahren 1864 bis 1866 wieder 9 Selbstmorde. Sie sind in Westpreußen nicht so häufig wie sonst im Durchschnitt des preuß. Staates, wonach im J. 1864 auf 100,000 Ew. 10, in Westpreußen aber auf dieselbe Zahl nur 7 Selbstmorde fielen, und zwar war im Rgbz. M. der Selbstmord häufiger als im Rgbz. D., hier am häufigsten in der Stadt und in dem Landkreise Elbing: unter 100,000 Ew. waren in der Stadt E. 28, auf dem Lande 9 Selbstmörder; in der Stadt E. kommt der Selbstmord 4mal so oft vor wie in der Stadt Danzig. Sehr selten (auf 1 Mill. Ew. 6mal jährlich) ereignet sich ein Selbstmord im Kr. Neustadt. Im Rgbz. M. ist der Selbstmord am häufigsten in den Kreisen Graudenz, Thorn und Rosenberg, wo auf 100,000 Ew. 11, in den beiden letzten Kreisen 12 Selbstmorde fallen; am seltensten ist er im Kr. Flatow.

Seit der Aufhebung der Wuchergesetze gilt der Wucher vor dem Gesetz nicht mehr als Unrecht, auch häufig nicht vor dem sittlichen Urtheil der Menschen. Gewuchert wird jetzt häufiger und offener als früher. „Die Aufhebung der Wuchergesetze, berichtet ein Pfarrer aus der Tuchelschen Heide hat in unserer Gegend unendlich viel geschadet; von den zahlreichen Juden, die in polnischen Gegenden nicht fehlen, haben die Christen das Wuchern prächtig gelernt; mir ist vor einiger Zeit ein Hypothekendokument zu Gesicht gekommen, nach dem ein Jude einem Bauern eine kleinere Summe zu 34 % auf ein Jahr hatte eintragen lassen; uneingetragene, auf kleinere Fristen ausgeliehene Gelder müssen noch weit höhere Zinsen bringen. Damit wächst auf der andern Seite das Bestreben, sich auf allerlei Schleichwegen der Zahlungs-verbindlichkeit zu entziehen und den Gläubiger zu prellen." Der Schwindel nimmt seit dem letzten Kriege auch bei uns zu, ist aber schon früher, besonders in den vorwiegend pol-nischen Theilen, groß genug gewesen. „In der Gemeinde herrscht Neigung zu Schwindeleien und Mangel an Treue und Glauben, wohl ein Erbtheil der polnischen Nationalität, unter der wir leben." (Fr. im Kr. K.) „Auch unter den Evangelischen ist Betrügerei und Gaunerei häufig, sie haben ein heimtückisches und boshaftes Wesen von den Juden und Polen angenommen." (Z. im Kr. F.) Seit Erlaß der neuen Hypothekenordnung wird die Unkenntniß der kleineren Be-sitzer über die Bedeutung der Auflassung besonders von Schwindlern im Kr. Schwetz benutzt, ohne Anzahlung den Eigenthümern das Grundstück abzunehmen und schnell mit Hypotheken zu belasten, so daß dann der frühere Besitzer das Grundstück mit den Schulden zurücknehmen muß. — Das Hazardspiel hat nicht blos in dem reichen Werder, wo die Bewohner demselben schon zur Ordenszeit eifrig ergeben waren, und in den größeren Städten seine zahlreichen Freunde sondern auch sonst bei großen und kleinen Gutsbesitzern (z. B. in den Kreisen Danzig, Elbing und Rosenberg), ja in den ärmeren Kreisen wie in Städten des Kr. Flatow. Unsere Zeit will mühelosen Erwerb und stete Aufregung, ungleich früheren Zeiten, in denen z. B. in Graudenz bei den Zu-sammenkünften des Schuhmachergewerks jedes Würfel- und Kartenspiel verboten war. Berlin ist für manchen gebildeten Westpreußen die Hochschule, auf welcher er das Spiel ge-lernt hat und von der er wohl den Besuch vornehmer Professions-spieler empfängt. — Der Schmuggel, welcher für die Grenzbe-wohner so viel Verlockendes besitzt, ist in Westpreußen unbedeu-tender als in Ostpreußen, weil hier die Grenze gegen Rußland nur eine geringe Ausdehnung hat, doch findet z. B. von Gurszno aus der entsittlichende heimliche Grenzhandel häufig statt.

Unter den oft vorkommenden Verbrechen nehmen bei uns der Diebstahl, der Meineid, die schwere Körperverletzung, sowie Raub, Mord und Todschlag eine bedeutende Stelle ein. Im Stadtkr. Danzig waren 1867 unter 1080 bei der Sicherheitspolizei angezeigten Verbrechen nicht weniger als 826 Diebstähle, so daß auf je 100 Ew. ein Diebstahl fiel. Auch besteht mehr als die Hälfte der Verbrechen in Westpreußen aus Diebstählen. Die Instleute halten es vielfach gar nicht für Unrecht, Futter, Holz, Getreide, überhaupt solche Gegenstände, die sie unmittelbar für sich verwenden können, zu entwenden, selten stehlen sie, um das Gestohlene zu verkaufen. Besonders wird überall das Holz als etwas angesehen, das Gott „frei," also als herrenloses Gut wachsen läßt, auch die Zäune verschwinden an vielen Orten regelmäßig jeden Winter. Im Rgbz. D. wird im Kr. Neustadt am meisten Holz gestohlen, dann im Landkr. Danzig und in den Kreisen Karthaus und Stargard; bei dem Kreisgerichte in Elbing haben sich von 1865 bis 1867 die Untersuchungen wegen Holzdiebstahls um die Hälfte vermehrt. Die Zahl derer, welche eines Diebstahls wegen zur Zuchthausstrafe verurtheilt wurden, war im J. 1867 in Schlesien und Posen noch größer als in unserer Provinz, in Rheinland fast 7mal kleiner wie hier. — Der Meineid, welcher im Rgbz. D. am häufigsten vor dem Schwurgerichte in Danzig Verhandlungen verursacht und die größte Zunahme vor dem Schwurgerichte in Pr. Stargard zeigt, ist in der kaffubischen Bevölkerung ein Grundübel und findet sich überhaupt besonders in den konfessionell gemischten Gegenden. — Schwere Körperverletzung, sowie alle aus größerer Rohheit hervorgehende Verbrechen kommen bei uns am häufigsten vor; während im Durchschnitt des preuß. Staates das je vierzehnte Verbrechen das Verbrechen der schweren Körperverletzung ist, ist es z. B. vor dem Schwurgerichte zu Elbing das je zehnte. — In Bezug auf Mord und Todschlag steht nur noch Sachsen ungünstiger da; auf 1 Mill. Ew. kamen im J. 1864 in Westpreußen 22 Mordthaten (9 mehr als durchschnittlich im preuß. Staate) vor und zwar im Rgbz. M. auf 1 Mill. Ew. 7 mehr als im Rgbz. D. In letzterem betragen sie auf 1 Mill. Ew. im Landkr. Elbing 31 und im Kr. Karthaus 30, dagegen im Kr. Neustadt nur 6; in ersterem ragen die Kreise Rosenberg, Graudenz und Kulm mit den Zahlen 54, 47 und 45 weit über Schwetz, Konitz und Flatow hinaus. Die Zahl der Mordthaten hat z. B. im Rgbz. D. von 1861 bis 1867 stetig zugenommen, im Durchschnitt der 3 ersten Jahre kamen auf 1 Mill. Ew. bis 17, im Durchschnitt der 3 letzten Jahre aber 26 Mordthaten. — Vor dem Schwurgerichte in Danzig wurde in den Jahren 1864—1867 kein Verbrechen so oft verhandelt als — Urkundenfälschung.

Die Zahl der Verbrechen war vor Erlaß des neuen Strafgesetzbuches bedeutend gewachsen; waren im J. 1847 in den preuß. Gefängnissen 14,568 Gefangene, so hatte sich diese Zahl bis 1869, wo sie 28,915 betrug, fast verdoppelt, und die Gefängnisse kosteten dem Staate im J. 1868 schon 2¼ Mill. Thlr. Vor dem Kreisgerichte in Elbing wurden im J. 1859: 742, im J. 1867: 1918 Untersuchungen geführt; die Zahl der wegen Verbrechen Verurtheilten stieg fast um die Hälfte, die Zahl der wegen Vergehen Verurtheilten um mehr als drei Viertheile. Ebenso hat sich von 1861—1864 im Rgbz. D. die Zahl der von den Schwurgerichten abgeurtheilten Verbrechen und Vergehen fast verdreifacht, die Zahl der Verklagten fast verdoppelt. Manche Gegenden unserer Provinz haben sich freier von Verbrechen gehalten, im Kirchsp. M. in der Tuchelschen Heide z. B. ist seit 6 Jahren von den 2000 Evangelischen keiner in das Zuchthaus gekommen, auch Diebstähle kommen von Seiten der Evangelischen nur vereinzelt vor mit Ausnahme der Holzdiebstähle, die selbst bei wohlhabenderen Leuten nicht für ehrenrührig gelten; auch im Kr. Flatow werden selten schwere

Verbrechen begangen. — Es ist aber ein ganzes Heer von Gefangenen, welches sich allein in Westpreußen im Gefängniß befindet. Im J. 1864 waren in den 6 Rettungs= und Korrektionsanstalten 1824, in den 32 Untersuchungsgefängnissen 810, in den 37 Schuld=, Polizei= und Strafgefängnissen 1462, also in 83 Gefängnissen 4096 Gefangene. In den großen Korrektionsanstalten zu Mewe und Graudenz saßen z. B. dort 634, hier 1124 Inhaftirte, und die Untersuchungs=gefängnisse des Kr. Marienwerder enthielten 113, die Schuld=, Polizei= und Strafgefängnisse der Stadt Danzig 208 Insassen. In ganz Preußen enthielten in demselben Jahre 1372 Gefängnisse 45,470 Inhaftirte. — Seit dem Erlaß des neuen Strafgesetzbuches haben sich anfangs die Gefängnisse geleert, weil viele Vergehen geringer und manche gar nicht mehr bestraft wurden, dann sich aber seit 2 Jahren in steigendem Maße gefüllt, weil die größere Straflosigkeit die Zahl der Vergehen und Verbrechen mehrte. An diesem Wachsen hat auch die seit dem Kriege des J. 1870 so gestiegene Rohheit und Genußsucht Schuld; von den Kriegern sind nach ihrer Heimkehr aus Frankreich auffallend viele in die Gefängnisse gekommen. Besonders haben sich die Verbrechen gegen die Sittlichkeit gemehrt, weil sie nach dem neuen Gesetze nur auf Antrag verfolgt und die Anträge von den Betheiligten oft zurückgezogen werden, wenn der Verbrecher reich genug ist, sie mit Geld dazu zu bestimmen, oder der Antrag wird unterlassen, wenn der Verbrecher, schon bevor er die Schandthat begangen, den Verzicht auf die Stellung des Antrages erkauft hat. Ebenso ist es mit den Körperverletzungen gegangen, weil sie viel milder als früher bestraft werden, und § 55 des neuen Strafgesetzbuches, welcher den Kindern, die noch nicht das 12. Lebensjahr zurückgelegt haben, Straflosigkeit zusichert, hat überall die Zahl der jugendlichen Verbrecher gemehrt. Es ist dieselbe schon von 1828—1846 besonders in den Gegenden mit überwiegenderem Landbau und einfacheren Verhältnissen im preuß. Staate so gestiegen, daß, während die Bevölkerung um den vierten Theil gewachsen war, die Zahl der jugendlichen Verbrecher um mehr als die Hälfte sich mehrte. In Danzig hob vor mehreren Jahren die Polizei eine ganze Bande jugendlicher Vagabunden auf, die unter den Brücken nächtigte und gemeinsame Diebstähle ausführte. — Der ganze Arbeiterstand zeigt eine bedeutende Verschlechterung, denn früher bildeten die Arbeiter nur die Hälfte der vor den Schwurgerichten des Rgbz. D. Angeklagten, im J. 1864 aber drei Viertheile. Viel tiefer als in den übrigen Provinzen steht der weibliche Theil der Bevölkerung, der jetzt noch viel häufiger als früher vor den Geschworenen erscheint; ein weiblicher Verbrecher ist bei uns auf 5881, in Pommern auf 10,672, in Posen auf 13,887, in der Rheinprovinz auf 48,725 Ew. zu rechnen. In der Rheinprovinz ist kaum unter 6, bei uns schon unter 3 Verbrechern eine Frau. Die Besserung des Arbeiterstandes und der Frauen ist also eine der wichtigsten Aufgaben. — Großen Antheil an der Zahl der Verbrechen hat neben der mangelnden Gottesfurcht die schlechte Volksbildung: auf dem Lande ist der bei Weitem größte Theil der Verbrecher ohne Schulkenntnisse, vorzüglich füllen diejenigen, welche im Hütedienst oder bei schlechter Erziehung verwahrlost sind, die Gefängnisse. Vorbeugen wäre viel besser und billiger als nachher strafen.

Die Gefängnisse selbst wirken, so viel auch für sie seit 40 Jahren geschehen ist, nur selten bessernd, meistens sind sie Hochschulen des Lasters, in denen die jüngeren Verbrecher von den älteren unterwiesen werden; man muß zufrieden sein, wenn die Verurtheilten nicht schlechter herauskommen, als sie hineingegangen sind; es fehlt vielfach an genügender Aufsicht und passender Arbeit, überhaupt an Gegenwirkung gegen das Böse. In den kleineren ist selbst ein Mangel an Ordnung und Reinlichkeit zu bemerken, andere sind so schlecht, daß z. B. der Magistrat zu E. selbst seine

Gefängnißräume „menschenunwürdig" nennt. Das Justiz-
ministerium hat bestimmen müssen, daß diejenigen, welche
länger als 14 Tage sitzen sollen, in eines der größern Gefängnisse (für Westpreußen werden 5 genannt) gebracht werden sollen, weil in den kleineren zu wenig Aufsicht ist. Die
jugendlichen Verbrecher sind soviel bekannt nur in Graudenz
und Danzig abgesondert und empfangen nur in der ersteren
Stadt Schulunterricht; sie sind meistens mit den erfahrenen
Verbrechern zusammen eingesperrt; sehr selten werden, wie
es auch § 56 des neuen Strafgesetzbuches vorschreibt, jugend-
liche Verbrecher den Erziehungs- und Besserungs-Anstalten
überwiesen. Ist auch für die Trennung der Männer und
Frauen, so doch nicht genügend für die Klassifikation der
leichteren und schwereren Verbrecher gesorgt. In vielen
Gefängnissen fehlt es ganz an der für den Einsamen so heil-
samen Arbeit. Die Aufseher, Militäranwärter, die ein anderes Unterkommen nicht finden konnten, verkehren mit den
Gefangenen nicht selten in roher, barscher und verächtlicher
Weise, wenn sie nicht gar der Trunksucht ergeben und der
Bestechung zugänglich sind, sie üben aber den größten Einfluß auf die Gefangenen aus, diese sollten auf den Umgang
mit sittlich unzuverlässigen Männern nicht angewiesen sein.
Wenn auch, wie das königl. Konsistorium berichtet, für die
Predigt in allen Gefängnissen — es sind wohl nur die größeren gemeint, aber nicht Gefängnisse mit 4—20 Insassen—
gesorgt ist und in den größeren Gefängnissen von Zeit zu
Zeit, in Karthaus z. B. monatlich, Gottesdienst gehalten
wird, so ist doch der Einfluß der Gefängnißgeistlichen bei
uns geringer als in den westlichen Provinzen, weil sie hier
ein zu kleines Gehalt beziehen, also noch sehr jung sind und
nach kurzer Zeit eine andere Stellung suchen. Für den Gefängnißgeistlichen in Danzig z. B. sind nur 100 Thlr. Gehalt ausgesetzt, andere Geistliche sind so mit Arbeiten über-
häuft, daß das Gefängniß nur nebenbei berücksichtigt werden

und von Seelsorge nicht die Rede sein kann. Die Untersu-
chungsgefangenen (im J. 1864 in Westpreußen 810) können
durch richterliches Ermessen der Einwirkung des Geistlichen
ganz entzogen werden und können doch 1—2 Jahre in Haft
bleiben. Auch die anderen Gefangenen werden durch zu
häufige Außenarbeit dem Einfluß des Direktors, der Beamten und der Geistlichen entzogen und hören dann nicht einmal die Predigt, da diese oft auf einen Wochentag gelegt
werden muß. — In den Gefängnissen wächst so der Haß
gegen alle Menschen und gegen die bestehende Ordnung, und
die 60 großen und die 2000 kleineren Gefängnisse Nord-
deutschlands sind ebenso viele Festungen, aus denen jährlich
den Feinden göttlicher und menschlicher Ordnung ein Heer
von Hilfstruppen zuströmt.

Bei solchem Zustande der Gefängnisse ist die hohe Zahl
der Rückfälligen erklärlich; im J. 1867 war im preuß.
Staat mehr als die Hälfte der wegen Verbrechen Angeklagten rückfällig und bei den wegen Vergehen Rückfälligen der
achte Theil. In der Prov. Preußen bestehen die Zuchthaus-
sträflinge zum dritten Theil, die in den Gefängnissen Inhaftirten fast zu zwei Dritteln aus Rückfälligen; im Rgbz. D.
stieg die Zahl der wegen Verbrechen Angeklagten, die rückfällig waren, z. B. in den Jahren 1859—1861 noch über
ein Drittel, in Rheinland und Westfalen ist die Zahl fast
halb so klein. Einen großen Theil der Schuld hat auch die
Behandlung der aus den Gefängnissen Entlassenen, deren Zahl
in Norddeutschland für das J. 1872 etwa 30,000 betrug. Wenn
sie heimkehren, sind sie mehr als Fremdlinge; von den Genossen
der Sünde mit Freuden aufgenommen, von den Besseren mit
Mißtrauen und Verachtung, von Wenigen mit christlichem Erbarmen empfangen, von den Vertrauensstellungen ausgeschlossen,
den schlechten Einflüssen der Verführung, sowie der Arbeits-
losigkeit und der Noth schnell wieder ausgesetzt, fallen sie —
und kehren je öfter, desto gleichgültiger in das Gefängniß zurück.

Verbrechen aber sind nur die heraustretenden Zeichen des im Volksleben vorhandenen Verderbens, gleichsam die Geschwüre des Leibes; die Verbrecher sollten als kranke Glieder der menschlichen Gesellschaft Gegenstände herzlichen Mitleids und Anlaß zu der demüthigenden Frage sein: „Was hat Dich, Herr, bewogen, daß Du mich vorgezogen?"

6. Die Armuth, die Armen- und Krankenpflege.

Die Armuth ist eine Folge des sittlichen und religiösen Verfalles, wie der Trunksucht, der Unordnung, des zerrütteten Familienlebens und der vernachlässigten geistigen Ausbildung, aber sie verursacht auch ebenso wieder viele Schäden: Trunksucht, Verbrechen, gewerbsmäßige Unzucht, sittliche und religiöse Stumpfheit und Verkommenheit. Wo die Gedanken in der Sorge um das tägliche Brod aufgehen und aufgehen müssen, da ist keine Lust und keine Zeit, das Herz religiös zu erheben, da fehlt alle Kraft zu erfolgreichem und machtvollem Ringen nach sittlicher Verbesserung. Die Kinder Israels hörten in Egypten Moses und die gnädigen Verheißungen Gottes nicht vor Seufzen, Angst und harter Arbeit (2 Mos. 6,9). Bei geringerem Grade der Armuth zeigt sich wohl oft noch ein zufriedener und genügsamer Sinn, aber es giebt eine äußere Verkommenheit, „vor der sich nicht nur die Thür zur Kirche, sondern selbst die Thür zum Himmelreich zuschließt." „In allen Familien, die nur irgend eine freiere Stellung behaupten oder sonst nur ein bescheidenes Brod genießen, zeigt sich hier fast ohne Ausnahme ein kirchlicher Sinn, und es herrscht in ihnen ein sittliches Leben; in Familien dagegen, die dem Drucke der Armuth unterliegen, ist fast jedes Interesse des menschlichen, mithin auch des religiösen Lebens erstorben" (Kirchsp. Sch. im Kr. Dt. C.). Andererseits findet sich ebenso z. B. im Werder religiöse Sattheit und sittliche Gleichgültigkeit, wo Ueberfluß und Reichthum herrscht. Wie weise bittet Salomo: „Reichthum und Armuth gib mir nicht, laß mich aber mein bescheidenes Theil Speise dahinnehmen" (Spr. Sal. 30, 8).— Die Hauptursachen der Armuth sind bei uns außer dem Mangel sittlichen und religiösen Sinnes die Dürftigkeit des Bodens und der Mangel an Betriebsamkeit, **an Verkehr und an Erwerbsquellen.**

Die ärmsten Gegenden Westpreußens sind im Rgbz. M. ein Theil des Kr. Löbau und die Kreise Konitz und Schlochau, im Rgbz. D. die an letztere Gegenden anstoßenden Kreise Neustadt, Karthaus und Berent, besonders die sich an der pommerschen Grenze hinziehenden Theile und namentlich das südlich von der Ferse gelegene Stück des Kr. Berent, dann der südwestliche Theil des Kr. Stargard und ein Stück der Danziger Nehrung — also vor Allem die Tuchler Heide, die kassubischen Kreise und die Fischerdörfer am Ostseestrande; dort haben die Flößer, die Holzarbeiter und der ackerbautreibende Theil der Bevölkerung, hier die Fischer ein kümmerliches Dasein. — Die direkten Steuern, welche für das Jahr auf den Kopf der Bevölkerung fallen und in der Prov. Preußen 1 Thlr. 1 Sgr. 2 Pf., in Pommern 1 Thlr. 3 Sgr. 11 Pf., in Sachsen 1 Thlr. 21 Sgr. ausmachen, betragen in einem Orte der frischen Nehrung 9 Sgr. und fallen in einem Fischerdorfe des Kr. Neustadt auf 8 Sgr. Beträgt die Klassensteuer, der Hauptbestandtheil der direkten Steuern, den 50. Theil des Einkommens, so sind für den einzelnen Bewohner jener Dörfer jährlich 13—15 Thlr. zu rechnen, von denen er leben soll. Einen scharfen Gegensatz bilden damit Dörfer im Marienburger und Elbinger Werder, in denen der jährliche Betrag der direkten Steuern öfter über 3 Thlr., ja bis über 5 Thlr. auf den Kopf steigt, so daß oa 150—250 Thlr. als Jahreseinnahme auf einen Menschen zu rechnen sind, ein Werderaner also 10—19mal soviel verbrauchen kann wie ein Bewohner jener armseligen Fischerdörfer. Findet sich auch hie und da in den oben genannten Kreisen ein einzelner Ort, der ebensolche Armuth zeigt, so steht es doch in den meisten der dortigen Ortschaften etwas besser, indessen liegt im Kreise Neustadt, dem ärmsten des Rgbz. D., eine größere Zahl von Orten, in denen die Höhe der direkten Steuern für das Jahr nur 15 Sgr. auf den Kopf beträgt, also für den Jahresverbrauch eines Menschen 25 Thlr. zu rechnen sind. Die frische Nehrung ist in ihrem östlichen Theile weit öder, als man es denkt, und hat nichts als Sand; ihre Bewohner sind, da der Boden nichts trägt, auf den Fischfang angewiesen und müssen, um sich Mehl und Kartoffeln kaufen zu können, im Winter oft über die schwache Eisdecke des Haffs ihre Fische bald mit dem Schlitten, auf dem der Kahn steht, bald mit dem Kahn, auf dem der Schlitten steht, auf das Festland bringen und leiden, wenn sie dieses nicht können, die bitterste Noth, und dabei laufen sie noch Gefahr, daß die Düne immer weiter von der See nach dem Haff vorrückt und ihre Häuser unter dem Sande begräbt. — In den kassubischen Kreisen ist der Sandboden ebenso unfruchtbar, in den höher gelegenen Gegenden auch noch kaltgründig; so liegt z. B. im Kr. Neustadt ein rauhes, von Heidekraut, Hügeln und Mooren durchzogenes Hochland, welches bei höchster Kraftanstrengung spärlichen Ertrag bringt. Bei einzelnen Gemeinden tritt die Armuth besonders hervor, so gehört die ev. Gemeinde Sullenczyn im Kr. Karthaus zu denen, welche den schlechtesten Boden im preuß. Staate haben: die Saat geht in dieser sehr hoch gelegenen Gegend oft durch den Frost verloren, es giebt ganze Strecken unbebauten Landes und oft große Heiden, die meisten Moore und Torfbrüche sind sogar selten mit Gesträpp bewachsen. Eine andere ev. Gemeinde, im ärmsten Theile des durchweg armen Kr. Berent gelegen, Lippusch, zahlt mit ihren 4—500 Gliedern noch nicht 17 Thlr. Staatssteuern für den Monat. Wie es im J. 1772 hieß: „Die Bewohner leben von einem Brei aus Roggenmehl, von Kräutern, die sie als Kohl zur Suppe kochen, von Heringen und Branntwein", so hat der Kaßube auch noch jetzt selten Brod, er ist zufrieden, wenn er nur Wrucken essen kann. Ebenso wie ein Ort der frischen Nehrung für den preuß. Morgen 1½ Pf., ein Fischerdorf im Kr. Neustadt 1⅔ Pf. Grund- steuer jährlich zahlen, so beträgt im Kr. Berent an einem Orte die Grundsteuer 1½ Pf., an andern Orten 4—5 Pf. für den Morgen Am niedrigsten steht die jährliche Grund- steuer im Rgbz. D. in den Kreisen Karthaus, Berent, Neu- stadt und Stargard, wo 10, 12, 14 und 25 Pf. von dem Morgen bezahlt werden, am höchsten im Kr. Marienburg mit 13 Sgr., ebenso steigt der Reinertrag von 8 Sgr. für den Morgen (im Kr. Karthaus) auf 2 Thlr. 26 Sgr. (im Marienburger Werder). In Bezug auf den Reinertrag des Bodens steht ebenso Westpreußen allen übrigen Provinzen nach, er beträgt vom preuß. Morgen im Rgbz. M. 18 Sgr., in dem reicheren Rgbz. D. 25 Sgr., durchschnittlich im Staate aber 1 Thlr. 3 Sgr. Die kassubischen Kreise zahlen auch die niedrigste jährliche Klassensteuer mit 13—15 Sgr. auf den Kopf; im Kr. Berent sind unter 10,000 Ew. nur 8, im Kr. Marienburg sind sechsmal so viele, welche Einkom- mensteuer bezahlen, dort betrug sie im J. 1863: 1536 Thlr., hier 11,008 Thlr., während die Einkommensteuer in der Stadt Danzig die Höhe von 43,438 Thlr. erreichte. — Die Tuchelsche Heide endlich, hauptsächlich im Rgbz. D. gelegen, über 9 ☐M. groß, ist ebenfalls eine mit vielen Wäldern bedeckte Gegend, zwischen den Wäldern liegen sandige, wenig fruchtbare, oft ganz kulturunfähige Felder; wo die Wälder niedergehauen sind, werden oft vor den Häusern hohe Schan- zen, wie im Winter von Schnee, so dort im Sommer von Sand aufgetrieben. Aus dem Walde heraustretend glaubt man mitten im Sommer ein weites Schneefeld zu erblicken — es ist weißer, von der Sonne beschienener Sand. An andern Stellen bedecken wieder ungeheure Sümpfe, von de- nen einer 20,000 Morgen groß ist, den Boden. „Giebt es

4 *

doch, die Güter eingerechnet, so heißt es von dem Kirchsp. O., nur vierzig und einige Familien in allen hieher gewiesenen Ortschaften, welche das Jahr hindurch Brod essen können; auch Kartoffeln sind als tägliche Kost zu theuer; etwas Grütze und Erbsen, verdünnt mit Wasser, müssen das Leben erhalten." „In den ärmeren Gegenden der Kreise Konitz und Schlochau leben die Leute Tag aus, Tag ein von Kartoffeln und Milch; selbst die kleineren Bauern essen meistens nur von der Ernte bis zu Weihnachten Brod, Fleisch ist natürlich noch ein viel seltenerer Artikel." In der Tuchelschen Heide sind die Leute so arm, daß sie nicht das Geld für die Zettel zum Raffen und Lesen dürren Holzes erübrigen können und von Schwetz aus z. B. vierteljährlich 200—300 Strafen für Holzdiebstähle von dem Exekutor in den elenden Hütten einzuziehen sind. — Die Lebensweise ist nicht nur in diesen armen Gegenden sondern auch in den wohlhabenden Städten z. B. des Rgbz. D. schlechter als sonst im preuß. Staate, in Marienburg und Danzig besser als in Elbing: auf den Kopf der Bevölkerung kamen in den Jahren 1862 —1864 jährlich von Mehl- und Backwaaren in Marienburg 327, in Elbing 316 und in Danzig 313 Pfd., vom Fleische in Danzig 87, in Marienburg 70 und in Elbing 60 Pfd.; zu einer Zeit, wo diese Zahlen für Elbing 306 und 59 Pfd. betrugen, erreichten sie in den andern mahl- und schlachtsteuerpflichtigen Städten der Monarchie die Höhe von 340 und 76 Pfd. — Ist aber der Boden unergiebig und belohnt er nicht die Arbeit, so kann auch ein Stückchen Land kleinen Leuten wenig helfen; was nützen Käthnerstellen wie die 10 eines Dorfes auf der frischen Nehrung, welche 1½ Morgen, oder wie die 170 auf Pangritz-Kolonie bei Elbing, welche 2 Morgen Sandland enthalten? Wo auf solchem Lande Kolonien angelegt werden, sind sie nicht nur in der Nähe der Städte sondern auch in rein ländlichen Gegenden wie im Kr. Flatow Diebskolonien geworden; das Land nährt die

Leute nicht, Arbeit finden sie fast nur in der Nähe der Städte
in genügender Weise, so stehlen sie und führen dabei doch
ein höchst kümmerliches Leben. — Bei dieser Dürftigkeit des
Bodens ist ein Wachsen der landwirthschaftlichen Bildung
besonders zu erstreben und zu fördern, bei größerer Betriebsamkeit würde doch im Ganzen die Landwirthschaft eine er-
giebigere Einnahmequelle bilden.

Die Armuth ist seltener die Ursache der Bettelei, häufiger der Vorwand für dieselbe, denn die ärmsten Länder
Europas, in denen eine genügsame und ruhige Bevölkerung
wohnt, haben die wenigsten Bettler. Arbeitsscheu, Genußsucht,
Hang zur Ungebundenheit und Verschwendung führen häufiger den Bettel herbei, als die Noth es thut. Außer den pri-
vilegirten Bettlerhorden der Zigeuner, deren Kinder ohne jeden Schulunterricht heranwachsen dürfen, und außer den schulpflichtigen Kindern, die niemand beschenken sondern die ein
jeder zur Schule anhalten sollte, ziehen ganze Schaaren von
„Reisenden" durch das Land, von deren Menge man erst
dann eine Ahnung bekommt, wenn in der Nähe eine öffentliche Arbeitsstelle errichtet wird und nun Hunderte unter
dem Vorwande umherstreifen, daß sie dort arbeiten wollen,
sie kommen meistens zu zweien oder dreien, sind frech in ihren Forderungen und unfläthig in ihren Reden; angebotene
Arbeit nehmen sie nicht an, schimpfen, wenn man ihnen Arbeit anweisen will, oder verlassen sie nach wenigen Minuten.
Fast jede Gabe, solchen unbekannten „Reisenden" gegeben,
ist weggeworfen; das Geld wird für Branntwein ausgegeben
geschenkte Kleidungsstücke werden sogleich verkauft, und der
Erlös wird vertrunken. Die unbedachtsam gegebenen Gaben
richten viel Unheil an und veranlassen die Leute, wenn sie
zuerst aus Noth gebettelt haben, bald die Bettelei als den
leichteren „Verdienst" der Arbeit vorzuziehen; durch die Mit-
schuld falscher Barmherzigkeit werden sie zuerst Vagabunden,
dann Verbrecher. Solchen Männern sollte nur nach genauer

Prüfung und an jedem Orte durch einen dazu bestellten Mann, und auch dann nicht Geld, nur eine Anweisung auf Essen, Schlafstelle u. drgl. gegeben werden. Von Kobbelgrube auf der Danziger Nehrung wird berichtet: „Hier sind die vielbeklagten Bettlerhorden dem Scheine nach ansässig, während sie eigentlich familienweise auf der Landstraße umherkampiren und bald an diesem, bald an jenem Orte nächtigen. Diese Horden brandschatzen die Gegend und werden von den Besitzern mit Spenden, welche das Jahr über eine bedeutende Summe ausmachen, ohne allen Nutzen gefüttert, da sie doch dem unwürdigen Leben, im Sumpf der Bettelei, ohne Kirche und Schule, immer noch verfallen bleiben. Wenn die Besitzer das, was sie jenen jetzt so nutzlos zuwerfen, verständig zusammenlegten, könnte schon ein Arbeits- und Siechenhaus in Steegen gegründet werden." Planlos gegebene Gaben stärken und erzeugen die Armuth; zu ihrer Ueberwindung ist persönlicher Verkehr mit den Armen nöthig, es muß ihnen Gelegenheit zur Arbeit nachgewiesen und sie müssen mit gutem Rath so weit unterstützt werden, daß sie ihre eigenen Kräfte und Mittel recht gebrauchen; sie müssen zur Ordnung und Reinlichkeit, zum Besuche der Kirche und zur Einführung christlicher Hausordnung ermuntert werden. In einzelnen Fällen wäre eine Unterstützung mit Lebensmitteln und Kleidungsstücken nöthig. Geld geben ist wohl das Leichteste aber sollte nicht das Erste, sondern das Letzte sein.

Die bürgerliche Armenpflege hat sich nicht als befähigt erwiesen, dem Wachsen der Armuth Einhalt zu thun. Sie wirkt fast nie sittlich hebend auf die Unterstützungsbedürftigen ein; die Armen fordern die Unterstützung als ein Recht, welches ihnen der Staat verliehen hat; die Kommunen geben, weil sie geben müssen; nicht die Liebe giebt, und nicht die Dankbarkeit nimmt. Auch wird an vielen Stellen, wenigstens in den Bauerndörfern, für die Armen schlecht genug gesorgt; manche Gutsherren entlassen die Instleute, wenn sie ein bestimmtes Alter erreichen, oder nehmen sie gar nicht auf, wenn sie viele Kinder haben, um nicht in dem Fall der Arbeitsunfähigkeit für sie oder im Falle des Todes für die Familie sorgen zu müssen; mancher Kranke wird von einer Gemeinde zur andern gewiesen oder, wohl schon sterbend, über die Grenze geschafft. Auch das Gesetz selbst hat viele Härten und läßt viele derselben bestehen. — Im J. 1864 bestanden in Westpreußen 434 Armen-, Kranken- und Versorgungshäuser, davon hatte der Rgbz. M. 248, der Rgbz. D. 186, von diesen wieder die Stadt Danzig 21 solcher Häuser. Die Zahl der aus fremden Mitteln Lebenden ist in Westpreußen, wo sie im J. 1867: 17,916 betrug, also auf 1000 Ew. 14 aus fremden Mitteln Lebende kamen, größer als sonst im preuß. Staate, da im Allgemeinen auf 1000 Ew. dort nur 12 Arme trafen Im J. 1864 betrug die Zahl für Westpreußen nur 15,980, sie ist also in 3 Jahren um 2000, um mehr als den 7. Theil, gewachsen. Im Rgbz. M. kamen in dem genannten Jahre auf je 1000 Ew. 11, im Rgbz. D. 13 solcher Leute, die aus fremden Mitteln leben, in beiden hat die Zahl zugenommen. Die wohlhabendsten Kreise des Rgbz. D.: Elbing, Marienburg und Landkr. Danzig haben die meisten Almosenempfänger; sie sorgen eben besser für ihre, allerdings ungenügsameren Armen. In den reicheren Provinzen des preuß. Staates ist die Zahl der Almosenempfänger nicht so groß wie bei uns. — Der Rgbz. M. empfing in den Jahren 1864—1866 durchschnittlich aus dem Landarmenfonds, ungerechnet der Aufwendungen für das Landkrankenhaus in Schwetz, für den Kopf 10 Pf., der Rgbz. D. nur 6 Pf. die Zahl der im Rgbz. M. Unterstützten ist kleiner, die Summe der Unterstützungen aber höher, die Noth also größer als im Rgbz. D.; in beiden Regierungsbezirken sind die Summen, die aus dem Landarmenfonds gegeben werden, gewachsen. Die von den ländlichen Gemeinden für die Armenpflege gemachten

Aufwendungen lassen sich gar nicht berechnen. Im Etat der Städte des Rgbz. D. stand im J. 1868 die Summe von 144,748 Thlr. zu Armenunterstützungen angesetzt: es kamen auf den Kopf der Bevölkerung in Tolkemit 2 Sgr., der niedrigste Satz, in Danzig 1 Thlr. 5 Sgr., der höchste Satz. In der Stadt Marienburg wuchs die Summe der Unterstützungsgelder von 1274 Thlr. (im J. 1862) bis auf 4684 Thlr. (im J. 1868), vervierfachte sich also in 6 Jahren. Nicht so schnell stiegen die für Danzig veranschlagten Summen; von 68,555 Thlr. (im J. 1862) wuchsen sie auf 121,348 Thlr. (im J. 1868), sie haben sich also in 6 Jahren fast verdoppelt; in der Zeit von 1851 — 1865 hat sich dort die Höhe der Armenunterstützungen verdreifacht. In Elbing scheint das Wachsthum etwas geringer zu sein: die Summen betrugen 1862: 8200 Thlr. und 1868: 13,179 Thlr., doch hat Elbing dabei noch eine besondere Armenkasse, aus welcher nach dem Etat des J. 1865 noch 14,213 Thlr. verwandt werden sollten; im J. 1871/72 bekam jeder Kommunalarme durchschnittlich 1 Thlr. monatlich und die Menge der Pflegekinder wuchs, weil die Zahl der Eltern bedeutend stieg, welche ihre Kinder im Stiche ließen, was im folgenden Jahre in noch höherem Maße der Fall war. Abgenommen haben in den Jahren 1862—1868 die Ausgaben für das Armenwesen im Rgbz. D. in den Städten Putzig, Pr. Stargard, Tolkemit und Dirschau. Es ist durch das Wachsen der Armenunterstützungen augenscheinlich bewiesen, daß die bürgerliche Armenpflege in ihrer gegenwärtigen Gestalt und allein nichts ausrichten kann, sondern das Uebel trotz steigenden Verdienstes der arbeitenden Klassen stetig wächst. Es ist daraus deutlich zu sehen, daß die Armenpflege von sittlichen Beweggründen — und das und nur die Beweggründe der christlichen Liebe — getragen werden, einen sittlichen Maßstab anlegen und noch ganz andere Mittel in Bewegung setzen muß als das Geld.

„Seelenpflege, sagte Amalie Sieveking, ist die Seele der Armenpflege" und „die Barmherzigkeit mit den Seelen ist die Seele der Barmherzigkeit."

Für die Kranken wird fast nur in einigen Städten und an einzelnen Stellen auf dem Lande gut gesorgt; es geschieht dieses besonders da, wo Diakonissenkrankenhäuser am Orte oder in der Nähe sind. Für die Siechen, welche oft schlecht verpflegt werden und geistig verkommen, haben wir in Westpreußen kein größeres Siechenhaus, ein kleineres nur in Danzig.

7. Die sociale Frage: die verschiedenen Stände, die Wanderbevölkerung und die Auswanderung.

Der gewaltige Kampf, der zwischen Kapital und Arbeit geführt und in dem das erstere durch die neuere Gesetzgebung begünstigt wird, hat in Westpreußen die ländliche Arbeiterbevölkerung noch gar nicht und die industriellen Arbeiter erst zu einem kleinen Theile der Socialdemokratie als Bundesgenossen zugeführt. Noch ist es für die Arbeitgeber Zeit, auf eine glückliche und friedliche Lösung der socialen Frage hinzuwirken; bei den Fortschritten, welche die Socialdemokratie in neuester Zeit gemacht hat, wird aber nicht mehr viel Zeit bleiben. Die Elemente, wie sie für die Socialdemokratie passen: Menschen mit gottvergessener und materieller Herzensrichtung, Menschen ohne religiösen und sittlichen Halt sind bei uns ebenso reichlich wie anderwärts vorhanden, sie sind sich indeß ihrer innerlichen Vorbereitung auf socialdemokratische Ansichten bei uns noch nicht bewußt geworden. Die sociale Frage wird aber bei uns auch schon dadurch zu einer brennenden, daß der Grundbesitz gegen das Kapital immer mehr in Nachtheil kommt, daß der große Grundbesitz den kleinen zu verschlingen droht und daß die socialen Verhältnisse eine sehr gesteigerte Auswanderung veranlaßt und dadurch eine bedenkliche Verminderung der Arbeitskräfte herbeigeführt haben. — Der Grundbesitz, mit der Doppelsteuer belastet, welche vom Einkommen und zugleich von dem Boden und den Gebäuden erhoben wird, deren Ertrag doch ein Theil des Einkommens ist, befindet sich in Westpreußen in besonders schwerer Lage: der Arbeitslohn ist bei uns sehr hoch und verhältnißmäßig viel mehr gestiegen als die Erträge des Bodens und der Preis der Bodenerzeugnisse; die Arbeitszeit ist sehr kurz, um 2 Monate kürzer als in Brandenburg, um $2\frac{1}{2}$ Monat geringer als in der Rheinprovinz; die Verkehrswege sind sehr mangelhaft, da im J. 1861 im Rgbz. D. auf $2\frac{1}{2}$ ☐Ml., im Rgbz. M. auf $1\frac{2}{3}$ ☐Ml. erst 1 Meile Chaussee traf, während der preuß. Staat sonst auf $1\frac{1}{3}$ ☐Ml. 1 Meile Chaussee besitzt, und in demselben Jahre in der Prov. Preußen auf 19 ☐Ml., im preuß. Staate aber schon auf 6 ☐Ml. 1 Meile Eisenbahn gerechnet wurde; endlich lastet die Grenzsperre gegen Rußland schwer auf der Provinz. Die Landwirthschaft ist aber in Westpreußen weit ausgedehnt, da drei Viertel der Bewohner auf dem Lande leben, im Rgbz. M. ist sie ausgedehnter als im Rgbz. D. Zu einer glücklichen Lösung der socialen Frage kann der Fiskus viel thun da er den 7. Theil der Bodenfläche in seinem Besitz hat. Dagegen ist die Fläche, welche in den Händen der Rittergutsbesitzer ist, klein und nur noch in Sachsen kleiner, sie umfaßt den 4. Theil des Bodens. Die deutschen Gutsbesitzer, die meistens theuer gekauft haben, können sich in den kassubischen Kreisen schwer halten, wenn sie sich nicht der dürftigen Fruchtbarkeit des Bodens anbequemen, viele Güter gehen in die Hände der anspruchsloseren Polen über. Bei vielen andern Gutsbesitzern herrscht ein die Verhältnisse weit übersteigender Luxus. Ein großer Theil hat gar kein kirchliches Interesse. Nicht immer segensreich ist für unsere Provinz die Einwanderung der Meklenburger gewesen, denn sie sind wohl tüchtige Landwirthe und verbessern die äußere Lage ihrer Leute, aber sehr viele unter ihnen fügen durch

ihre Gleichgültigkeit gegen die religiösen und sittlichen In-
teressen ihren Untergebenen viel Schaden zu. — Fast die
Hälfte des gesammten Grundbesitzes befindet sich in den
Händen von Bauern, nur noch in Sachsen ist der bäuerliche Besitz größer. Die Hebung des Bauernstandes ist also
für das Gedeihen Westpreußens sehr wichtig. Der westpreußische Bauer, wie überall beharrlich in seinen Sitten und
Ansichten, sparsam und geizig, ist wenig in der landwirthschaftlichen Ausbildung entwickelt. Da nach unserer Provinz
die verschiedensten Stämme aus Deutschland eingewandert
sind, so herrscht ein gewaltiger Unterschied im Bauernstande,
ein großer zwischen einem genügsamen kassubischen Bauer,
der etwa 400—800 Morgen Sandland, großentheils unkul-
tivirt und brachliegend, besitzt und dem stolzen Hofbesitzer
des Werders oder der Niederung, dem bedächtigen, wohlbe-
häbigen Abkömmling der Holländer oder dem reichen, ordnungs-
liebenden, friedlichen, thätigen, nüchternen und geschickten Mennoniten, dem 1—4 Hufen gehören, dort der Dunghaufen vor
der Thür, Schmutz, Unordnung und Bettlerarmuth, hier ein
schön gepflegter Garten am Hause, höchste Reinlichkeit in
Wohn- und Stallgebäuden, Reichthum, ja Ueppigkeit und
Lurus. Für das sittliche und religiöse Wohl der Dienst- und
Arbeitsleute hat aber hier und dort selten ein Besitzer Sinn. —
Der so wichtige Stand der Eigenthümer, kleinerer selbst-
ständiger Besitzer, welche sich hauptsächlich von ihrem Lande
nähren könnten, ist in Westpreußen fast gar nicht zu finden.
Die Besitzungen, welche 5—30 Morgen umfassen, bildeten
1858 noch nicht den 30. Theil der landwirthschaftlich be-
nutzten Fläche, und noch nicht den 100. Theil derselben
machten die Grundstücke aus, welche noch kleiner als 5 Morgen sind. Auch sind die Kolonien noch vielfach an ungeeig-
neten Stellen (S. 52) angelegt. Die meisten im letzten
Jahrzehnt entstandenen Besitzungen enthalten nicht 10 Morgen. — Wo die Eigenthümer nicht genügende Arbeit finden,

ist ihre Lage ebenso unsicher wie die der besitzlosen freien Arbeiter; wie diese, bringt auch sie ein langer, besonders ein harter Winter, ein unvorhergesehener Unglücksfall, eine anhaltende Krankheit des Familienvaters, große Theuerung der unentbehrlichsten Lebensmittel, Mißrathen der Kartoffel oder eine große Zahl kleiner Kinder in die bitterste Noth und — zum Diebstahl. Der freie Arbeiter, dessen Lohn sehr gestiegen ist und im Sommer selbst auf der Höhe 20 Sgr., in der Niederung noch mehr beträgt, verdient genug, um für den Winter, in welchem er meistens nur für die Hälfte der Tage Arbeit hat, einsorgen und sparen zu können, aber er ist meistens zu sorglos und bei reichem Verdienst verschwenderisch, oder er vertrinkt den Ueberschuß, oft ist auch die häusliche Wirthschaft unordentlich. In einzelnen Gegenden fehlt selbst im Sommer die Arbeit, so in den kassubischen Kreisen Berent, Stargard und Karthaus; dann ziehen die Männer in die Niederung, wo die Arbeitskräfte spärlich sind. In Marienburg finden sich Tausende von Erntearbeitern ein, die mit Weib und Kind aus Straßburg, Graudenz u. s. w., aus Ostpreußen, selbst aus Posen heranziehen und dort für die Ernte gemiethet werden. Besonders fehlt es im Winter an Arbeit, da Erwerbszweige, die früher einträglich waren, wie die Leinweberei, seit Einführung der Dampfkraft ins Stocken gerathen sind und die Zahl der Webestühle in steter Abnahme begriffen ist; beim Spinnen wird aber auch vielleicht nur 1 Sgr. den Tag über verdient. Nur in wenigen Gegenden wie in einzelnen Dörfern der Elbinger Höhe betheiligt sich die ganze Bevölkerung. Frauen, Kinder und Männer noch jetzt am Spinnen In der Tuchelschen Heide leben die Bewohner von Waldarbeit, von Flößen und von der Arbeit in den Glashütten, soweit sie nicht der Ackerbau nähet. Es kann die Lage der freien Arbeiter durch Einführung neuer Erwerbszweige, Verbreitung verbesserter Webestühle, größere Ausdehnung der Landesverbesserungen

u. s. w. gesichert werden. — Wenig Sorge um das Brod
haben die Instleute, welche in Westpreußen ein Gesammt-
einkommen von 140--170 Thlr. und darüber haben; an
Roggenwerth verdienen sie täglich ¼ bis ⅓ Scheffel, mehr
als sonst in Deutschland. Dennoch leben sie dürftiger als
die übrigen deutschen Instleute, wenn auch etwas besser als
die freien Arbeiter, die sich in vielen Gegenden nur von
Kartoffeln, Salz und Branntwein nähren. Den übrigen
Arbeitsleuten in Deutschland gegenüber sind hier die Instleute und noch mehr die freien Arbeiter trotz höheren Verdienstes dadurch wieder im Nachtheil, daß der Winter härter
ist und länger dauert, also mehr Heizung, bessere Kleidung
und kräftigere Nahrung erfordert; auch sind sie nicht so um-
sichtig, sparsam und gesittet wie etwa die südwestdeutschen
Arbeiter und heirathen zu früh, meistens durch die Folgen
der Unzucht dazu gezwungen. Sie sind mißtrauisch gegen
die Herren, neidisch auf einander, sorglos in Bezug auf die
Zukunft, ohne geistiges Leben, mit geringem Sinn für Reinlichkeit und ein geordnetes Hauswesen ausgestattet, aber ge-
nügsam und fügsam. — Am traurigsten ist die Lage der
Scharwerker, welche im Dienste dieser Instleute, also einer
Herrschaft stehen, die nicht den geringsten sittlichen und er-
ziehenden Einfluß auf sie ausüben kann und will und nur
ihre Kräfte ausnützt. — Der westpreußische Arbeiter ist genügsamer und bescheidener als der ostpreußische, aber empfindlich, wenig offen und regsam, der ostpreußische reinlicher,
wirthschaftlicher und kirchlicher, aber roher. „Der Westpreuße
der Kreise Konitz und Schlochau ist kein besonderer Arbeiter
und arbeitet nur aus Noth; er mag lieber schlecht leben und
faullenzen als mit angestrengter Arbeit seine Lage verbessern,
vielfach ist hier nur der Ausschuß anderer Provinzen, besonders Pommerns, zu finden." Auch sonst ist der westpreußische Arbeiter träge und leistet wenig, besonders im Winter
suchen viele nur Arbeit, wenn die Noth sie treibt; die Frauen

sind oft lässig und unordentlich, die unordentlichsten unter ihnen lassen im Sommer ihre kleineren Kinder halbnackt auf der Straße umhertreiben und im Winter den Tag über im Bett liegen. — Der verderbliche Einfluss, welchen die Frauenarbeit ausübt, wird mehr als früher erkannt: die Frau bringt größeren materiellen Nutzen, wenn sie die Hauswirthschaft und das Vieh versorgt, als wenn sie 6—7 Sgr. verdient; sie kann, wenn sie auf Arbeit geht, die Kinder nicht beaufsichtigen und erziehen, so dass dieselben geistig und leiblich verwahrlosen, da ein Kind nur in der Luft eines geordneten Familienlebens gedeihen kann, ja schon vor der Geburt ist das Leben des Kindes durch die übermäßige und zu lange fortgesetzte Arbeit der Mutter gefährdet. Die Kindersterblichkeit hält gleichen Schritt mit der Ausdehnung der Frauenarbeit: in der Prov. Preußen sind unter 1000 Ew. 76, in Westfalen 38 und in der Rheinprovinz 25 Frauen in der Landwirthschaft beschäftigt, es ist aber auch die Kindersterblichkeit unter der ländlichen Bevölkerung in Preußen fast doppelt so groß wie in den westlichen Provinzen, denn in der Rheinprovinz und Westfalen fallen auf 1000 Ew. 16 und 6, in Preußen aber 30 Todesfälle von Kindern unter 10 Jahren, und in Posen und Preußen sterben fast doppelt so viele Kinder unter 1 Jahr wie in den westlichen Provinzen. Die Feldarbeit der verheiratheten Frauen muss also immermehr beschränkt und zuletzt abgeschafft und die dann fehlende Arbeitskraft durch Einführung von Maschinen und Gründung geeigneter Arbeiterkolonien ersetzt werden.

Die sociale Frage wird auch an unsere ländlichen Arbeiter herantreten, wie sie schon an die ländliche Bevölkerung verschiedener protestantischer Gegenden, besonders Schleswig = Holsteins, herangetreten ist. Es ist ganz natürlich, dass die ländlichen Arbeiter sich allmälig des entscheidenden Einflusses bewusst werden, welchen ihnen die

Einführung des allgemeinen direkten Wahlrechts bei ihrer numerischen Ueberzahl auf dem Lande gegeben hat, und daß sie ihre politischen Rechte zu ihrem Vortheil gebrauchen werden. Es ist die Pflicht der Arbeitgeber, sich das Vertrauen ihrer Leute zu erwerben und zu sichern und sie zu einem vernünftigen Gebrauch ihrer Freiheit zu erziehen, wie denn überhaupt die höhern Stände Erzieher der niedern sein sollten. Vertrauen kann aber nur durch Thatbeweise uneigennütziger Liebe erworben und erhalten, ein vernünftiger Gebrauch der Freiheit nur durch Hebung der geistigen, sittlichen und religiösen Bildung herbeigeführt werden. Die Hauptaufgabe ist also, daß das geistige, religiöse und sittliche, häusliche und gesellige Leben der Arbeiter gehoben werden und zwar durch Gründung von Schulen, erhöhte Leistungen der Lehrer, Beförderung des Schulbesuchs, durch Verbreitung guter unterhaltender und belehrender Schriften, durch Freigebung des Sonntags, durch Beförderung und Erleichterung des Kirchenbesuches, durch Beschränkung der Frauen- und Abstellung der Kinderarbeit, durch Herstellung besserer Wohnungen u. s. w. Dann ist die materielle Lage der Arbeiter zu heben, nicht sowohl durch die meistens unmögliche Erhöhung des Lohnes, als vielmehr eben wieder durch Hebung ihrer Bildung, dann durch Anleitung zur Wirthschaftlichkeit, Verbindung von Geld- und Naturalienlohn, Gewährung der Naturalien in guter Beschaffenheit, Einführung der Akkordarbeit, Gründung von Konsumvereinen und Ermahnung und Mithülfe zur Sparsamkeit. Wer sparen will, muß aber ein Ziel im Auge haben, und dieses Ziel ist naturgemäß für den ländlichen Arbeiter die Erwerbung eines kleinen Grundbesitzes, der schon an sich ein Bollwerk gegen socialistische Gelüste ist. Durch die Gesetzgebung des Staates müßte die Erwerbung kleiner Parzellen erleichtert werden. — Der Sparsinn ist bis jetzt in unserer Provinz sehr wenig entwickelt. Zu einer Zeit, in welcher im preuß. Staate 4 Thlr. 7 Sgr.

7 Pf. Sparkasseneinlagen auf den Kopf der Bevölkerung trafen, betrugen sie in der Prov. Preuß u nur 18 Sgr. 5 Pf. Bei den 17 öffentlichen Sparkassen Westpreußens beliefen sich im J. 1869 die Einlagen im Rgbz D. auf 373,852 Thlr., im Rgbz. M. auf 141,234 Thlr., jeder Bewohner hatte im ersteren Regierungsbezirk ein Sparkassenguthaben von 26 Sgr. 5 Pf., im letzteren nur den 4. Theil dieser Summe. Im Rgbz. D. hatte der 102., im Rgbz. M. der 261., im ganzen Staate der 31. Bewohner ein Sparkassenbuch. Auch hat im Rgbz. D. noch die Benutzung der Sparkassen abgenommen, 1864 betrug das Sparkassenguthaben für den Kopf der Bevölkerung 1 Thlr. 15 Sgr., war aber schon 1867 um 9 Sgr. geringer. Am wenigsten wurde in die Sparkasse des Kr. Neustabt eingelegt, denn im J. 1867 kamen nur 7½ Sgr. Einlagen auf den Kopf der dortigen Bevölkerung. Es kann aber auch der ländliche Arbeiter sparen, und wenn er nur mit 2½ Sgr. monatlicher Einlage einen Anfang machte; mit der Lust zum Sparen wächst das Einkommen, und sparende Arbeiter sind meistens mäßig, nüchtern, fleißig, häuslich und wirthschaftlich. — Noch empfehlenswerther als die Errichtung von Spar= und der auch nöthigen Darlehnskassen ist es aber, die andere Art des Sparens zu befördern, nämlich regelmäßige Zahlungen an Feuerversicherungs=, Viehsterbe=, Sterbe=, Begräbniß=, Wittwen=, Kranken=, Invaliden- und Alterversorgungskassen, und zum Eintritt in die ersten 4 Kassen müßte der Gutsherr seine Arbeiter verpflichten, zu den letztgenannten Kassen selbst einen größern Theil des Beitrages, etwa die Hälfte, geben, da er bis jetzt gesetzlich verpflichtet ist, für die Wittwen, die Kranken und Arbeitsunfähigen zu sorgen. Der Arbeiter selbst hätte etwa 1 Thlr. monatlich in diese Kassen zu zahlen. In den Dörfern bliebe den bessern Ständen wenigstens die Anregung zur Gründung solcher Kassen oder zum Eintritt in dieselben. Auch würden die

Arbeiter durch Konsumvereine, wenn auf den Gütern der Gutsherr und in den Dörfern der Vorstand eines solchen Vereins die Waaren im Großen ankaufte, die Lebensmittel viel billiger als jetzt sich verschaffen können. Die Arbeitgeber müssen sich an die Spitze der Bewegung stellen, welche sich jetzt vorbereitet, sie sind für das Wohl ihrer Arbeiter zunächst verantwortlich; sie dürfen dieselben nicht als lebendige Maschinen ansehen, welche, zum Nutzen des Arbeitgebers geschaffen, von demselben nothdürftig im Stande gehalten werden müssen und bei Seite geworfen werden, wenn sie nichts mehr leisten können, sondern sie müssen die Arbeiter als ihre Brüder betrachten und sich mit ihnen durch gegenseitiges Dienen verbinden, um ihnen ein menschenwürdiges Dasein zu schaffen und ihnen die Theilnahme an Allem zu ermöglichen, was dieses Leben lebenswerth macht.

Der seßhafte Handwerkerstand hat für das Leben des Staates eine ähnliche Bedeutung wie der Grundbesitz: wie dieser, wird aber auch er durch die Uebermacht des Kapitals hart bedrängt. Er ist nicht im Fortschreiten, wie z. B. der Kr. Elbing zeigt: in der Stadt betrug im J. 1859 das durchschnittliche Solleinkommen eines Handwerkers 1356 Thlr., acht Jahre später 28 Thlr. weniger, auf dem Lande hatte seine Einnahme sich in derselben Zeit um ein Viertel vermindert. Immer mehr Handwerksmeister geben ihr Handwerk auf und werden Werkmeister in den Fabriken. Andere können sich bei den sehr gestiegenen Löhnen keine Gesellen mehr halten. Gegenüber der Kapitalsmacht, dem Maschinenbetrieb, der den Großhändlern so günstigen Erleichterung der Absatzwege kann das Handwerk schwer die Konkurrenz aushalten. Lassalle gab darum schon vor 10 Jahren den Rath, das Handwerk, „das Zwerggewerbe", nicht weiter gegen die Fabrik, „den Großbetrieb," zu unterstützen, die Arbeiter müßten selbst Fabriken gründen. Indessen bestehen noch Handwerke, deren Thätigkeit bis jetzt durch keine Fabrik er-

5

setzt ist, und es gehört noch beinahe der 8. Theil der männlichen Bevölkerung Preußens dem Handwerkerstande an. — Die Stellung der Gesellen und Lehrlinge zu den Meistern ist, besonders seit Aufhebung der Zünfte, eine ganz andere geworden. Der sittlich hebende Einfluß, den die Zünfte hatten, ist für alle, der Einfluß, den das Familienleben im Hause des Meisters ausübte, für die meisten verloren gegangen. Lehrlinge finden sich schwer, auch lebt ein Theil derselben außerhalb des Hauses, in dem sie arbeiten. Von den Gesellen aber gehen zwei Drittel in Schlafstellen, des Morgens um 6 Uhr kommt der Gesell in die Arbeitsstube, um 7 Uhr Abends geht er; so kennt er kein Daheim, welches auch die meist elenden Schlafstellen ihm nicht bieten können, er ist auf das Wirthshaus und die Herberge gewiesen; da aber hat der Wirth sein Interesse an Beförderung der Trunksucht, es werden rohe Späße gemacht, unfläthige Reden geführt, unzüchtige Geschichten erzählt, gemeine Lieder gesungen, Hazard- oder andere Kartenspiele getrieben, und Ausschweifungen jeder Art schließen sich diesem Treiben an, es fehlt an jeder Ermahnung zur Sittlichkeit und zum Besuch des Gotteshauses; genug der Handwerkerstand geht seinem sittlichen Verderben immer mehr entgegen. Die gegenwärtigen Herbergen müßten unter schärfere polizeiliche Kontrolle gestellt und den Herbergsvätern verboten werden, daß sie zwei Gesellen in einem Bette unterbringen, daß sie Branntwein ausschenken u. s. w., auch sollten nur zuverlässige Männer die Erlaubniß, eine Herberge zu leiten, erhalten. Die Herbergen aber gründlich zu verbessern, ist kaum möglich, es müssen neue gute Herbergen und Logirhäuser gegründet und an Stelle der Zünfte neue Verbände geschaffen werden, die sittlich einwirken. Für die äußere Hebung des Handwerkerstandes ist die Gründung solcher Vereine und Kassen, wie sie für die ländlichen Arbeiter und für die Fabrikbevölkerung nöthig sind, auch die Einrichtung von Rohstoffvereinen und Produktiv - Genossenschaften zu empfehlen.

Unter der Bevölkerung der Städte sind einzelne Klassen, deren Loos ein bemitleidenswerthes ist, so das der Kellner und Droschkenkutscher, welche beide keine Gelegenheit zum Gottesdienst, die ersteren kaum die nöthige leibliche Ruhe haben. Die Fabrikarbeiter, welche unsere Aufmerksamkeit am meisten in Anspruch nehmen, haben bis jetzt in Westpreußen im Allgemeinen einen gesunden Sinn gezeigt; von socialdemokratischen Stimmen wurden 1874, so viel bekannt, in Elbing 2, in Marienburg 87 und in Danzig 2383 abgegeben, letztere fielen auf die der socialdemokratischen Richtung verwandte Partei der Gewerkvereinler. Es kann also den verderblichen Bestrebungen der Socialdemokratie auch noch bei den städtischen Arbeitern begegnet werden. Die wenigen Arbeitseinstellungen, welche in Westpreußen eingetreten sind, betrafen berechtigte Klagen, wie in Elbing, und fanden durch Nachgiebigkeit auf beiden Seiten ihre Lösung oder erreichten nichts, wie verschiedene Strikes in Danzig und ebenso ein Strike der Elbinger Dienstmädchen. — In der Entwicklung der Industrie, der handwerks- und fabrikmäßigen, steht Preußen nur noch den Provinzen Pommern und Posen voran. Im preuß. Staate kamen im J. 1867 auf 1000 Ew. 96 Fabrikarbeiter und Angehörige derselben, in Westpreußen nur 48; von dem Handwerk und der Fabrikarbeit lebten in demselben Jahre im preuß. Staate von 100 Ew. je 22, in Westpreußen nur je 10; die Zahl der Fabrikarbeiter ist also nicht so groß, wie die Stimmen der Socialdemokratie ausschreien. Während die Stadt Danzig in Bezug auf Handel und Seeverkehr weit voransteht, ist der Kr. Elbing in Bezug auf die Industrie am meisten entwickelt: 10,740 Menschen lebten im J. 1864 in diesem Kreise von der Landwirthschaft und 9531 von der Industrie; ähnlich steht es im Kr. Dt. Crone, während im Kr. Karthaus nur 1931 Ew. von der Industrie, 15,016 aber von der Landwirthschaft lebten.

Die herzlose und unchristliche Lehre der Manchester-schule, nach welcher es sich nur um Angebot der Arbeit und um Nachfrage, um das Selbstinteresse, um das Erwerben als das höchste Ziel, um die Arbeiter als um „Hände“ handelt, hat die letzteren mit ihrer Kraft zu Waaren, die Arbeitgeber zu Käufern gemacht. Es ist nicht die äußere Lage der Arbeiter eine schlechtere als früher, im Gegentheil sind die Löhne schneller gestiegen als die Preise der Lebens-bedürfnisse, aber das Verhältniß zwischen Arbeitgeber und Arbeitnehmer ist ein anderes, im tiefsten Grunde ein unsitt-liches geworden, denn auf beiden Seiten herrscht meistens eine falsche Stellung zum Eigenthum, die der Selbstsucht. Die große Industrie ist ein-herz- und schonungsloser Ver-brauch von Menschenkräften zu Gunsten des Kapitals: den Fabriklokalen fehlt oft Licht und Luft; der Aufenthalt in den ungesunden Räumen verkürzt so sehr das Leben, daß die mittlere Lebensdauer der Arbeiterbevölkerung seit der Einführung der Maschinen sich um 12 Jahre vermindert hat und nur noch halb so hoch ist wie die der Wohlhabenden; die Arbeit der verheiratheten Frauen veranlaßt nicht bloß eine sehr große Kindersterblichkeit sondern macht auch die Erziehung unmöglich; wird dem Arbeiter, wie oft, noch die Sonntagsruhe genommen, so wird das Familienleben ganz zerstört; die dumpfe schwüle Luft der Fabrikräume und das Zusammenleben der Geschlechter erzeugt außerdem Frühreise und Unsittlichkeit. Der Arbeiter muß, wenn nur das Ka-pital, wenn nicht die Liebe die Entscheidung hat, den Kür-zeren ziehen. Ein Theil der Arbeiter ist andererseits oft mit Mißtrauen, ja mit Haß gegen die reichen Herren erfüllt; es fehlt Anhänglichkeit, Treue und Zufriedenheit; der An-blick des Luxus und der Verschwendung, sowie der mühelosen Art, wie der Kapitalsbesitzer oft durch Gründungen und

Schwindeleien schnell seinen Reichthum mehrt, erfüllt ihn
mit Neid und Bitterkeit; seine eigenen Ansprüche an Vergnügen, Putz und Luxus wachsen schneller als seine Einnahmen; sein reicher Verdienst, der in Elbing z. B. für den
Tag 1 Thlr. beträgt, wird aufgebraucht und für die Zeit
der Noth nichts zurückgelegt. Die Unzufriedenheit mit seiner
Lage wird dann von gewissenlosen Agitatoren gemissbraucht,
um ihm das Elend, welches er meistens selbst verschuldet
hat, recht grell zu malen. Die socialdemokratische Idee, daß
allen Menschen ein gleicher Antheil am Besitz, am Lebens-
nuß und an der Bildung gebühre, findet dann nur zu leicht
bereiten Boden. Ist überhaupt das Diesseits das Einzige
und der Besitz und Genuß das Höchste — eine Lehre, welche
die besseren Stände zuerst ausgesprochen haben und zu welcher sie sich noch immer durch die That bekennen — so ist
nicht einzusehen, warum nicht die Socialdemokratie die er-
strebte Gleichheit, und sei es auch mit Gewalt, herstellen soll.
Vertheilung des Eigenthums, Aufhebung der Ehe und des
Erbrechts und damit Zerstörung des Familienlebens, der
häuslichen Erziehung und der Arbeit. Umsturz aller bestehenden weltlichen Ordnungen, insbesondere Abschaffung der
Obrigkeiten und der Armeen, Vernichtung der gegenwärtigen
Kultur, Leugnung Gottes, Aufhebung jedes, nicht blos des
christlichen Glaubens und Kultus, Bekämpfung der christlichen Kirche — diese Ziele kann der Socialdemokratie keine
äußere, nur eine innere Gewalt, die der Liebe und des
Glaubens, aus den Augen rücken. Auch hier sind Hebung des
geistigen, sittlichen und religiösen, des häuslichen und geselligen
Lebens, sowie Verbesserung der äußeren Lage durch Herstellung billigerer Wohnungen, in deren Besitz der Arbeiter
allmälig muß kommen können, durch Einrichtung von Kon-
sum-, Vorschuß- und Darlehnsvereinen, von Kranken-, Sterbe-,
Invaliden- und anderen Kassen die Mittel, durch welche
allein erfolgreich dem drohenden Gespenst einer Auflösung

der gegenwärtigen socialen Ordnung entgegengetreten werden kann. Soll aber der vierte Stand erneuert werden, so kann dieses nur Hand in Hand mit der Erneuerung des dritten Standes geschehen, welcher oft dem Materialismus huldigt und gegen Kirche und Christenthum gleichgültig ist.

Außer den meistens seßhaften Land- und Fabrikarbeitern hat auch Westpreußen eine ziemlich starke Wanderbevölkerung. — Seit dem Bau der Bahnen Schneidemühl-Dirschau, Thorn-Insterburg und Mlawa-Marienburg ist in Westpreußen aus der Provinz selbst und aus den benachbarten Provinzen, besonders Schlesien und Pommern, eine zahlreiche Schaar von Eisenbahnarbeitern zusammengeströmt; seit Jahren sind sie von einem Bau zum andern gezogen und haben zum Theil gar keine Heimath mehr; viele ziehen mit den Weibern und den Kindern, ganz kleinen, schulpflichtigen und halberwachsenen, umher; fast alle ihre Kinder wachsen ohne jeden Schulunterricht, unter den Augen der Obrigkeit, heran, mit der Aussicht, Vagabonden oder Verbrecher zu werden; wo sie nicht in den Dörfern unterkommen, bringen sie in schmutzigen, dumpfen und kalten Erdhöhlen, bisweilen in Betten, meistens auf Stroh, die Nächte und die Regentage zu, hie und da liegen mehrere Ehepaare mit ihren Kindern zusammen: diese Höhlen sind Brutstätten von Unzucht und Krankheit. Von dem Lohne, den diese Arbeiter in ausreichender Weise mit 12—18 Sgr. für den Tag verdienen, nehmen sich im Anschluß an das Markenwesen und die vierzehntägige Löhnung die Schachtmeister einen Theil vorweg, das Uebrige bekommt der Budiker für die oft sehr schlechten Speisen und für — Branntwein, dessen reichlichen Genuß er möglichst befördert. Selten behält ein lediger Arbeiter etwas übrig, der größte Theil der verheiratheten schickt wohl einige Ersparnisse nach Hause, andere aber lassen Weib und Kinder durch die Kommunen unterhalten. Ein Theil trägt nichts als Lumpen, in die Kirche wollen und können sie auch nicht kommen, weil sie unrein und halbnackt sind. Die Eisenbahn= und die ihnen gleichzustel=lenden Chausseearbeiter sind zum Theil aus der Hefe des Volkes genommen, oft weniger schlecht als verkommen, treue Bilder des verlorenen Sohnes. Ihre Einwirkung auf die Sittlichkeit war z. B. im Kirchsp. Krj. (Kr. Fl.) so ungün=stig, daß die Zahl der unehelichen Geburten während der Anwesenheit der Eisenbahnarbeiter um die Hälfte wuchs, nach Vollendung der Bahn aber sogleich wieder auf den früheren günstigen Stand herabsank. „Die größere Zahl von schwachen Lesern und Nichtlesern unter den Konfirman=den gehört Eltern an, die an der Eisenbahn arbeiten, diese Kinder verkommen oft zu Hunderten sittlich" (Gr. an der Thorn=Insterburger Bahn). — Für die Eisenbahnarbeiter hat die königl. Staatsregierung in sehr dankenswerther Weise manches gethan. Zwar ist es nur von der Regierung zu Königsberg bekannt geworden, daß sie den Schulbesuch der mit den Eisenbahnarbeitern umherziehenden Kinder ge=fordert und unter die Aufsicht der Beamten gestellt hat — und es wäre dieses auch für Westpreußen nöthig und müßte auch auf die Kinder der Chausseearbeiter ausgedehnt werden — die Väter, welche ihre Kinder nicht schickten, sollten er=forderlichen Falles aus der Arbeit entlassen werden. Der Verkauf von Speisen und Getränken sollte nur ehrbaren und gewissenhaften Verkäufern gestattet sein. Das Handels=ministerium hat beim Bau der Schneidemühl=Dirschauer Ei=senbahn im J. 1872 einen gelungenen Versuch mit Einrich=tung eines Speisehauses gemacht: in der Nähe der Brahe=brücke bei Rittel wurde ein Gebäude in Fachwerk er=richtet, welches außer der für das Bauaufsichtspersonal bestimmten Wohnung für die Arbeiter Speisesaal und Buffet, Küche und Speisekammer enthielt; die Be=speisung wurde kontraktlich einem Unternehmer über=tragen, welcher den Arbeitern Morgens eine Mehlsuppe

oder Kaffee für 6 Pf., Mittags eine kräftige Mahlzeit für
2½ Sgr. und Abends eine Suppe für 1 Sgr. zu liefern
und den Arbeitern, die Mittags kein Fleisch begehrten, Mit-
tagsportionen ohne Fleisch für 1 Sgr. darzureichen hatte;
ein Aufseher achtete auf die gute und schmackhafte Zuberei-
tung der Speisen. Diese oder ähnliche Einrichtungen sollten
bei dem Bau aller Staatsbahnen getroffen und von der
Staatsregierung den Unternehmern, welche Privatbahnen
bauen wollen, zur Bedingung für die Koncessionsertheilung
gemacht werden. Bei dem Bau der Thorn = Insterburger
Bahn ließ das Handelsministerium an solchen Stellen, wo
200—250 Arbeiter thätig waren, ihnen regelmäßig im
Freien oder in einer transportablen Eisenbahnkirche Gottesdienst in der Woche halten und zog für den viertel Tag
denen, die den Gottesdienst besuchten, nicht den Lohn ab.
Der Gesellschaft, welche die Marienburg = Mlawa'er Bahn
baut, hat es die Regierung in der Koncessionsurkunde wenigstens zur Bedingung gemacht, daß sie den Anforderungen
der zuständigen Behörden wegen Genügung des kirchlichen
Bedürfnisses der bei dem Bau beschäftigten Beamten und
Arbeiter bereitwillig Folge leisten und die dadurch etwa
bedingten Kosten übernehmen müsse. Diese Maßnahmen
müssen aber verallgemeinert und weiter ausgedehnt werden.
— Für die Chausseearbeiter, welche in den letzten Jahren viele Kreischausseen gebaut haben und noch bauen, ist
nichts geschehen; die Uebelstände bestehen, kaum erkannt,
fort. Es ist auch in manchen Punkten die Abhülfe schwie-
riger, weil an den Chausseen die Schachte selten über 30
Arbeiter enthalten und schneller weiter ziehen. Durch Anstellung zuverlässiger Budiker, durch Beaufsichtigung derselben und Beschränkung des Branntweinverkaufes, durch Abschaffung des Markenwesens und Einführung der achttägigen
Löhnung, durch Trennung der zahlreichen Konkubinate und
durch Fürsorge für den Schulbesuch der verwahrlosenden

Kinder kann auch hier viel geschehen. Der Staat darf diese Arbeiter nicht schutzlos der Ausbeutung durch das Kapital überlassen.

In Danzig geht eine Wanderbevölkerung ein und aus, deren Zahl mehrere Tausend übersteigt — die Seeleute auf den Seeschiffen, die Schiffer auf den Flußschiffen und die Flößer, besonders die aus Polen kommenden Dschimken, auf den Flößen: die letzteren sind ohne jede kirchliche Versorgung, für die ersteren ist der Aufenthalt auf dem Lande sehr gefährlich, sie werden der Versuchung und des Betruges leichte Beute in den Seemannsherbergen, die von den Lastern der Seeleute leben. Nöthig ist die Gründung eines guten Kosthauses, eines „Seemannsheims," und die Fürsorge für die religiöse Erbauung und die geistige Unterhaltung der Seeleute auf den Schiffen; früher wurde auf jedem Schiffe, z. B. in Neuvorpommern bis 1810, Morgens und Abends ein Gottesdienst gehalten. Für die Nothwendigkeit, anständige Logirhäuser herzurichten, hat sich auch die Handelskammer in Danzig ausgesprochen, weil die Seeleute in der Handelsmarine fehlen und ein Grund dafür darin zu suchen sei, daß die Matrosen in den schlechten Kneipen verdorben und zur Desertion verführt werden. — Von den wandernden Schnittern ist schon S. 60 die Rede gewesen.

Westpreußen verliert jährlich viele Einwohner durch die Auswanderung, während die Einwanderung ganz unbedeutend ist. Deutschland ist in der Zeit von 1821—1873 um 6—7 Millionen seiner Kinder, unser preußisches Vaterland in derselben Zeit um 3,260,000 Ew. durch Auswanderung ärmer geworden. Das deutsche Vaterland haben die meisten im J. 1873, nämlich 215,099 seiner Bewohner verlassen, während im J. 1872: 155,595 Deutsche auswanderten. In letzterem Jahre gingen über Bremen aus dem preuß. Staate 43,295, darunter aus Pommern 6615,

aus Posen 8039 und aus Preußen 9549 Auswanderer nach
Amerika, im J. 1871 hatte diese Zahl für die Prov. Preußen 3706 betragen, sie hat sich also beinahe verdreifacht.
Die Anzahl der ostpreußischen Auswanderer betrug aber in
den Jahren 1862 — 1871 nur den 14. Theil derer, welche
Westpreußen verließen, aus dem Rgbz. M. war wieder in
der angegebenen Zeit die Auswanderung um die Hälfte
stärker als aus dem Rgbz. D. Waren schon immer Mennoniten in Folge religiöser Bedenken aus Westpreußen nach
Rußland gezogen, so stieg im J. 1873 besonders die Auswanderung nach Metz, Westfalen, Brasilien und Amerika
und entzog unserer Provinz Schätze von Geld und Arbeitskraft, oft auch von Frömmigkeit. Aus der ev. Gemeinde
L. im Kr. Marienburg gingen in einem Jahre 200 hinweg, eine andere kleine ev. Gemeinde (R. im Kr. Neustadt)
verlor 2 Jahre hinter einander den je 20. Theil ihrer Glieder, andere ev. Gemeinden desselben Kreises nahmen in
Folge der Auswanderung ebenfalls ab. In den Jahren
1862 — 1867 stammte die größte Anzahl der Auswanderer
aus den Kreisen Dt. Crone, Schlochau, Neustadt, Berent,
Karthaus, Schwetz und Marienburg, diese Kreise ragten noch
1872 und 1873 hervor, wie denn 1872 aus dem Kr. Schwetz
allein 1500 Ew. auswanderten. Zu den obengenannten
Kreisen waren aber 1872 und 1873 noch außer der Elbinger Niederung die Kreise Marienwerder, Rosenberg, Graudenz, Kulm, Konitz und Flatow, also reiche und arme, hin-
zugetreten. Nur von der Elbinger Höhe, von der Danziger
Niederung und vom Danziger Werder hörte man keine Klagen über Auswanderung. Im J. 1874 hat die Auswanderungslust, nachdem Rückwanderer aus Brasilien die dortigen traurigen Verhältnisse geschildert hatten und von Nordamerika die Kunde von der großen Arbeitsstockung eingetrof-
fen war, für eine Zeit nachgelassen. — Von denjenigen,
welche von 1862 — 1864 im Rgbz. D. bei der Auswande-

rung nach ihrem Beruf gefragt wurden, gehörte der 5. Theil zum Gesinde, ein Beweis, wie unzufrieden dieses mit seiner socialen Stellung ist. — Obgleich die Wanderlust im deutschen Blute steckt, so ist doch in den letzten Jahren die Auswanderung zu einem Fieber geworden: manche Eltern haben ihre unversorgten Kinder, manche Kinder ihre hülflosen Eltern zurückgelassen, viele haben ihre Kontrakte gebrochen, eine so große Anzahl hat sich der Militärdienstpflicht entzogen, daß eine Nummer des Danziger Amtsblattes im Jan. 1873 über 700 Militärpflichtige zur Einstellung suchte. Oft treibt die Auswanderer das Verlangen nach freierer Stellung und reicherem Verdienst, oft eine unbegründete Unzufriedenheit mit ihrer Lage, oft die übergroße Furcht vor drohender Massenarmuth, oft eine kindische Hoffnung auf ein großes ihnen winkendes Glück aus ihrem Vaterlande. Meistens gehen wohlhabendere Leute, vielfach die besseren, hinüber. Oft lockt sie der Grundbesitz, den sie in Amerika leichter zum Kaufe finden und mit viel weniger Lasten beladen erwerben können, während hier kleinere lohnende Grundstücke selten und dann auch nur mit vielen Schwierigkeiten zu kaufen sind. Schwerlich wird sich die Auswanderungslust ganz legen, auch wenn die sociale Stellung des Gesindes und der ländlichen Arbeiter, wie oben angegeben, verbessert wird, aber sie wird nicht einen die Landwirthschaft so gefährdenden Umfang behalten. Die ev. Auswanderer aber, die zu Tausenden ohne einen Geistlichen hinüberziehen, fallen drüben den Sekten oder der römischen Kirche in die Arme oder werden religiös ganz gleichgültig. Die meisten gehen, ohne Warnung oder Rath empfangen zu haben, hinweg. Unser Vaterland und unsere Provinz haben eine große Schuld an die Deutschen in Amerika abzuzahlen.

8. Besondere Mängel einzelner Individuen.

Während die Zahl der Blinden 1867 in Westpreußen 686 betrug, von denen etwa der 6. Theil in dem Alter von 5—15 Jahren stehen mochte, können in die Blinden-unterrichts-Anstalt in Königsberg, welche für die ganze Provinz bestimmt ist, nur 100 Zöglinge aufgenommen werden. Sie empfangen dort Schul- und Religionsunterricht, lernen insbesondere lesen und eignen sich solche Fertigkeiten an, durch welche sie sich später ihr Brod verdienen können. — Ungünstiger steht es mit den Taubstummen, deren Zahl auffallend wächst. Im J. 1867 lebten in Westpreußen 1449 Taubstumme, darunter 482, welche im bildungsfähigen Alter, zwischen 5—15 Jahren, standen. Im J. 1872 wird die Zahl der letzteren schon für den Rgbz. D. allein auf 491 angegeben. Die Provincialanstalt in Marienburg hat aber nur 105 Stellen und ist für ganz Westpreußen bestimmt; eine andere Anstalt ist aber mit Ausnahme einer von der Stadt Elbing unterhaltenen Taubstummenschule, die etwa 20 Kinder zählt, nicht bekannt geworden. Im Kr. Berent allein waren im J. 1867 schon 101 Taubstumme. Hunderte taubstummer Kinder wachsen ohne Schul- und Religionsunterricht heran. — Viel unglücklicher sind, wenn sie es auch nicht so fühlen, die 1022 Personen mit angeborenem oder in den frühesten Jahren erworbenem Blödsinn, welche im J. 1867 in Westpreußen lebten, unter ihnen waren 139, bei welchen Bildungsfähigkeit vorausgesetzt werden konnte. Wahrscheinlich ist aber die Zahl dieser Unglücklichen in Westpreußen noch höher. Für die blödsinnigen Kinder unserer Provinz besteht aber bloß die Privatanstalt in Rastenburg, welche im J. 1868 nur 40 Stellen zählte, da fehlt also der Raum für etwa 200 bildungsfähige Taubstumme, und es öffnet sich kein Asyl für die zahlreiche Klasse derer, die nur bewahrt, aber nicht gerettet werden können. Die Idioten werden aber in den besseren Ständen oft verborgen gehalten und verschlossen, in den niedrigen Klassen meist lieblos behandelt und verspottet, oft werden sie zur Sünde gemißbraucht; sie füh-

ren häufig mehr ein thierisches als ein menschliches Leben.
Durch rechtzeitige Aufnahme in eine Anstalt sind viele ge=
bessert und in den Stand gesetzt, einen Theil ihres Lebens=
unterhaltes sich zu erwerben. — Von den Geisteskranken
nimmt die Provincial=Irrenanstalt in Schwetz einen Theil
auf, während für den größten Theil, wenn er nicht gerade
gemeingefährlich ist, von den niedrigeren Ständen gar keine
Hülfe gesucht wird. Im Rgbz. D. zählt der
Kreis Elbing die meisten Geisteskranken, 1 auf je 813
Ew. — Für die Epileptischen ist noch gar keine
öffentliche Fürsorge getroffen, und doch würden in Westpreußen
2500—5000 Epileptiker vorhanden sein, wenn die Rech=
nung richtig ist, nach welcher auf 1000 Ew. 2—4 Epilep=
tiker kommen. Oft hat man sie, ungehöriger Weise, in Idio=
tenanstalten aufgenommen; zu Hause finden sie entweder
gar keine oder verkehrte Hilfe und sind in den niederen
Ständen meistens ohne Pflege, mit der Zeit aber wächst
das Uebel.

9. Die Presse.

Der Einfluß, den die Presse, den das gedruckte Wort
und das Bild hat, wird von evangelischer Seite sehr unter=
schätzt. Es wird mehr der schlechte Einfluß der Presse be=
klagt als der gute benutzt. Die schlechte Presse kann nur
durch Beförderung und Verbreitung guter Presserzeugnisse
bekämpft werden. — Von den Blättern, die außerhalb
Westpreußens erscheinen, sind besonders die Volkszeitung,
die Königsberger Hartungsche, die Spenersche Zeitung und
die Kreuzzeitung verbreitet; die letzte ist die einzige größere
Zeitung in Preußen, welche die christliche Sache neben der
konservativen und zwar in echt evangelischem Geiste vertritt,
die erste ist in ihrer Abonnentenzahl bedeutend zurückgegan=
gen, nachdem die 26 Jahre hindurch listig gestreute Gift=
saat des Hasses gegen das Christenthum in vielen anderen
Zeitungen zahlreiche Bundesgenossen erzeugt und dem christ=

lichen Glauben und der christlichen Sitte unseres Volkes unermeßlichen Schaden gethan hat. Von den Wochenblättern ist auch in Westpreußen der Kladderadatsch mit seinen aus jüdischem Geiste hervorgegangenen Witzen über Alles, was einem Christen heilig ist, sehr verbreitet, ebenso auch die unschuldiger aussehende Gartenlaube, welche unserem Volke Schätze von Glauben und Sitte geraubt hat, da sie den christlichen Glauben und seine Bekenner dem Spott und der Verachtung ihrer Leser Preis giebt, die Gläubigen durch Karrikaturen vertreten sein läßt, den christlichen Ausdrücken, wie „Glaube, Wunder, Gebet, Demuth" willkürlich gemachte und der hl. Schrift völlig fremde Begriffe unterschiebt, auch politisch niederreißend wirkt und bisweilen sittlich zweideutig ist. Jeder ernste Christ, welcher solche Blätter hält und dadurch unterstützt, ist wie einer, der dem Feinde des Vaterlandes Geldhülfe zu Theil werden läßt, denn jene Blätter sind Feinde der christlichen Sitte und des christlichen Glaubens. Wie viele christlich Gesinnte lesen aber, wie diese Wochen-, so auch solche politischen Tagesblätter, welche ihren religiösen Ueberzeugungen offen ins Angesicht schlagen. — Von den Blättern, welche in Westpreußen erscheinen, werden die Danziger Zeitung, die Elbinger Zeitung und der Graudenzer Gesellige am meisten, die Westpreußische Zeitung, das Dampfboot, die Altpreußische Zeitung, die Elbinger Post, die Ostbahn, die Neuen Westpreußischen Mittheilungen, die Thorner und die Stargardter Zeitung, der Telegraph und die Nogatzeitung weniger gelesen. Die Westpreußische Zeitung ist in gutem Geiste geschrieben; die Elbinger Zeitung hat eine Schwenkung gemacht, sie bringt vielfach Heirathsofferten, erzählt unsittliche Geschichten und enthält zahlreiche Ankündigungen von gemeinen Büchern und Anpreisungen von solchen Mitteln, welche die Unsittlichkeit befördern, wie sie einst das römische Kaiserreich in der Zeit seines Verfalles auch so vielfach kannte. Die Danziger Zeitung greift oft in scharfer Weise Kirche und Geistlichkeit an, mehr die Mittelstufe hält das Danziger Dampfboot und der Graudenzer Gesellige. Im Kr. Marienburg wurden im J. 1862 dreimal so viele liberale als konservative Zeitungen gehalten; im ganzen Rgbz. D. vertrat im J. 1864 fast die Hälfte der dort gehaltenen Zeitungen die konservative Sache. Von guten politischen Blättern wird außerdem der Preußische Volksfreund, die Pommersche Zeitung und der Reichsbote, von unterhaltenden das treffliche Daheim mit seiner stets sittlichen und dem Christenthum freundlichen Tendenz gehalten. Ganz besonders ist der vorzüglich redigirte Reichsbote zu empfehlen, welcher täglich erscheint, für das Quartal 1 Thlr. kostet, sehr gute Leitartikel und Tagesübersichten, in christlichem Sinne und volksthümlicher Sprache geschrieben, sowie gute Novellen enthält und einer fortschreitenden Verbreitung sich erfreut. Bedeutende Fortschritte haben in Westpreußen die katholischen und polnischen Blätter gemacht, letztere z. B. im Rgbz. D. in wenigen Jahren das Zehnfache der Abonnentenzahl erreicht, so daß im J. 1864 durch die Post 621 polnische Blätter bezogen wurden. Von einer wachsenden Verbreitung der social-demokratischen Zeitungen, etwa der in Königsberg erscheinenden social-demokratischen Blätter oder des Neuen Socialdemokraten ist nichts bemerkbar geworden. Die politischen Blätter fällen in kirchlichen Dingen mit wenigen Ausnahmen ganz verkehrte, theils von Unwissenheit, theils von Böswilligkeit zeugende Urtheile und rechnen auf den christus- und kirchenfeindlichen Sinn der Massen, den sie pflegen und stärken. Ueberhaupt ist unsere gegenwärtige politische Presse noch viel tiefer in die Korruption hineingerathen, wie sie noch Lassalle antraf, schon dieser urtheilte: „Wenn nicht eine totale Umwandlung unserer Presse eintritt, wenn diese Zeitungspest noch 60 Jahre fortwüthet, so muß unser

Volksgeist verderbt und zu Grunde gerichtet sein bis in seine Tiefen; nicht das begabteste Volk der Welt, nicht die Griechen, hätten eine solche Presse überdauert." — Es hat uns bis jetzt eine kirchliche Volkspresse gefehlt, und unsere ev. Kirche hat davon schon sehr großen Schaden gehabt, wie die Beurtheilung des Sydowschen Falles gezeigt hat.

Kleinere Schriften verbreiten in neuester Zeit die kath. Vereine in Menge und übertreffen an Rührigkeit weit die Evangelischen. Kolporteure christlicher Schriften ziehen in Westpreußen selten umher, obwohl ein großes Verlangen nach guten Schriften da ist. Vielleicht heißt es bei uns bald so wie in den Gegenden Schlesiens, in denen viele schlechte Schriften verbreitet waren: „Wir lesen christliche Schriften nicht mehr."

Die „Schreckens- und Verdummungsliteratur", die spannenden, oft unsittlichen und unzüchtigen, im besten Falle nur aufregenden Romane unter lockenden Titeln werden auch bei uns von Berlin aus vielfach unter die Leute gebracht; selbst ganz alberne, aus Gemeine streifende Schriften mit religiösem Aushängeschild, etwa unter dem Namen von Bibelerklärungen, werden zu ausnehmend hohen Preisen verbreitet und von gutmeinenden einfältigen Leuten gekauft. Daneben werden nicht nur schlechte, geschmacklose Pinseleien, auch ganz gemeine Bilder kolportirt. Es geschieht dieses gegen § 184 des Strafgesetzbuches: „Wer unzüchtige Schriften, Abbildungen oder Darstellungen verkauft, vertheilt oder sonst verbreitet oder an Orten, welche dem Publikum zugänglich sind, ausstellt oder anschlägt, wird mit Geldstrafe bis zu Einhundert Thalern oder mit Gefängnißstrafe bis zu 6 Monaten bestraft." Von einer Konfiskation gemeiner Schriften und Bilder, die in unserer Provinz erfolgt wäre, hat nichts in den Zeitungen gestanden, während aus London und Amerika von großartigen Konfiskationen unsittlicher Bilder und Schriften be-

richtet wird — nach Amerika aber waren sie aus Deutschland
gekommen. Die Verleger, welche solche Schriften und Bilder drucken lassen, müßten unter Strafe gestellt werden und
die Koncession verlieren. Das politisch Anstößige wird viel
strenger überwacht als das für das geistliche und sittliche Leben der Nation Gefährliche.

Von Kalendern, welche für den gewöhnlichen Mann
neben dem Gesangbuch das Hauptlesebuch sind, erscheinen in
Westpreußen unseres Wissens nur in Thorn ein polnisch=ka-
tholischer (Aufl. 20,000), der Volkskalender für die Prov.
Preußen, Pommern u. s. w. (Aufl. 8000), und ein wenig
verbreiteter deutscher Hauskalender (Aufl. 5000), der seinen
ziemlich guten Inhalt und seine Bilder anderwärts her ent-
lehnt. Die meisten bei uns gelesenen Kalender sind nicht
schädlich aber auch nicht christlich. Der verbreitete Lahrer
hinkende Bote richtet seine Witze auch gegen die Kirche. Der
christliche Kalender aus Kaiserswerth wird vielfach, besonders
in den Kreisen Thorn, Flatow, Rosenberg und Elbing gekauft.

In den gewöhnlichen Leihbibliotheken sind auch bei
uns die schlechten französischen Romane und spannenden oder
wohl gar lüsternen Liebes=, Räuber= und Rittergeschichten
die gelesensten. — Es ist Christenpflicht, dem Volke, welches
gern liest, auch Gutes zu bieten.

B. Die Ursachen der sittlichen und religiösen Noth.

1. Die geographische Lage und die geschichtliche Entwicklung,
sowie die Mischung des Nationalen und Religiösen.

Die bedeutendsten Hindernisse für den Aufschwung Westpreußens sind darin zu suchen, daß an Verkehrswegen,
Chausseen, Eisenbahnen und Wasserstraßen ein Mangel herrscht,
der besonders in den westlich gelegenen und in den der polnischen Grenze anstoßenden Kreisen hervortritt und dem auch
die neuesten Bauten noch nicht genügend abgeholfen haben,

6

ferner darin, daß der Boden dürftig, das Klima kalt und die Grenze gegen Rußland gesperrt ist, daß die Bodenverbesserungen nur in geringer Zahl unternommen werden und langsam fortschreiten, daß die Bevölkerung sehr dünn ist, und vor Allem darin, daß die Einwohner so stumpf sind.— Zu einer Zeit, in welcher der preuß. Staat auf 1 ☐Ml. durchschnittlich 3772 Menschen zählte, (im J. 1864), wohnten auf gleicher Fläche im Rgbz. D. 3301 und im Rgbz. M. nur 2349 Einwohner. Es kamen im Rgbz. D. auf 1 ☐Ml. in den Kreisen 1. Berent 1828 2. Karthaus 2135 3. Neustadt 2241 4. Stargard 2552 5. Ldkr. Danzig 3771 6. Marienburg 3951 und 7. Elbing (mit Einschluß der Stadt) 5712 Ew., im Rgbz. M. in den Kreisen 1. Schlochau 1493 2. Konitz 1605 3. Dt. Crone 1631 4. Flatow 2193 5. Schwetz 2302 6. Straßburg 2464 7. Rosenberg 2628 8. Löbau 2637 9. Thorn 3083 10. Kulm 3205 11. Stuhm 3427 12. Graudenz 3737 und 13. Marienwerder 3806 Ew., so daß der Durchschnittssatz des preuß. Staates nur in den Kreisen Danzig-Land, Marienwerder, Marienburg und Elbing erreicht wurde. Westpreußen steht nur noch der Prov. Pommern, in welcher die Bevölkerung noch dünner ist, nach. Die Dichtigkeit der Bevölkerung ist am geringsten im Kr. Berent, wo es im Süden und Südwesten Ortschaften giebt, in denen auf 15, 20, ja 40 Morgen nur ein Mensch lebt.

Noch wichtiger ist für die Erklärung der provinziellen Nothstände die geschichtliche Entwicklung. Das Christenthum kam erst spät, vor 6 Jahrhunderten, zu uns. Von Anfang an waren die Nationalitäten gemischt und im Kampfe, religiöse Streitigkeiten herrschten Jahrhunderte hindurch, Kriege und Seuchen verminderten den Wohlstand und die Menschenzahl. Der Orden fand auf dem linken Ufer der Weichsel, in Pommerellen, Slaven, auf dem rechten Ufer in den südlichen Theilen Preußen, in den nördlichsten Polen, hie und da auch einige Deutsche. Es kamen zur Ordenszeit Lübecker,

Magdeburger, Meißner, später Holländer, Flamländer, Friesen, Schlesier, Thüringer, Schwaben, dann Schotten, Engländer, Brabanter, in neuerer Zeit Salzburger, Pommern und Würtemberger in das Land; genug Westpreußen enthält außer Slaven und Polen ein Gemisch germanischer Stämme. Das preußische Element wurde durch strenge Maßregeln vernichtet und das polnische durch deutsche Einwanderung zurückgedrängt. Zur Zeit der höchsten Blüthe, welche der deutsche Orden unter Winrich von Kniprode in den Jahren 1351—1382 erreichte und welche zugleich die höchste Blüthe Westpreußens und des deutschen Elementes war, zählte die Provinz 3 Mill. Ew., wie jetzt, und 18,836 Bauerndörfer, darunter auch 700 Kirchdörfer. Doch hatte auch damals der christliche Geist das Volk noch wenig durchdrungen. Westpreußen, früher mehr vorgeschritten und reicher als Ostpreußen, ist durch den Einfluß der polnischen Herrschaft zurückgegangen und hat seine frühere Blüthe noch nicht erreicht. Als mit der sittlichen Kraft und mit der Rechtssicherheit auch die äußere Macht des Ordens hingesunken war, blieb ihm von Westpreußen nur ein Theil der jetzigen Kreise Marienwerder und Rosenberg, das Uebrige kam unter polnische Herrschaft. In der Zeit von 1295 bis 1772 wechselte der größte Theil Westpreußens sechsmal den Herrscher, seine Theile standen 312 bis 404 Jahre unter polnischer Herrschaft, Polen aber erwies sich als ein Feind des deutschen Wesens und mehr und mehr auch als ein Verfolger des ev. Glaubens. Als Polen im J. 1466 im Thorner Frieden den größten Theil Westpreußens dem Orden abgenommen und im J. 1569 als „Königliches Preußen" oder „Polnisch-Preußen" zur polnischen Provinz gemacht hatte, war es sein Bemühen, diese Provinz recht fest an sich zu binden. Dabei war ihm von Anfang an das deutsche Element und, als nach der Niederlage der Lutherischen in Polen seine Könige sich zu Beschützern der kath.

6*

Kirche aufwarfen, auch der lutherische Glaube ein großes
Hinderniß. Der preußische Adel, welcher mit den meisten
Städten der Reformation zugefallen war, trachtete nach den
Vorrechten des polnischen Adels und wurde zum großen
Theil polnisch d. h. er trat zur katholischen Kirche über.
Ein großer Theil der Bauern, unter ihnen die zahlreich
eingewanderten Polen, denen die polnische Krone wüste
Ländereien übergeben hatte, blieb katholisch. Die Städte
hingen meistens der ev. Sache, unter schweren Bedrückungen
und Opfern, treu an, zumal die Bürger fürchten mußten,
daß ihnen die Stellung polnischer Scharwerksbauern zuge-
theilt werden würde. Indessen drang das polnische Element und die polnische Sprache immer weiter vor, so weit,
daß z. B. in Marienburg für Lutherische ein polnischer
Prediger angestellt werden mußte, auf dem Lande hielten
nur einzelne Dörfer, wie im Graudenzer, Stuhmer und Stargardter Kreise und die Elbinger und Marienburger Gegend
das deutsche Wesen fest. Die lutherische Kirche wurde auf
alle Weise bedrückt. Im J. 1632 wurde den Evangelischen
der Neubau von Kirchen verboten, im Falle der Baufäl-
ligkeit oder des Brandes durften die Kirchen nicht wieder-
hergestellt werden, oder die Erlaubniß dazu wurde nur für
schweres Geld ertheilt. Sehr viele Kirchen und Bethäuser
wurden nach 1632, auch schon vorher, den Lutherischen, sei
es auf einen Rechtsspruch der bestechlichen, dem Evangelium
feindlichen polnischen Gerichte, sei es mit Gewalt genommen, den Römischen übergeben oder, wo keine Katholiken
lebten, niedergerissen. Selten konnte eine Stadt oder
ein tapferes abliges Geschlecht die Anschläge der Polen
vereiteln. Die Lutherischen hielten zum Theil ihre
Gottesdienste auf den Rathhäusern, unter den Vorlau-
ben, in den Speichern; auch ganz ev. Städten wurde die
freie Ausübung der Religion genommen, ihre Geistlichen durften sie, wie im Werder, nur als Hauslehrer

halten, in den Kreisen Löbau und Straßburg wurde ihnen überhaupt die Annahme evangelischer Geistlicher und Lehrer verwehrt; nur Geld brachte ihnen an anderen Stellen die Erlaubniß, Schulen errichten und Lehrer anstellen zu dürfen. Ihre Kirchen durften, wie im Werder, nicht das Ansehen von Gotteshäusern haben und mußten also der Glocken und des Thurmes entbehren; ebendaselbst sollten die Geistlichen möglichst unsicher gestellt sein, also kein Land besitzen, und die Amtshandlungen nur mit Genehmigung der katholischen Pfarrer vornehmen; für die Amtshandlungen mußten, auch im Kr. Graudenz, die Gebühren an die römischen Priester gezahlt werden; ein kath. Priester hatte dort das Recht, den ev. Gottesdienst zu beaufsichtigen; die gemischten Ehen durften ebendaselbst nur in den katholischen Kirchen geschlossen werden. Die polnische Regierung gab z. B. im Kr. Dt. Crone den deutschen Evangelischen katholische Lehrer, ließ ihnen Predigten aus einer katholischen Postille vorlesen und die Leichen durch diese Lehrer mit Gesang auf den Kirchhof begleiten. Auch befahl sie, daß alle Kinder, welche die Lutherischen etwa in einer römischen Kirche taufen ließen, wenn, sie keine Kirche und keinen Geistlichen hatten, für die Zukunft als Glieder der römischen Kirche angesehen werden sollten. Als Hauptfeinde der ev. Kirche erwiesen sich die Jesuiten welche in Dt. Crone, Thorn, Graudenz, Kulm, Marienburg und Danzig Kollegien gegründet hatten. Die polnische Regierung machte zu Zeiten den Genuß politischer Rechte vom Bekenntniß zur kath. Kirche abhängig; in der Stadt Berent durfte kein Protestant das Bürgerrecht erlangen; zuletzt wurden die Dissidenten von allen Ehrenämtern ausgeschlossen. Wenn auch zeitweise Schwankungen in der gegen die Lutherischen eingenommenen Haltung entstanden, wie zur Zeit der Schwedenkriege, so war im Allgemeinen die Vernichtung der deutschen Sache und der ev. Kirche das Ziel. — Die Selbstständigkeit der kleineren Städte war dem Erlöschen nahe, es herrschte allgemeine Rechtsunsicherheit, der Adel versank in Trägheit und Unwissenheit, in den Städten nahm der Hang zum Müssiggang zu, viele Bürgerhäuser standen leer, der Landbau lag, wie der ganze Wohlstand darnieder, als Friedrich d. Gr. Westpreußen seit dem J. 1772 aus dem tiefsten Verfalle herauszureißen begann; ohne die Einverleibung Westpreußens in das Königreich Preußen hätte die evangelische und deutsche Sache unterliegen müssen. Das Land war verödet, auf 1 ☐Ml. wohnten nicht einmal 850 Ew., viele Baustellen in den Städten, viele bäuerliche Besitzungen lagen wüste. Schon nach der Schlacht bei Tannenberg hatten die Polen viele Dörfer zerstört und selbst die Getreidefelder verbrannt, im J. 1433 hatten die Hussiten plündernd Pommerellen durchzogen, und in dem 13jährigen Kriege, welchen der Orden mit Polen führte, war nur der 6. Theil sämmtlicher Dörfer unverwüstet geblieben, eine ungeheure Zahl von Kirchen war zerstört, eine Unzahl von Menschen getödtet und allein von den Städten für den Krieg eine Summe von 9 Mill. Thlr. aufgewandt worden; viele Höfe lagen herrenlos da, bewuchsen mit Strauch und Wald und wurden von Neuem ausgegeben. In den Kriegen, welche Polen mit dem protestantischen Schweden vom J. 1626—1721 mit dreifacher Unterbrechung führte, wurden wieder viele Kirchen, evangelische und katholische, zerstört, das Land wurde von beiden Theilen ausgesogen und in steter Unruhe erhalten, Zucht und Sittlichkeit wurden untergraben. Dazu hatte eine Seuche schon im J. 1427 in Preußen 80,000 Menschen hingerafft, die Stadt Elbing hatte von 1656—1660 über 10,000 Ew., meist an der Pest, verloren. Das kleine Graudenz war in einem Jahre aus derselben Ursache um 800 Seelen ärmer geworden, und in den Jahren 1709—1711 wurde die Prov. Preußen durch die Pest des 3. Theiles der Bevölkerung beraubt. Mit staunenswerther Energie nahm sich der große König dieses verödeten Landes, „der Kinder-

klapper seines Alters," „seiner Halbwilden," „seines Sibi-
riens" an. In 14 Jahren erließ er 970 Kabinetsbefehle,
welche Westpreußen betreffen. „Wird das Volk nicht in einen andern Schlenter gebracht, schrieb er 1779, so kann die
Provinz nie in einen bessern Wohlstand kommen." Er sandte
ein Heer von tüchtigen Beamten, 187 Schullehrer und ganze
Schaaren deutscher Handwerker, zog ev. Kolonisten hinein,
welche meistens die Grundlage neuer ev. Gemeinden abga-
ben, gründete eine Anzahl neuer Kirchen oder gab Geld zum
Aufbau alter und errichtete aus den Einkünften des Gna-
denschulfonds viele (in 8 Jahren 163) „Gnadenschulen,"
von denen später ein Theil der evangelischen eine Beute
der römischen Kirche geworden ist. Der große Aufschwung, welchen das Land in jeder Beziehung nahm, wurde
wieder gehemmt durch den unglücklichen Krieg der Jahre
1806 und 1807 und durch die Anstrengungen des J. 1813,
welche Jahre der Provinz 263 Mill. Thlr. kosteten und eine
Verminderung der Einwohnerzahl in Westpreußen um 307,
in Ostpreußen um 151 Ew. auf 1 ▢Ml., im Ganzen
wohl um den vierten Theil der Bevölkerung herbeiführte;
dann lag die Landwirthschaft in den auf den Krieg folgenden zwei Jahrzehnten tief darnieder, und seit 1831 trat wiederholentlich die Cholera auf. Jetzt ist aber wieder ein
Fortschreiten auf allen Gebieten sichtbar. — Westpreußen ist
gegen Ostpreußen in der Entwickelung seiner ländlichen Bevölkerung zurückgeblieben, weil auf dieser der Druck der Leibeigenschaft bei uns länger gelastet hat. In der polnischen
Zeit hatte der Leibeigene im besten Falle für ein Mittelding
gegolten, das zwischen Mensch und Thier stehe, die Macht
des Adels über seine bäuerlichen Hintersassen war der Sitte
nach fast unbeschränkt, der Bauer hatte kein Eigenthum und
durfte nicht bloß mit dem Gute sondern auch ohne das Gut
verkauft, verpfändet und verschenkt werden; der Gutsherr
konnte den fleißigen Wirth, welcher das ihm übergebene

Grundstück tüchtig bearbeitete, wegnehmen und ihm wieder einen verwahrlosten Hof übergeben, wodurch der Fleißige natürlich träge wurde. Fast 60 Jahre später als in Ostpreußen geschahen in Westpreußen die ersten Schritte, durch welche die Lage der Leibeigenen gebessert werden sollte; im J. 1773 wurden die Bauern auf den königlichen Gütern, am Anfange dieses Jahrhunderts alle Bauern freigegeben. Die späte Aufhebung der Leibeigenschaft hat die Unselbstständigkeit und Stumpfheit unserer ländlichen Bevölkerung mitverschuldet.— Von dem letzten Kriege hofften viele fromme Herzen einen neuen Aufschwung des religiösen, sittlichen und kirchlichen Lebens; es wird auch aus einer Gemeinde berichtet, daß solche Soldaten nach ihrer Rückkehr zum Abendmahl kamen, welche sich vorher ferngehalten hatten, aus einer andern, daß Krieger mit der Denkmünze auf der Brust zur Katechesation vor den Altar traten, aus einer dritten, daß besonders die aus dem Feldzuge heimgekehrten jungen Männer kirchlich sind; dagegen heißt es von anderer Seite: „seit dem Kriege ist das Interesse an Bibel= und Missionsstunden wie verschwunden,“ „der Aufschwung des religiösen Lebens hat schnell nachgelassen,“ „Ruhmredigkeit und eitles Selbstvertrauen zeigt sich jetzt bei den niederen Volksklassen,“ „der Besuch der Krüge, Sinnenlust, Trunksucht und Rohheit hat seit dem Kriege sehr zugenommen,“ „die Schlägereien nehmen kein Ende.“ Und so ist es im Großen und Ganzen: weder in der kürzeren Leidensschule des J. 1866 noch in der längeren der Jahre 1870 und 1871 hat unser Volk sein Heil suchen gelernt. Deutschland hat eine große Gnadenzeit versäumt: die Milliarden, die ihm zugeflossen, sind ihm zum Fluch geworden. Der Herr wird unser Volk in schärfere Zucht nehmen müssen, um es zu erneuern. „Eine hohe Person soll auf dem Schlachtfelde gesagt haben: ich verabscheue den Krieg. Luther ist auch der Meinung, daß unter allen Landplagen, die Gott schickt, der Krieg die furchtbarste sei, schlimmer als

Peſtilenz und Hunger, weil der Krieg alle Bande löſe und in ſeinem Gefolge viel tödtlichere Schäden mit ſich führe, als es bei ſonſtigen Plagen der Fall ſei."

Für Weſtpreußen eigenthümlich iſt die Miſchung des Nationalen und Religiöſen. Auf der einen Seite ſtehen Deutſche der verſchiedenſten Stämme, auf der andern zahlreiche Polen. Nach den allerdings nicht ganz zuverläſſigen ſtatiſtiſchen Angaben des J. 1861 ſind unter 100 Ew. im Rgbz. D. 30, im Rgbz. M. 37 Polen. Es vertheilen ſich die Deutſchen auf die einzelnen Kreiſe ſo, daß im Rgbz. D. der Kr. Elbing ganz, der Kr. Marienburg faſt ganz, der Landkr. Danzig, die Kreiſe Neuſtadt und Stargard überwiegend deutſch und die Kreiſe Berent und Karthaus überwiegend polniſch ſind, in letzterem z. B. unter 100 Ew. 64 Polen ſich finden, und daß im Rgbz. M. der Kr. Dt. Crone nur von Deutſchen, die Kreiſe Schlochau, Roſenberg, Flatow, Marienwerder, Graudenz, Stuhm, Thorn und Schwetz überwiegend von Deutſchen, der Kr. Kulm von Deutſchen und Polen zu gleichen Theilen bewohnt werden und in den Kreiſen Straßburg und Löbau das polniſche Element überwiegt, in letzterem z. B. unter 100 Ew. 72 Polen gezählt werden. Die Miſchung des polniſchen und deutſchen Elements pflegt aber zum Nachtheile des letzteren auszuſchlagen, und der Deutſche nimmt nur zu leicht die Fehler des Polen, Falſchheit, Trunkſucht, Gleichgültigkeit gegen Bildung u. ſ. w. an und wird durch die Miſchung mit dem Polniſchen ſittlich ſchlaff und energielos. — Polniſch und katholiſch, deutſch und evangeliſch pflegen ſich zu decken, es ſind wohl viele Katholiken deutſch, aber die Polen ſind faſt alle katholiſch, evangeliſche Polen ſind nur in kleinerer Anzahl da, ſo im Kr. Neuſtadt, unter 100 Ew. lebt im Kr. Straßburg 1, im Kr. Roſenberg leben 4, im Kr. Löbau 10 ev. Polen, während deutſche Katholiken in größerer Anzahl in den Kreiſen Schwetz und Kulm, Marienwerder und Thorn, Graudenz, Flatow, Konitz und Stuhm, Schlochau und Dt. Crone, in den letzten 4 Kreisen 24—39 unter 100 Ew. sich vorfinden. Weil polnisch gleich katholisch und deutsch gleich evangelisch ist, darum wollen die Leute in den Kreisen Konitz und Schlochau „katholisches" Geld nicht nehmen, die Evangelischen verachten diejenigen, welche sich auf den „polnischen" Glauben begeben, ja selbst ev. Lehrer klagen über diejenigen unter ihren Schülern, welche beim Eintritt in die Schule nur „katholisch" reden können. Die Katholiken der kassubischen Kreise sprechen absichtlich, auch wenn sie deutsch reden können, in Gegenwart der Evangelischen polnisch, damit diese sich als Fremdlinge fühlen, ja sogar manche evangelische Bewohner der Kreise Berent und Stargard, die in vorwiegend katholischen Orten leben, reden aus Furcht vor den Katholiken und nach altem Herkommen selbst im Hause häufiger polnisch als deutsch. Die polnische Sprache wird aber leicht die Brücke zur katholischen Religion. — Die Zahl der Katholiken ist in Westpreußen seit 1817 weit schneller gewachsen als die Zahl der Evangelischen, und es war nur im Anfange die Zahl letzterer im Rgbz. M. im Steigen. Es trifft das Wachsthum der Katholiken besonders den Rgbz. D., in diesem lebten im J. 1817: 142,041 Ew. und 97,530 Kath., im J. 1867 war die Zahl der Katholiken mit der Zahl der Evangelischen fast gleich, 257,438 Ev. standen 242,145 Kath. gegenüber. Im Rgbz. M. betrug im J. 1817 die Zahl der Katholiken 170,100, die Zahl der Evangelischen 157,019, im J. 1817 die der ersteren 372,397, die der letzteren 369,960, die Katholiken sind also den Evangelischen an Zahl wieder überlegen, während im J. 1856 schon die Zahl der Evangelischen um 6000 größer war als die der Katholiken. In ganz Westpreußen haben in der Zeit von 1817—1867 die Evangelischen 25 auf jedes Tausend der Bevölkerung verloren, die Katholischen ebensoviel gewonnen. Die früher vorwiegend ev. Provinz steht in Gefahr vorwiegend katholisch zu werden. Es trägt daran die durch ungenügende kirchliche Fürsorge für die Evangelischen begünstigte Proselytenmacherei der kath. Kirche, der Gewinn, den sie aus den gemischten Ehen zu ziehen weiß, und die größere Anzahl der Kinder, welche in den Ehen der Katholiken geboren werden, auch der Umstand die Schuld, daß zu Zeiten bei den Katholiken weniger Todesfälle vorkommen als bei den Evangelischen. Den meisten Gewinn hat die kath. Kirche in den kassubischen Kreisen des Rgbz. D. und im Rgbz. M. in den Kreisen Dt. Crone, Konitz, Schwetz, Marienwerder und Stuhm davongetragen, während die ev. Kirche während der Jahre 1855—1867 in den Kreisen Flatow, Schlochau, Rosenberg, Löbau und Straßburg die meisten Fortschritte gemacht hat. Im J. 1864 waren von 100 Ew. des Rgbz. D. in den Kreisen

1. Stargard 25
2. Neustadt 27
3. Karthaus 29
4. Berent 44
5. Marienburg 51
6. Lbfr. Danzig 61
7. Stdtfr. Danzig 70

und 8. Elbing 73 evangelischer Konfession und ebenso von 100 Ew des Rgbz. M. in den Kreisen

1. Löbau 18
2. Konitz 23
3. Stuhm 34
4. Straßburg 37
5. Kulm 44
6. Thorn 45
7 Schwetz 47
8. Graudenz 54
9. Schlochau 57

10. Flatow   58
11. Marienwerder 60
12. Dt. Crone   60
und 13. Rosenberg · 90 evangelisch.

2. Die Schulverhältnisse.

Die Anzahl der Schulen und der Lehrer war, wenn damit die Zahl der Bewohner verglichen wird, 1864 in Westpreußen nicht kleiner wie durchschnittlich im preuß. Staate. Es kam im preuß. Staate 1 Schule auf 703 und 1 Lehrer auf 417 Ew., 1 Schule zählte 113 und 1 Lehrer unterrichtete 66 Schüler; im Rgbz. D. betrugen diese Zahlen 687, 423, 94 und 58, im Rgbz. M. 631, 364, 90 und 67, so daß nach diesen Zahlen im Ganzen die Schulverhältnisse in Westpreußen als genügende anzusehen wären. Am besten ist im Rgbz. D. der Kr. Marienburg mit Schulen ausgestattet, da dort eine Schule auf 450, 1 Lehrer auf 349 Ew. trifft und 1 Lehrer nur 48 Kinder zu unterrichten hat. Am ungünstigsten sind die Verhältnisse in den Kreisen Neustadt und Karthaus, denn in ersterem kommt 1 Schule auf 677, 1 Lehrer auf 519 Ew., in letzterem 1 Schule auf 798 und 1 Lehrer auf 750 Ew., und 1 Lehrer hat im Kr. N. 76, im Kr. K. 80 Schüler. Im Rgbz. M. ist die Zahl der Schulen am höchsten im Kr. Stuhm (1 auf 546 Ew.), in diesem Kreise unterrichtet jeder Lehrer 67 Schüler, eine noch kleinere Zahl trifft in den Kreisen Marienwerder (57) und Thorn (53) auf 1 Lehrer. Die kleinste Zahl der Schulen haben die Kreise Löbau, Konitz und Straßburg, im ersten Kreise trifft 1 Schule auf 630, 1 Lehrer auf 510 Ew. und 1 Lehrer unterrichtet 66 Kinder, im zweiten betragen diese Zahlen, 695, 516 und 75, im dritten 737, 578 und 69; in den Kreisen Rosenberg, Flatow, Schwetz und Schlochau unterrichtet 1 Lehrer durchschnittlich über 70, in Schlochau sogar 79 Kinder. Die Zahl der Schulen ist bei Weitem nicht so schnell gewachsen wie die Bevölkerung, denn

im Rgbz. D. waren im J. 1819 auf dem Lande 441 Ele=
mentarschulen, im J. 1861 nur 560, im Verhältniß zur Be=
völkerung hätte die Zahl bis auf 679 gestiegen sein müssen,
so daß, selbst wenn wir nur die Schulverhältnisse des J.
1819 haben wollten, über 100 Schulen fehlen. Als ganz
unzulänglich aber erscheint die Anzahl der Schulen, wenn
dabei berücksichtigt wird, daß die Bevölkerung sehr zerstreut
lebt, der Unterricht in zwei Sprachen Schwierigkeiten macht
und die ev. Kinder in den kath. Schulen oft vernachlässigt
werden. Die Kreise, in welchen die Zahl der Schulen be=
sonders ungenügend erscheint, wie Neustadt, Karthaus, Löbau,
Konitz und Straßburg, haben eine sehr dünne Bevölkerung,
und darum sind die Ortschaften weit von den Schulen ab=
gelegen, besonders gilt dieses für die Kreise Konitz, Karthaus
und Neustadt. Im Rgbz. D. lagen im J. 1864 auf 1 □Ml.
durchschnittlich nur 4—6 Schulen. Sollten im Verhältniß
zur Dichtigkeit der Bevölkerung Schulklassen in genügender An=
zahl eingerichtet werden, so müßte der Kr. Löbau statt 79 Lehrer 100,
der Kr. Straßburg statt 104 Lehrer deren 142, der Kr. Neu=
stadt statt 97 Lehrer 173 und der Kr. Karthaus statt 70
Lehrer deren 160 habe. Begreiflicherweise kommen aus jenen
Kreisen immer neue Klagen über den Mangel an Schulen
und den schlechten Schulbesuch. Dort und anderwärts ha=
ben Kinder ¾ Ml. bis zur Schule zu gehen; aus den zahl=
reichen Ausbauten der kassubischen Dörfern, welche ⅛—¼
Ml. abliegen, können sie einen Theil des Winters gar nicht
die Schule erreichen. In den Kreisen Neustadt und Kar=
thaus wurde im J. 1867 die Gründung von 14—17 neuen
ev. Schulen und die Umwandlung der 10 ev. Wanderschu=
len in feste Schulen für nothwendig gehalten. Im Kirchsp.
Berent waren 1866 auf 10 □Ml. nur 3 ev. Schulen, 4
fehlten, und das benachbarte Kirchsp. Sullenczyn (S. 50)
braucht ebenfalls 3 ev. Schulen, und mehreren anderen ev.
Kirchspielen der Kreise Neustadt und Karthaus, selbst einem,

welches nur 1200 Seelen zählt, sind gleichfalls 2 — 3 ev. Schulen nöthig. In Podgorz, einer Vorstadt von Thorn, wo die ev. Schulgemeinde nicht 100 Thlr. jährlich aufbringen kann, werden 140 Kinder von einem Lehrer in einem Miethslokale unterrichtet. Dabei sind eben diese Schulgemeinden überaus arm, in der Schulgemeinde Gowidlino (Kirchsp. Sullenczyn) z. B. haben nur 3 Familien ihr ausreichendes Brod. Wenn auch der Staat für Gründung neuer Schulen seit einiger Zeit erfolgreicher sorgt, so sollte er doch der Armuth der dortigen Bevölkerung mehr entgegenkommen und ihre Leistungsfähigkeit nicht zu stark beanspruchen, zumal der Werth der Schule dort noch zu wenig erkannt wird. Der Kampf gegen die kath. Kirche könnte nicht besser geführt werden als durch Gründung zahlreicher ev. Schulen und Kirchen; das Evangelium ist die einzige Kraft, durch welche Rom, soweit es eine geistliche Macht ist, überwunden werden kann. — Dieselben Kreise sind zugleich die sprachlich gemischten, die Lehrer aber werden in den Seminaren nicht gründlich genug vorbereitet, um den zweisprachigen Unterricht zum Vortheil der deutschen Sprache ertheilen zu können, sie lernen kaum richtig polnisch schreiben, auch fehlt eine polnische Uebungsschule. Dazu kommt noch die Mischung des Religiösen; sehr häufig müssen ev. Kinder kath. Schulen besuchen, so gehen z. B. aus dem Kirchsp. Sullenczyn 80 ev. Kinder in eine kath. Schule. Ganz allgemein sind die Klagen, daß die ev. Schüler von den kath. Lehrern vernachlässigt werden, der Schulbesuch wird nicht überwacht, eine große Zahl lernt nicht lesen, es wird auch bisweilen von den Lehrern der lutherische Katechismus vor ihren Ohren beschimpft, und in ihrem Kopfe entsteht ein verworrenes Gemenge ev. und kath. Religionslehren, so daß ein Kind auf die in deutscher Sprache ausgesprochene Frage nach den Sakramenten der ev. Kirche deutsch die beiden wahren, in polnischer Sprache gefragt, polnisch die 7 römischen hersagte, ein anderes auf die Frage: „Von wem ist die ev. Kirche gegründet?" antwortete: „von Luther und vom Teufel." Eine große Zahl von Kindern geht so der ev. Kirche verloren; der Schulunterricht in der Diaspora ist ein für die ev. Kirche sehr gefährlicher Punkt. — In manchen Diasporagegenden, wie in den Kreisen Konitz und Schlochau, sind die meisten Schulen simultan, und der Lehrer gehört in der Regel der Konfession an, zu welcher sich die Mehrheit der Ortsbewohner bekennt, ebenso sind in 4 Städten des Rgbz. M. Simultanschulen vorhanden, in 15 anderen und in einer ländlichen Gemeinde sollen die Konfessionsschulen ebenfalls vereinigt werden; die städtischen Simultanschulen werden meistens von ev. Lehrern geleitet. — Es ist der Versuch gemacht, durch Wanderlehrer die ev. Kinder unterrichten oder durch benachbarte ev. Lehrer ihnen wenigstens ev. Religionsunterricht ertheilen zu lassen, allein das Institut der Wanderlehrer ist ein trauriger Noth= behelf: eine Woche sind sie hier, eine zweite da, eine dritte wohl an einem dritten Orte, selten sind geeignete Persön= lichkeiten zu finden, und diese stehen dann in Gefahr zu verwildern; die Kinder wohnen auch da oft so zerstreut, daß sie die Schule nicht besuchen können, und den Eltern wer= den die kleinen Mehrkosten unbequem, ebenso die strengere Beauf= sichtigung des Schulbesuchs, so daß sie sich wohl nach der kath. Schule zurücksehnen. Im Kirchsp. Löbau ertheilen seit 10 Jah= ren 7 Lehrer auf 8 Stationen ev. Religionsunterricht, denn frü= her mußten viele Konfirmanden von dem Pfarrer zum Un= terricht angenommen werden, die weder das Vaterunser noch den Glauben noch ein Gebot noch irgend etwas von Jesu Christo oder von den Hauptlehren der Kirche wußten; wur= den sie aber zurückgewiesen, so wurden sie dort und in an= dern Gegenden der Diaspora gern von den römischen Prie= stern angenommen, die nur das Vaterunser und auch dieses nicht immer forderten. — Hinderlich sind oft die schlechten

Schullokale, wie z. B. in Ploczysno (Kr. Berent) die
Schule nur 2 gemiethete kleine Stuben enthält, in der einen
die aus 5 Köpfen bestehende Lehrerfamilie wohnt, kocht und
schläft, in der andern 60 Schulkinder den Unterricht erhalten
sollen, aber nur 30 Platz finden, so daß bei der Schulprü-
fung die Kinder zusammengepreßt sitzen, umherstehen und
umherhocken. In den kassubischen und anderen armen Kreisen wie Konitz und Schlochau hat das verderbliche Hütewesen eine sehr bedeutende Ausdehnung, so daß z. B. im
Kr. Be rent durchschnittlich der 4. Theil sämmtlicher Schulkinder den Sommer über hütet; „dienen diese noch bei polnischen Herren, so verlernen sie die deutsche Sprache sehr,
das Schreiben ganz, die Religionskenntnisse zum größten
Theil und kommen von Jahr zu Jahr weiter zurück." Wenn
das Hütewesen, welches den Geist abstumpft, zu vielen bösen
Streichen Zeit und Verführung bietet und schließlich viele
durch seine Folgen in das Gefängniß bringt, doch bei der
Armuth jener Gegenden schwer zu entbehren ist, so muß darauf gedrungen werden, daß jedes Hütekind täglich 2 Stunden, nicht etwa wöchentlich nur 2 ganze Tage, die Schule
besuche. — Ein großes Hemmniß ist der schlechte Schulbesuch, er hat sich in den letzten Jahren besonders im Rgbz.
D. sehr gehoben, und es waren z. B. im Kr. Elbing 1873
von 100 Kindern, die anwesend sein sollten, durchschnittlich
täglich 85 in der Schule; wo aber die Bevölkerung zerstreut
lebt, arm ist und die Kinder viel zu häuslichen und ländlichen Arbeiten gebraucht, ist der Schulbesuch noch immer
sehr schlecht. Ueben nun noch die Lehrer, wie oft, einen
wenig anregenden Einfluß aus, ertheilen sie den Unterricht
nicht in sittlichem oder religiösem Geiste sondern in dem der
Gleichgiltigkeit oder der Feindschaft wider die Kirche, ohne
inneres Interesse für den christlichen Glauben, sind sie, weil
sie Nebenzwecke im Auge haben und die Menschen fürchten,
nicht treu, bekommen sie die Kinder stumpf in die Schule

und müssen unterrichten, ohne daß durch häusliche Anregung nachgeholfen wird, so darf es uns nicht wundern, daß die Schule bei uns nicht leistet, was sie leisten soll, weder religiös noch sittlich noch geistig.

Bei der Aushebung der Rekruten im J. 1872/73 ergab es sich, daß unter 10,000 Rekruten aus Hohenzollern 40, aus Schlesien 516, aus Preußen 1249 und aus Posen 1890 nicht lesen und schreiben konnten; es war dieses also am häufigsten in den konfessionell und sprachlich gemischten Provinzen der Fall. Die Zahl solcher Rekruten hat in der Prov. Preußen etwas abgenommen, im J. 1867 waren unter 1000 Rekruten in Ostpreußen 101, in Westpreußen 160 ohne Schulbildung. Unter je 221 Rekruten aber, die nicht lesen und schreiben konnten, waren im J. 1873: 1 jüdisch, 25 ev. und 195 kath. Der Rgbz. M. steht dem Rgbz. D. in der Lesefertigkeit nach; im J. 1873 gab es in ersterem 215,807 Personen, welche das 10. Lebensjahr zurückgelegt hatten, also unter 100 Personen immer 28, die des Lesens und Schreibens unkundig waren. Von dem Kr. Flatow, der doch sonst in religiöser und sittlicher Beziehung so hoch steht, wird behauptet, daß 1873 unter 100 Rekruten je 48 nach ihrer eigenen Aussage der Lese- und Schreibfertigkeit entbehrten; unter den Konfirmanden dieses Kreises wurde im J. 1870 der 4. (im Kirchsp. Pr. Stargard der 8., im Kr. Dt. Crone der 10.) Theil als „schwache Leser" oder „Nichtleser" bezeichnet, und die schwachen Leser verlernen bis zu ihrem Eintritt in den Militärdienst das Lesen wieder ganz. Im Kirchsp. Friedrichsbruch (Kr. Konitz mußte noch vor 7 Jahren die Hälfte der Konfirmanden während des Unterrichtes lesen lernen. Hie und da kommen noch immer unter den Konfirmanden Kinder vor, die gar keine Schule besucht haben. Von der Diaspora des Kr. Berent wird berichtet, daß fast der dritte Theil der Erwachsenen gar nicht, mehr als ein zweites Drittel nur noch

7

das ihnen auch sonst geläufige Lied aus dem Gesangbuche und nur ein schwaches Drittel die Bibel lesen könne. Ebenso gehört der Kr. Straßburg zu denen, in welchen die wenigsten Leute im Lesen und Schreiben sicher sind. Und die Folgen! Die Leute ohne Schulbildung füllen die Zuchthäuser. Im J. 1869 fehlte von 213 Sträflingen, die in eine Anstalt unserer Provinz eingeliefert wurden, dem vierten Theile die Schulbildung. Indessen ist die Zahl der Nichtleser überall im Abnehmen. — Energische Beförderung des Schulbesuchs, besonders genaue Aufsicht über die Hütekinder, Gründung einer genügenden Anzahl neuer Schulen, Entlastung der Schulen von der übergroßen Schülerzahl, materielle und geistige Hebung und bessere Vorbildung des Lehrerstandes — diese Mittel können uns die Lesefertigkeit als wichtiges Förderungsmittel des geistigen, religiösen und sittlichen Lebens bringen, eine genügende Volksbildung schaffen und, wenn diese in sittlich religiösem Geiste, von sittlich religiösen Lehrern gepflegt wird, zur sittlichen und religiösen Erneuerung Westpreußens bedeutend mithelfen.

3. Das kirchliche Leben.

Wenn Berlin ausgenommen wird, so ist kein Theil Deutschlands mit ev. Kirchen und Geistlichen so schlecht versehen wie die Prov. Preußen und zwar Ostpreußen schlechter als Westpreußen. Der Aufschwung des geistigen Lebens aber hängt, noch mehr als von der Schule, von der Kirche ab, welche allein für den größten Theil unseres Volkes, ganz insbesondere für den, der nicht lesen kann oder will, geistige und sittliche Anregung bietet. Mit kirchlicher Vernachlässigung pflegt geistiger Tod und sittliche Verwilderung Hand in Hand zu gehen. Daß das polnische und katholische Element so gewachsen ist, hat die ev. Kirche mitverschuldet. Selbst auf einigen der von frommen Würtembergern am Anfange dieses Jahrhunderts angelegten Kolonien wie Wilhelmshuld (Kr. Karthaus) ist in 50 Jahren das

deutsche Element unter kassubischer Unsauberkeit und Sitten=
losigkeit fast ganz zu Grunde gegangen; es fehlte den Evan=
gelischen jede kirchliche Versorgung, und es ist dieselbe noch
jetzt sehr mangelhaft, die Zahl der Katholiken bildet dort
schon den 3. Theil der Einwohnerschaft. Auf einer andern
derartigen vor 50 Jahren ganz ev. Kolonie stehen sich jetzt
Evangelische und Katholische fast gleich. Die Geistlichen neu=
gegründeter Diasporagemeinden fanden oft die Evangelischen
aufs Tiefste gesunken vor, sie trafen viele wilde Ehen, das
schamloseste Treiben und die vollste kirchliche Gleichgültigkeit
an. Die Erkenntniß, daß die ev. Kirche so sehr verkommen
war und daß sie ihre Glieder auch noch weiter verkommen
ließ, trieb viele Evangelische der römischen Kirche in die
Arme. In einer andern Diasporagemeinde hatte der Guts=
besitzer sich hundert Arbeiter aus Schlesien kommen lassen
und ihnen zugesagt, daß sie, so oft Gottesdienst in der ev.
Kirche sei, auf Leiterwagen hingefahren werden sollten, aber
da die Fuhren ihnen nicht gegeben, am Sonntage fast regel=
mäßig Arbeiten vorgenommen und die Leute zur Auszah=
lung des Lohnes bestellt wurden, kamen diese Familienväter,
welche in Schlesien fleißige Kirchenbesucher gewesen waren,
nun in Jahren nicht mehr in die Kirche.

Ueberhaupt sind unsere Gemeinden viel zu groß; sie
sollten 2000 Seelen nicht übersteigen, denn bei einer größe=
ren Zahl kann von specieller Seelsorge nicht die Rede sein.
Im J. 1864 kam 1 ev. Kirche im preuß. Staate auf 1374,
in Westpreußen auf 2398 und zwar im Rgbz. D. auf 2332,
im Rgbz. M. auf 2443 Evangelische, und 1 ev. Geistlicher
hatte im preuß. Staate 1862, in Westpreußen 2879 und
zwar im Rgbz. D. 2184, im Rgbz. M. 3703 Glaubensge=
nossen kirchlich zu versorgen. Viel besser kann die römische
Kirche ihre Glieder stärken und neue gewinnen. Besitzen
die Evangelischen in Westpreußen 251 Kirchen und 209
Geistliche, so haben die der Zahl nach fast gleich starken Ka=

tholifen 411 Kirchen und 354 Geiftliche; es ift 1 Kirche für 1460 und ein Geiftlicher für 1667 römifche Chriften vorhan= den. Im Rgbz. D. ift, was die ev. Kirche betrifft, der Kr. Marienburg gut und 2 andere Kreife find nothdürftig ver= fehen; in den übrigen 5 Kreifen find die Gemeinden durch= fchnittlich über 2000, im Kr. Berent fogar 4278 Seelen ftarf. Die fath. Kirche befitzt verhältniffmäßig noch einmal foviel Kirchen und mehr als die doppelte Zahl von Geiftli= chen; im Kr. Stargard giebt es 6 ev. und 25 fath., im Kr. Neuftadt 10 ev. und 48 fath. Kirchen; manche ev. Ge= meinde diefer und anderer Diasporadiöcefen hat ihre Glie= der über 5—8 fath. Kirchfp. zerftreut. Und nun erft der Rgbz. M., dort ift nur der Kr. Marienwerder felbft ausrei= chend mit geiftlichen Kräften ausgeftattet, in 12 Kreifen fteigt die Zahl der Seelen für die einzelne ev. Gemeinde über 2500, die Gemeinden der Kreife Thorn, Straßburg und Kulm haben 3—4000, die Gemeinden der Kreife Schlochau und Flatow haben 4—5000 Glieder, und im Kr. Graudenz hat ein Geiftlicher an 5071 Seelen — Seelforge zu üben. In den Kreifen Thorn und Graudenz ftehen einem ev. Geift= lichen je 3, im Kr. Straßburg je 5 und im Kr. Löbau je 7 fath. Geiftliche gegenüber, von ev. Kirchen liegen im Kr. Straß= burg 10, von fath. 32, und im Kr. Löbau giebt es nur 2 ev., aber 26. fath. Kirchen. Im Rgbz. M. ift die römifche Kirche im Ganzen mit der Zahl der Geiftlichen und der Kirchen lange nicht fo weit voraus wie im Rgbz. D., und es ift diefes wohl der Grund dafür, daß die Zahl der Katho= lifen im Rgbz. M. feit 1817 bei Weitem nicht fo fchnell gewachfen ift wie im Rgbz. D. — Bei der Größe der Ge= meinden ift es ein bedeutender Uebelftand, daß die Pfarreien oft lange unbefetzt bleiben, denn die 3 Provinzialvifare, welche die Provinz befitzt, reichen für die Vakanzen lange nicht hin. Für die Gemeinden eine Erleichterung, für die Geiftlichen eine Erfchwerung ift die große Zahl der Tochterkirchen,

die sich besonders im Rgbz. M. finden, dort haben 19 Gemeinden je 1 Filial, 6 haben je 2, 4 je 3, 4 je 4, 1 Gemeinde hat 5, ja eine sogar 6 Tochterkirchen, der Kr. Dt.
Crone besitzt für 50 Gemeinden nur 13 Geistliche. In den
Kreisen des Rgbz. M., welche an der pommerschen Grenze
entlang liegen, Schlochau, Flatow und Dt. Crone besitzen
fast alle größeren Dörfer Bethäuser, auf welche die Bewohner großen Werth legen und bereitwillig Kosten wenden und
in welchen der Lehrer, wenn sie nicht der Kirche zu nahe
liegen, sonntäglich eine Predigt liest und der Pfarrer meistens in jedem Jahre einmal Gottesdienst hält. Das regere
kirchliche Leben jener Kreise ist zum Theil ein Segen pom-
merscher Einwanderung. — So übersteigt denn die Seelenzahl in fast allen westpreußischen Gemeinden eine für das
kirchliche Leben angemessene Höhe. Wir haben in Marienwerder eine städtische Gemeinde von 17,428 Seelen mit 3
Geistlichen, die St. Barbara-Gemeinde in Danzig zählt 12
—13,000 Ev. unter 2 Geistlichen und die städtische Gemeinde in Graudenz 15,500 Ev. mit 2 Predigern. Wir
haben 5 Gemeinden, die, über 6000 Seelen stark, nur von
einem Geistlichen kirchlich bedient werden und 2 andere, welche
mehr als 7000 Glieder zählen und ebenfalls nur einen
Geistlichen haben. Da ist der Geistliche in der Woche Be-
amter und am Sonntage Missionar. — Schwer fällt wieder
ins Gewicht, daß die Bevölkerung auf weiten Flächen ze-
streut ist. Viele Diasporagemeinden sind über mehrere,
so die des Kr. Neustadt über 4—5 □Ml. ausgebreitet:
Friedrichsbruch (S. 97) hat 100 Seelen auf 5 □Ml.,
das benachbarte Mockrau 2000 Evangelische, die in 89 Ortschaften wohnen, auf 7 □Ml., Lippusch (S. 50) 4—500
Ev. auf ebenfalls 7 □Ml., Mirchau (Kr. Karthaus) und
Smazin (Kr. Neustadt) je 1100 und 1000 Ev. auf 5—6
□Ml., ja im Kr. Löbau breiten sich die beiden ev. Gemeinden über 18 □Ml. aus; Löbau selbst hat eine Landgemeinde

von 1200 Seelen, die auf 7 ☐Ml. in 75 Ortschaften leben, und zwar sind in 60 Ortschaften nur etwa je 20 Evangelische anzutreffen, und manche Evangelische aus der Gemeinde Neumark müssen an 2—3 kath. Kirchen vorübergehen, um ihr ev. Gotteshaus zu erreichen. Die Gemeinde Schwetz dehnt sich sogar über 15 ☐Ml. hin. — Der Bruchtheil der ev. Bevölkerung, der unter den Katholiken lebt, ist nicht so klein wie in manchen Gegenden des Ermlands; doch giebt es mehrere Gemeinden, in denen die Zahl der Katholiken vier bis fünfmal so stark ist, ja unter 100 Katholiken leben in den Kirchspielen Mockrau 12, Rahmel (Kr. Neustadt) 11, Skurcz (Kr. Stargard) 10 und in Friedrichsbruch nur 7 Evangelische. — Unser frommer König Fr. Wilhelm IV., der Herrscher mit dem warmen Herzen und klaren Blick für das Reich Gottes, hat einmal gesagt, er wünsche, daß keiner seiner Unterthanen weiter als eine Meile zu seiner Kirche habe. In 3 Gemeinden des Kr. Karthaus aber, in ebenso vielen Gemeinden des Kr. Stargard, in zwei Gemeinden des Kr. Berent, also in der Hälfte der in diesen Kreisen befindlichen ev. Gemeinden haben manche unserer Glaubensgenossen einen Weg von 2½—3 Ml. bis zum Gotteshause; sind nun noch die Wege sehr sandig, so braucht ein Bauer, wie es vorkommt, den ganzen Sommertag von Sonnenaufgang bis Sonnenuntergang, um mit den Seinigen zur Kirche hin und zurück zu fahren. Im Kirchsp. Löbau beträgt für viele Evangelische die Entfernung bis zur Kirche ebenfalls 3 Ml., ja Glieder der nach Schwessin in Pommern eingepfarrten Gemeinde Gr. Peterkau (Kr. Schlochau) haben bis zu ihrem Pfarrer 4—5 Meilen. — Von einem regelmäßigen Konfirmandenunterricht kann in diesen Gemeinden nicht die Rede sein; es kann überhaupt der Pfarrer durch diesen Unterricht nichts wirken, wenn er, wie in manchen westpreußischen Gemeinden, nur ein halbes Jahr Konfirmanden unterweist, die ihm aus katholischen Schulen mit sehr mangelhafter Vorbildung und verwirrten Religionsbegriffen zuge= führt werden. Die Konfirmanden von Gr. Peterkau em= pfangen nur 12mal im Jahre durch einen benachbarten west= preußischen Geistlichen Unterricht; besonders dort, sowie in den Kirchspielen Löbau und Schwetz thut eine durchgreifende Fürsorge für die ev. Konfirmanden noth. — Denken wir nun noch an die in einzelnen Gemeinden gänzlich fehlenden, in andern sehr schlechten Pfarrwohnungen, an die Armuth der Gemeinden, die sich für ihre kirchlichen Einrichtungen oft bedeutende Schulden aufgeladen haben, an das sehr geringe Einkommen vieler Diasporageistlichen, an die weite, an einer Stelle 5 Ml. betragende Entfernung derselben von einander: so haben wir ein Bild der westpreußischen Diasporanoth.

Im Kr. Schwetz sind 6 ev. Kirchen vorhanden, ebenso viele fehlen, das Kirchsp. Schwetz sollte getheilt werden und mindestens 2 Bethäuser erhalten. Die Gemeinde Vands= burg (Kr. Flatow) sollte in 3 Gemeinden zerlegt werden. An 7—8 Orten werden dringend ev. Kirchen begehrt. An 2 Orten entbehren 6—700 ev. Christen eines ev. Gottes= hauses, welches sie erreichen könnten. Auch die Zahl der ev. Kirchen ist z. B. im Rgbz. D. nicht in gleichem Maße wie die Bevölkerung gewachsen; waren im J. 1817 dort etwa 87 ev. Kirchen, so müßten jetzt deren 139 sein, es fehlen also fast 40 ev. Kirchen, wenn wir nur die Zustände des J. 1817 haben wollten. Es ist viel geschehen, Dank der Fürsorge Friedrichs des Gr. und den königlichen Gnadenge= schenken seiner Nachfolger, Dank den aus der „Nothstands= kollekte" gegründeten Fonds, aus welchen ein sehr großer Theil zur Einrichtung und Unterhaltung neuer Pfarrstellen, zum Bau von Kirchen und zum Ankauf von Pfarr= und Schulgrundstücken, zur Errichtung von Pfarr= und Schul= häusern und auch zu den so gesegneten Diasporareisen nach Westpreußen geflossen ist, Dank den Liebesgaben der Gustav= Adolf=Vereine, sowie der Hochherzigkeit einiger Besitzer, von

denen der eine die Kirche baute und die Bauplätze zum Pfarr-
und zum Organistenhause schenkte, der andere seine Arbeitsleute sonntäglich nach der 2 Ml. entfernten ev. Kirche fahren ließ und ihnen dann ebenfalls eine Kirche errichtete, der
dritte, ein preußischer Prinz, Kirche und Pfarrgebäude auf
eigene Kosten herstellte, und Dank auch der Opferwilligkeit
der Gemeinden. In diesem Jahrhundert sind im Rgbz. D.
13 neue ev. Gemeinden entstanden und 3 ältere wiederher-
gestellt, im Rgbz. M. etwa 19 neue ev. Pfarreien gegründet
und 2 wiedererrichtet. In den Kreisen Neustadt und Karthaus sind seit 1857 nicht weniger als 5 neue Kirchspiele
entstanden und dafür mehr als 80,000 Thlr. aufgewandt,
ein Zeugniß, daß unsere ev. Kirche nicht in der Selbstauf-
lösung sondern im Bauen begriffen ist.

Die meisten Diasporagemeinden erkennen die auf sie
gewandte Liebe auch durch Opferwilligkeit an; es ist
nichts Seltenes, daß sie die dreimonatliche Klassensteuer für kirchliche Zwecke aufbringen, aber wieder
sehr zu bedauern, wenn diese für eine Gemeinde nur
40 Thlr. ergiebt; die Gemeinde Camin (Kr. Flatow) zahlt
sogar eine Kirchensteuer, welche den Betrag der vierzehnmo-
natlichen Staatssteuer noch übersteigt. Wo ev. Pfarrer hin-
gesandt wurden, haben die Uebertritte zur römischen Kirche
entweder ganz aufgehört oder sind sehr selten geworden.
Zum Gottesdienste kommen manche Glieder der Diasporagemeinden selbst mehrere Meilen weit bei schlechtem Wetter.

Der Kirchenbesuch ist bei uns nur in wenigen Kreisen gut, so in den Kreisen Flatow und Rosenberg und in
vielen Diasporagemeinden, in einer derselben (Lippusch S.
50) besuchten 1872 von 100 Gemeindegliedern 64 das
Gotteshaus. In den größeren Städten ist der Kirchenbesuch
überall ungenügend. Wir sind weit davon entfernt, daß,
wie in Dörfern der Mark, der dritte Theil der Seelenzahl
an gewöhnlichen Sonntagen in der Kirche ist. Etwa der

fünfte Theil sucht bei uns an den hohen Festen das Haus des Herrn. In Baden aber ist an gewöhnlichen Sonntagen mehr als der vierte, in vielen Landdiöcesen der dritte Theil, in einigen fast die Hälfte sämmtlicher Gemeindeglieder im Gotteshause. Der Kirchenbesuch bleibt bei uns weit dahinter zurück. Ueber die Entfremdung der großen Gutsbesitzer und der Inspektoren wird fast allgemein, über die kirchliche Gleichgültigkeit der königlichen Beamten an vielen Stellen, über den schlechten Kirchenbesuch der Arbeiter und besonders der Instleute oft geklagt. Ein großer Theil der sogenannten Gebildeten entzieht sich ganz dem Worte Gottes. Es sind besonders die Glieder des Mittelstandes, die Bürger und Handwerker, die Bauern und Eigenthümer, auch wohl die Einwohner, hie und da die großen Grundbesitzer und die höheren königlichen Beamten, welche den Grundstamm der kirchlichen Gemeinden bilden. Wo auch äußere Kirchlichkeit herrscht, finden sich doch wenige vom Geiste Christi ergriffene und durchdrungene Persönlichkeiten, eine größere Zahl haben z. B. die Kreise Flatow, Marienwerder, Elbing und die Stadt Danzig. Es fehlen uns solche Persönlichkeiten im geistlichen und weltlichen Stande. Wie sehr der Kirchenbesuch abgenommen hat, zeigt z. B. eine Mittheilung aus der Stadt Marienburg, wonach der im Beginn des vorigen Jahrhunderts eingeführte Klingbeutel zuerst 130 Thlr., am Anfange dieses Jahrhunderts 100 und in den letzten 20 Jahren nur 40—50 Thlr. brachte und wonach die Wochengottesdienste, welche vor 150 Jahren täglich stattfanden, später zweimal, dann bei 5—6 Zuhörern einmal gehalten wurden und endlich ganz aufhören mußten.

Die kirchliche Sitte ist bei manchen Landgemeinden noch fest, aber nicht so fest wie in vielen anderen Provinzen. Beerdigungen, bei denen das kirchliche Amt nicht mitwirkte, kamen im J. 1862 im Rgbz. D. ebenso viele vor wie solche, bei denen die Hülfe des kirchlichen Amtes erbeten wurde, während im Durchschnitt des preuß. Staates die Beerdigungen, an welchen das kirchliche Amt sich nicht betheiligte, sehr weit hinter den Beerdigungen zurückblieben, welche mit Betheiligung der Kirche begangen wurden. — Der Abendmahlsbesuch ist nicht mit der Einwohnerzahl in entsprechender Weise gewachsen. Im J. 1850 zählte Westpreußen nur 27,000 Kommunikanten mehr als im J. 1830, die Zahl der letzteren war in den damaligen Diöcesen Neustadt-Praust, Rosenberg, Konitz und Kulm bedeutend gewachsen. Zum Tische des Herrn kamen 1862 im Rgbz. D. von je 100 Gliedern der ev. Gemeinden in den damaligen Diöcesen 1. Danziger Werder und 2. Marienburg 67 3. Neustadt-Carthaus 66 4. Danziger Nehrung 63 5. Stargard-Berent 54 6. Praust 52 7. Elbing 47 und 8. Stadt Danzig 39 im Durchschnitt des Regierungsbezirks fast 53, im Durchschnitt der Provinz 50, im Durchschnitt des preuß. Staates 52 und darüber. In mehreren Diöcesen z. B. Marienburg und besonders in der Stadt Danzig ist diese Zahl seitdem noch mehr gesunken. In den größeren Städten kommen nur noch sehr wenige zum hl. Abendmahle; in den Jahren 1869—1371 kam in der Stadt Danzig nur ein Viertel der Gemeindeglieder und 1867 in der Stadt Elbing ein noch kleinerer Theil. In einigen kleineren Städten erreichte und überstieg die Zahl der Abendmahlsgäste die Hälfte der Seelenzahl Im Rgbz. M. übertrifft Flatow alle übrigen Kreise weit, von 100 Seelen kommen 80 zum Tische des Herrn, bei 2 Gemeinden dieses Kreises stieg diese Zahl im J. 1871 über 80, bei 2 Gemeinden über 90 und überschritt selbst die Seelenzahl bei einer Gemeinde. Auch im Rgbz. D. kamen einige Gemeinden mit den Zahlen 84—93 vor. Für ungünstig wird es gehalten, wenn die Zahl der Abendmahlsgäste nicht die Hälfte der Seelenzahl erreicht, es geschieht dieses selbst in einer Landgemeinde des

Kr. E., in der von 100 Ew. nur 41 jährlich den Tisch des
Herrn suchen. — Meistens wird das hl. Abendmahl 1—2mal
im Jahre, im Kr. Flatow 5—6mal jährlich genossen.

Erfreulich ist die Opferwilligkeit zu kirchlichen Zweck=
ken, um so erfreulicher, je ärmer die Prov. Preußen ist;
auch die einzelnen ärmeren Kreise bringen für die kirchlichen
Bedürfnisse zum Theil größere Opfer als die reicheren.
Bei der Kollekte für die bringenden Nothstände der ev. Lan=
deskirche steht unsere Provinz immer in zweiter Reihe, gleich
hinter Brandenburg, und bei den zu kirchlichen Zwecken ge=
machten größeren Geschenken stehen ihr nur die beiden west=
lichen Provinzen voran, das arme Posen folgt gleich hinter
Preußen. Wie viel für Zwecke der äußern Mission in
Westpreußen beigesteuert wird, ist schwer zu ersehen, weil
sehr viele Beiträge nicht den Missionsvereinen in Danzig
und Königsberg zufließen.

Eine Eigenthümlichkeit des kirchlichen Lebens ist die
Ausdehnung der Sektirerei. Werden die 8256 Menno=
niten eingeschlossen, die zum Theil aufrichtige Christen sind
und in vielen Stücken z. B. in christlichen Liebeswerken, in
Missionsgaben und auf den Missionsfesten Hand in Hand
mit den Gliedern der ev. Kirche gehen, so hat keine
Gegend Deutschlands so viele Sektirer wie der Rgbz. D.
Von sämmtlichen Baptisten, welche vor etwa 10 Jahren
im preuß. Staate lebten, kam mehr als die Hälfte auf die
Prov. Preußen, nämlich 2599, davon wieder der größere
Theil auf Westpreußen, nämlich 1422, davon auf den Rgbz.
M. 799, die Baptisten haben die meisten Anhänger in den
Kreisen Elbing, Stargard, Berent, Marienwerder, Straß=
burg und Graudenz. Dort haben sie die einzelnen Erweck=
ten zu sich herübergezogen aber in neuester Zeit Rückschritte
oder wenigstens keine Fortschritte gemacht. In anderen
Gegenden, in denen Erweckungen entstanden, wie im Kr.
Flatow vor etwa 10 Jahren und im Kr. Elbing vor 2 Jah=

ren, haben die Erweckten den Lockungen der Baptisten wi-
derstanden und sind der ev. Landeskirche treu geblieben. —
Die Zahl der Altlutheraner ist unbedeutend, im Rgbz. D.
leben nur 100, im Rgbz. M. 897 und zwar besonders bei
Marienwerder und Thorn. — Wie stark die irvingianische
Sekte ist, läßt sich nicht gut feststellen, da ihre Glieder sich
noch für Angehörige der ev. Kirche ausgeben, doch sind
größere Gemeinden in den Städten Danzig, Marienwerder
und Elbing, in letzterer Stadt breiten sie sich in neuester
Zeit wieder mehr aus. — Einzelne gehören wieder der
„pommerschen" Sekte, einige den Herrnhutern an.

In einem großen Theile Westpreußens herrscht der
krasseste Aberglaube, besonders der an das Behexen.
Gerichtsverhandlungen des J. 1874 in den Kreisen Stuhm
und Straßburg haben in 3 Fällen ergeben, daß Frauen
und ein junges Mädchen, von denen die eine durch Berüh-
rung der Hand einen Maurer behext, die zweite einer Frau
ihre Krankheit und das Mädchen einem Kinde den Weichsel-
zopf angehext hätten, von den Angehörigen der „Behexten"
überfallen und bis aufs Blut gemißhandelt oder gekratzt
wurden, damit die Kranken mit dem Blut, dem „besonderen
Saft," gewaschen und geheilt würden. Von den slavischen
Kassuben haben auch manche Evangelische den Glauben an
den Vampyrismus angenommen: die Todten könnten sich in
der Nacht aus ihren Gräbern erheben und als Vampyre
schlafenden Menschen das Blut aussaugen und so ihren
Tod herbeiführen; es werden dann ganz abschenliche Mittel
angewandt, um den Todten daran zu hindern und den schon
Erkrankten zu heilen. Unschuldiger ist es, wenn der Kassube
die Meinung ausspricht: wer mit einem Zwillingspaare weißer, von ihm selbst aufgezogener Stiere eine Furche um sein
Grundstück ziehe, schütze dadurch alle Bewohner seines Hauses gegen die Cholera. In anderen Gegenden wie im Kr.
Dt. Crone hat der heidnische Aberglaube seine Anhänger

unter den Slaven verloren aber unter den Deutschen, die ihre abergläubischen Gebräuche besonders an das Johannisfeuer knüpfen, behalten. Auch westpreußische Zeitungen enthielten 1873 mehrfach Anzeigen von Wahrsagerinnen, bis in Folge einer Verordnung gegen die gewerbsmäßige Wahrsagerei dieser abergläubische Unfug aus der Oeffentlichkeit zurücktrat. Mit dem Unglauben wächst der Aberglaube.

Unserm Westpreußen thut Vermehrung der geistlichen Kräfte und der Kirchen, Belehrung der Einwohner durch Predigten und Schriften und bessere Fürsorge für die Konfirmanden und die konfirmirte Jugend dringend noth.

II. Die Möglichkeit der Hülfe und der Antheil der inneren Mission.

Wie der Mann, der unter die Mörder gefallen war, liegt unser Volk da, blutend aus tiefen Wunden. Ist denn kein Oel und kein Wein, keine Salbe, keine Hülfe da? Gottlob, daß die Hülfe und das Heilmittel bereit ist. „Wir heben unsere Augen auf zu den Bergen, von welchen uns Hülfe kommt. Unsere Hülfe kommt von dem Herrn, der Himmel und Erde gemacht hat" (Ps. 121,1 und 2). Es heilet sie „weder Kraut noch Pflaster sondern dein Wort, Herr, welches alles heilet." Von dem Worte Gottes gehen die Lebenskräfte aus, welche erneuern, trösten, beglücken, reinigen und heiligen. Dieses Wortes Mittelpunkt, Kern und Stern, Jesus Christus, das fleischgewordene Wort, ist wie Mittelpunkt für die Geschichte der Welt und für das Leben jedes einzelnen gläubigen Herzens, so auch für unser Volk die Lebensquelle. Er ist's allein. Alles andere, Staat, Selbsthilfe, Bildung u. a. m. sind löchrichte Brunnen, die kein Lebenswasser geben. Wir haben die meisten Fragen, von deren Lösung das Heil Westpreußens abhängt, als sittliche erkannt, welche zu ihrer Lösung Liebe, viel Liebe, ge-

duldige Liebe erfordern — diese Liebe giebt nur die ewige
Liebe selbst. Wir haben den Grund für äußeres und in=
neres Elend in dem Menschen selbst, in der Sünde, gefun=
den; es gilt, den Quell alles Elendes zu verstopfen d. h.
die Sünde zu überwinden. Es ist doch auffallend, daß mit
dem geistlichen Elend, mit dem Abfall von Gott und der
Entfremdung von seinem Worte, zugleich auch ein großer
Theil der sittlichen und äußeren Noth schwindet, und daß
die sittliche und leibliche Verkommenheit da am stärksten
hervortritt, wo der Abfall vom Worte Gottes am größten
ist. Können wir auch das äußere Elend nicht aufheben, so
können wir doch dieses Leben, wie es schön gesagt ist, zu
einem „getrösteten Elende“ machen. Sollen die Verhältnisse
anders werden, so müssen die Menschen sich ändern. Wir
haben es als Christen mit den Seelen zu thun. Die Hei=
lung muß von innen heraus erfolgen. Die Kraft, welche
allein zur Rettung der Seelen mithelfen kann, ist die christ=
liche Liebe und das Ziel, das wir für die Elenden im Auge
haben, die ewige Seligkeit. Der einzige Erlöser von der
Sünde ist Christus. Christum durch sein Wort unserm
Volke wieder nahezubringen und die weltbewegenden und
welterneuernden Kräfte des Evangeliums über alle Glieder
unseres Volkes wieder ausströmen zu lassen — das ist
die Aufgabe, an welcher die Innere Mission mitarbei=
ten will.

Den Segen der Mission d. h. der Sendung, die vom
Vaterhause ausgeht an diejenigen, welche wie verlorene
Söhne dem Vaterhause entfremdet sind, muß die Kirche ih=
ren Gliedern zuwenden. Die Innere Mission ist eine solche
Sendung, die sich im Innern der Kirche vollzieht. Wir stehen
vor einer Zeit und sind schon darinnen, in welcher die Kirche mit
Schaaren derer zu thun hat, die äußerlich und rechtlich ihr ange=
hören, innerlich aber zum Juden= oder Heidenthum abgefallen sind.
„Die J. M. hat,“ wie es im § 1 der Statuten lautet,

nach welchen der Centralausschuß für J. M. in der deutschen ev. Kirche arbeitet, „zu ihrem Zwecke die Rettung
des ev. Volkes aus seiner geistlichen und leiblichen Noth
durch die Verkündigung des Evangeliums und die brüder-
liche Handreichung der christlichen Liebe. Außer ihrer Aufgabe liegt es, Ungetaufte zu bekehren oder Glieder anderer
christlicher Religionsparteien herüberzuziehen. Sie umfaßt
nur diejenigen Lebensgebiete, welche die geordneten Aemter
der ev. Kirche mit ihrer Wirksamkeit ausreichend zu bedienen
nicht im Stande sind, so daß sie in demselben Maße ihre
Aufgabe für gelöst ansieht, als die Wirksamkeit des kirchlichen Amtes sich erweitert.“

Wir können als Christen nicht an den elenden Gliedern
unseres Volkes vorübergehen, es war ein Kain, welcher sagte:
„Soll ich meines Bruders Hüter sein?“, der christusfeindliche
Hohepriester und die Aeltesten sprachen: „Was geht uns das
an? Da siehe du zu!“ der unbarmherzige Priester und
Levit dachten: Was habe ich mit jenem Menschen zu thun?
Die J. M. will mit dem Worte Gottes vor allen Gliedern
des Volkes zeugen und da, wo das Wort nicht mehr hinreicht, mit dem zur That gewordenen Glaubensworte, mit
der Liebe, gewinnen. Durch die Liebe der Christen kann
das moderne Heidenthum überwunden werden, wie das alte
dadurch bezwungen ist. Vor den Werken der Liebe beugen
sich noch jetzt die, welche von dem Worte des Glaubens, von
der „Orthodoxie“, dem „Pietismus“, dem „Muckerthum“
nichts wissen wollen. Durch die Werke der J. M. hat die
Kirche zu beweisen, daß sie noch kraftvolles Leben hat. Wie
Gott um sein Volk „buhlte“ (Hos. 3,1), so haben auch wir
um unser Volk zu werben und die zu suchen, welche die
Kirche und das Wort Gottes nicht mehr suchen.

Die J. M. will auch aus herzlichem Erbarmen das
äußere Elend lindern und mindern, aber die äußere
Hülfe ist für sie nur ein Mittel, um sich oder viel-

mehr dem Worte Gottes und Christo selbst den Zugang zu
den Seelen zu öffnen. Darum braucht sie auch andere Re=
benmittel als das Wort Gottes; wo aber Gottes Wort nicht
mehr zur Heilung der Seelen gebraucht wird, da ist auch nicht
mehr J. M. Es unterscheidet sich dadurch die J. M. vom Huma=
nismus, der nicht in der Sünde sondern in den äußeren Ver=
hältnissen die Quelle des Elends sieht, der für die Handelnden auf
die Kraft der Liebe, welche im eignen Herzen wohnt, aber nicht
auf die Liebe rechnet, welche aus dem Glauben an den Heiland
fließt, der für die Pfleglinge auf die sittliche Kraft, welche
in ihnen selbst liegt, zählt und sie für roh, für bildungsbe=
dürftig aber nicht für sündig, für heilsbedürftig ansieht,
der weltliches Wohlergehen aber nicht ewiges Heil als das
Ziel seiner Thätigkeit ins Auge faßt und so nicht sittlich
bessernd wirken kann und darum seine Werke meistens schnell
wieder zusammen fallen sieht, weil ihnen die nachhaltige Kraft
der christlichen Liebe, die Gott giebt und nimmer wieder er=
neuert, fehlt. Freilich ist es viel leichter und trägt vor
Menschen viel mehr Dank ein, wenn bloß leiblicher Noth
abgeholfen wird: das äußere Brod wird genommen, aber
das Seelenbrod, das zugleich mit angeboten wird, zurückge=
wiesen — und doch ist es eine tiefere Barmherzigkeit, die
Beides giebt.

Die J. M. ist in der hl. Schrift begründet, sie
hat ihren Auftrag vom Herrn und von seinen Aposteln.
Es ist lehrreich, daß der Herr seine Jünger zuerst zu den
verlorenen Schafen des auserwählten Volkes sandte. In
den köstlichen Gleichnissen vom verlorenen Schaf, vom ver=
lorenen Groschen und vom verlorenen Sohn stellt er dar
und fordert er die Liebe, welche das Verlorene sucht, das,
was früher dem Herrn und seinem Reiche gehörte aber sich
von ihm losgelöst hat. Seine Knechte sollen miteinander Mit=
leid haben: „solltest du dich denn nicht auch erbarmen über
deinen Mitknecht, wie ich mich über dich erbarmet habe?"

(Mtth. 18, 13). Am Ende der Tage wird er nach den Werken der Liebe fragen, die wir als Zeugnisse für unseren
Glauben an den Seinigen gethan haben, an den Hungrigen,
Durstigen, Fremdlingen, Kranken, Nackten und Gefangenen,
und wird zu den einen sagen: „Was ihr gethan habt Einem
unter diesen meinen geringsten Brüdern, das habt ihr mir gethan"
und zu den andern: „Was ihr nicht gethan habt einem unter diesen Geringsten, das habt ihr mir auch nicht gethan"
(Mtth. 25,31 ff.). Durch die Werke sollen die Seinigen
von ihm zeugen: Ihr seid das Licht der Welt, man setzt
das Licht auf einen Leuchter, so leuchtet es denen, die im
Hause sind; also lasset euer Licht leuchten vor den Menschen,
daß sie eure guten Werke sehen und euren Vater im Himmel preisen" (Mtth. 5, 14—16). Durch die Liebe sollen wir
der Welt zeigen, daß wir ihm dienen: „Du sollst deinen
Nächsten lieben als dich selbst" (Mrk. 12, 31) und „dabei
wird Jedermann erkennen, daß ihr meine Jünger seid, so
ihr Liebe unter einander habt" (Joh. 13, 35). Diese Liebe
aber kommt nur aus dem Glauben an die Vergebung der
Sünden; als Petrus wieder der sündenvergebenden Gnade
Christi gewiß geworden war, sprach der Herr: „Weide meine
Lämmer, weide meine Schafe." Wie der Herr, so forderte
auch jeder Apostel von den Christen die Liebeswerke, die
wir Werke der J. M. nennen. „Wir wissen, daß wir aus dem
Tode in das Leben gekommen sind, denn wir lieben die
Brüder. Wer den Bruder nicht liebt, der bleibet im Tode.
So Jemand spricht: ich liebe Gott und hasset seinen Bruder,
der ist ein Lügner, denn wer seinen Bruder nicht liebet, den
er siehet: wie kann er Gott lieben, den er nicht siehet?
(1. Joh. 3, 14 und 4, 20). So ein Bruder oder eine Schwester bloß wäre und Mangel hätte der täglichen Nahrung,
und Jemand unter euch spräche zu ihnen: Gott berathe euch,
wärmet euch und sättiget euch, gäbet ihnen aber nicht, was
des Leibes Nothdurft ist, was hülfe sie das? (Jak. 2, 15—16).

8

Vor allen Dingen habt unter einander eine brünstige Liebe, denn die Liebe decket auch der Sünden Menge" (1. Petri 4, 8). So redet Paulus von den Liebeswerken an den Genossen des Glaubens (Gal. 6, 10) und Jakobus von dem Besuchen und Trösten der Wittwen und Waisen (1, 27). — Danach ist die Theilnahme an den Arbeiten der J. M. nicht bloß Pflicht der Geistlichen oder Liebhaberei einzelner Kreise sondern Pflicht eines jeden Christen. Auch im Reiche Gottes giebt es eine allgemeine Wehrpflicht. Mit ganzem Herzen, mit allen Gütern, die wir an Zeit, Kraft und Geld besitzen, mit der Bereitwilligkeit, auf den Ruf des Herrn hin auch unsere Person in seinen Dienst zu stellen — so müssen wir des Herrn Kriege führen.

Aber — ja der J. M. werden viele aber! entgegengesetzt, wiewohl die christlich ev. Kreise Westpreußens weder die Furcht vor einer Beeinträchtigung des geistlichen Amtes noch die Angst vor Pietismus, Jesuitismus u. drgl. bei dem Gedanken an J. M. hegen. Es würde den Trägern des geistlichen Amtes nichts lieber sein, als wenn sich eine große Zahl von Laienkräften in den Dienst des Herrn stellte, denn die Geistlichen sehen sich außer Stande, den wachsenden Anforderungen zu genügen. Wo christlich lebendige Persönlichkeiten vorhanden sind, müssen sie auch auf dem Gebiete christlicher Liebesarbeit in der J. M. ein Feld finden, auf dem sie Gott mit den von ihm geschenkten Gnadenkräften dienen können. — Aber — ist es nicht zu spät, mit den Werken der J. M. unser Volk zu suchen? ist nicht der Abfall schon zu groß? Selbst wenn unser Volk ein in seinem christlichen Leben hinsterbendes wäre, so müßten wir doch, wie wir an den hinsterbenden Völkern Nordamerikas, der Südsee und Südafrikas mit den Werken der äußeren Mission thätig sind, Liebe üben bis zu seinem letzten Augenblick. Auch steht es nicht so schlimm: unser Volk ist für christliche Liebe noch empfänglich und dankbar, auch das Wort Gottes

wird selbst von den Verkommensten noch freundlich angenommen, wenn es ihnen in freier Liebe geboten wird. — Aber —
leidet nicht das innere Leben unter solcher äußeren Werkge-
schäftigkeit? Gewiß nicht auf die Dauer, wenn die Werke
aus der Dankbarkeit eines mit Gott versöhnten Herzens kommen, es wird vielmehr das innere Leben gefördert durch die
Nöthigung zum Gebet, gestärkt durch die Uebung der Glau-
benskraft und erquickt durch die Erfahrung von dem, was
der dritte Artikel „Gemeinschaft der Heiligen" nennt. —
Das Dasein der I. M. weist allerdings auf einen Mangel
des christlichen und kirchlichen Lebens hin; wäre dieses überall lebendig und kräftig, so wären keine besonderen Veranstaltungen zur Ueberwindung des Elendes nöthig. Es ist
auch das Ziel der I. M., daß sie als freie Vereinsthätigkeit aufhöre und in dem amtlich geordneten Leben der Kirche
aufgehe, wie in Schottland die Kirche die Trägerin der I.
M. ist.

Die I. M. allein und die Kirche allein können die
Noth nicht überwinden: sie brauchen die Mithülfe des Staates. Andererseits ist der Staat allein noch viel weniger
im Stande, leibliches, sittliches und religiöses Elend zu mindern; es fehlen ihm alle sittlichen Kräfte, und das um so
mehr, je mehr er sich dem Christenthum fremd oder feindse-
lig gegenüber stellt. Er kann das Unsittliche strafen, er kann
auch durch Unterlassungen das Sittenverderbniß bedenklich
steigern, aber er ist nicht im Stande, durch Gesetze und
Verfassungen ein Sittenreich zu bauen und sittliche Kräfte
zu schaffen. „Die Staaten finden sich eben in der verzwei-
felten Lage, die Quellen des Verderbens stopfen zu sollen,
die doch keine Macht der Welt stopfen kann, und das Ganze
retten zu müssen, wo es nur dem Einzelnen möglich ist, durch
sein eigenes Geistesleben sich oder andere zu retten." „Was
der Staat auch in den gähnenden Abgrund wirft, das ist
Nahrung für die Bestie, welche sich am Ende aufrichten

8 *

wirb, um die letzten sittlichen Ordnungen der Welt unter ihre Füße zu treten. Barmherzigkeit aber darf sie streicheln, die Bestie wie das Kind." (v. Zezschwitz: Innere Mission u. s. w. S. 41 und 44). Der Staat muß besonders zur Lösung der socialen Frage mitwirken, also über Frauen- und Kinderarbeit, über die Sonntagsruhe der Arbeiter, über Erleichterungen beim Ankauf kleiner Parzellen, über Einsetzung von Arbeitsämtern und Fabrikinspektoren, über provinzielle Garantie für Alters-, Invaliden und ähnliche Kassen Gesetze geben, während die wirkliche Lösung der socialen Frage nur durch das Christenthum herbeigeführt werden kann, welches die Unterschiede der Stände durch die Liebe innerlich aufhebt und von Einer gemeinsamen Schuld, von Einem gemeinsamen Heiland, von Einem gemeinsamen Himmel redet. Vom Staate und seinen Behörden muß ferner die gesetzliche Beschränkung des Branntweinhandels, die Verbesserung des Gefängnißwesens, die Gründung von Schulen und Mithülfe bei Errichtung von Kirchen ausgehen; er muß Anordnungen zur Fürsorge für Eisenbahn- und Chausseearbeiter z. B. über den Schulbesuch der Kinder, Wohnung und Verpflegung der Arbeiter treffen, er muß für gewissenhaftere Ausführung und Verbesserung der Gesetze über die Sonntagsheiligung und Aehnliches sorgen. Die J. M. hat auch in Bezug auf solche Dinge, die nur der Staat ausführen kann, die Nothstände zu erforschen, die öffentliche Meinung aufzuklären und um Abhülfe zu bitten. — Eine Krisis im Leben des Staates, die Revolution des J. 1848, zeigte zuerst den geöffneten Abgrund: am 4. Jan. 1849 trat der Centralausschuß für J. M. zusammen; es folgte der Frühling im Leben der J. M., wie er am Anfange dieses Jahrhunderts für die äußere Mission gekommen war. Reicher an Erfahrung, nüchterner und hoffnungsvoller können wir nun der neuen Krisis entgegengehen, an welche unser deutsches Volk mit seinem religiösen Leben gekommen ist. Noch ist es nicht zu spät; vielleicht aber bleibt uns nicht mehr lange Frist; wenn wir als Vertreter von Grundsätzen und Lebenskräften, welche die Welt bewegt und erneuert haben, im Vertrauen auf die Gnadenhülfe des Herrn mit Worten des Zeugnisses und Thaten der Liebe vor die Welt hintreten, wird es auch selbst der Handvoll Gläubiger gelingen, zur Erneuerung unseres Volkes mitzuwirken.

III. Anfänge von Arbeiten der inneren Mission.

Im J. 1813 wurden die Bibelgesellschaften in Danzig und Marienwerder und im J. 1828 wurde die Armenschule für verwahrloste und verwaiste Kinder in Marienwerder begründet. — Dieses waren in Westpreußen die ersten Arbeiten auf dem Gebiete der J. Mission. Einen thätigen Provinzialverein besitzen wir nicht, obwohl das Wachsen der Anstalten für J. M., welches in den letzten Jahren eingetreten ist, ihn sehr wünschenswerth macht.

1. Fürsorge für die Kinder.

Matth. 18,5: Wer ein solches Kind aufnimmt in meinem Namen, der nimmt mich auf.

a. Kleinkinderschulen und Kinderbewahranstalten.

Wir haben weder Vereine zur Pflege von Wöchnerinnen, die auf christlicher Grundlage ruhen, noch Aufsichtsvereine für Haltekinder, die doch so nöthig sind, weder Krippen, gegen welche, selbst bei Leitung in christlichem Geiste, gerechte Bedenken sich erheben, noch besondere Heilanstalten für Kinder, dagegen 13 ev. Kleinkinderbewahranstalten und Kleinkinderschulen in 7 Städten Westpreußens.

„Die Erziehung des Kindes fängt mit der Geburt an," hat ein Erzieher gesagt, und in vielen Fällen ist für die Entwicklung eines Menschen der religiöse und sittliche Geist, der ihn in früher Jugend in seinem väterlichen Hause um-

weht hat, bestimmend. Sehr viele Häuser sind gar nicht im
Stande oder auch nicht Willens ihren Kindern religiöses und
sittliches Leben mitzutheilen, weil es den Eltern selbst fehlt
oder sie nicht die Zeit dazu haben. Der Schwerpunkt der
Erziehung fällt in die ersten 6 Lebensjahre. Viele Schäden
unseres häuslichen Lebens und unseres Volkslebens stammen
daher, daß gerade in dieser Zeit die rechte Erziehung gefehlt
hat. „Ich würde es auf mich nehmen, die Welt zu ändern,
sagte der christliche Philosoph Leibnitz, wenn ich die Erzie=
hung ändern, namentlich die der frühen Kindheit bessern
könnte" und Luther schreibt: „Wo dem Teufel soll ein Schade
geschehen, der recht beiße, das muß durchs junge Volk ge=
schehen, das in Gottes Erkenntniß von frühe aufwächst."—
Die Noth, besonders der ärmeren Stände, hat die christliche
Liebe zur Gründung von Kleinkinderbewahranstalten und
Kleinkinderschulen getrieben. Unser preußisches Vaterland
besitzt nur etwa 500 Kinderasyle mit 35,000 Pfleglingen,
England und Frankreich, Würtemberg und Baden sehr viel
mehr. Die Zahl ist allerdings sehr ungenügend, wenn wir
an die 25,000 Elementarschulen Altpreußens und die Mil=
lion von Kindern denken, die im Alter von 3—6 Jahren
stehen. Ein edler Menschenfreund, der Kammerherr v. Bis=
sing=Beerberg in Marklissa in Schlesien, wirkt, je näher er
dem Grabe kommt, desto eifriger für Ausbreitung der Klein=
kinderschulen, er hat sich besonders auch mit seinen Bitten
an den vaterländischen Frauenverein gewandt. „Die christ=
liche Kleinkinderschule," ein vorzügliches Blatt, giebt Anre=
gung und reichen Stoff für die Lehrerinnen. Drei preu=
ßische Anstalten, in erster Reihe Frankenstein in Schlesien,
und andere deutsche Häuser, besonders das Mutterhaus in
Nonnenweier, bilden christliche Kleinkinderlehrerinnen aus.
Der Oberlin-Verein, der unter dem Vorsitze des Generalfeld=
marschalls Gr. Moltke steht, vereinigt die Freunde und Ar=
beiter der Kleinkinderschulen, er will mit Hülfe von Frauen=

vereinen neue Mutterhäuser, zunächst ein solches in Pots-
dam gründen, da die vorhandenen wie andere christliche Anstalten der Art dem Bedürfniß lange nicht genügen; es sollen die aus den Mutterhäusern hervorgehenden Kleinkinderlehrerinnen zugleich zu Gemeindepflegerinnen ausgebildet werden. In den letzten Jahren hat die königl. Regierung
zu Danzig den Gutsherrschaften, Schulvorständen, Geistlichen und Lehrern die Gründung christlicher Kleinkinderschulen wiederholentlich warm ans Herz gelegt. — Die Fröbel-
schen Kindergärten sind an einzelnen Orten Westpreußens
eingeführt, sie treten aber nicht als Liebeswerke sondern als
Privatschulen auf und kümmern sich nicht um das Christenthum, sie machen ihre Zöglinge, Kinder besserer Stände,
frühzeitig altklug, da sie die Arbeit zum Spiel und das
Spiel zur Arbeit machen, und nehmen den Kindern dadurch,
daß dieselben die Absichtlichkeit der Spiele und Arbeiten her-
ausmerken, die kindliche Unbefangenheit; sie entsprechen keinem berechtigten Bedürfnisse.

Die erste Kleinkinderbewahranstalt Westpreußens
ist den 9. Jan. 1839 in Danzig mit 9 Zöglingen eröffnet; Direktor Löschin und seine Ehefrau Auguste geb. Müller waren von Anfang an, ersterer bis 1868, letztere bis
1870, beide bis zu ihrem Tode, die Seele der Danziger
Kleinkinderbewahranstalten. Der ersten Anstalt, welche in einem gemietheten Hause für die Altstadt errichtet wurde,
folgte 1844 eine zweite für die Neustadt, 1848 die dritte
für die Vorstadt und 1858 die vierte für die Rechtsstadt;
nöthig ist noch eine fünfte für die Vorstadt Petershagen,
da dort die Kinder der ärmeren Bevölkerung häufig der Verwahrlosung anheimfallen. Im J. 1871 wurden diese Anstalten von 569 Kindern besucht. Bei der Leitung und Arbeit sind sehr viele hülfreiche Hände thätig: dem Vorstande,
zu welchem die Schwester der Gründerin, Frl. Johanna
Müller, ein Geistlicher und andere gehören, steht ein größe-

rer Verwaltungsrath zur Seite; für jede Anstalt hat je eine Dame die Aufsicht und die Leitung der Erziehung und des Unterrichts; es haben sich 9 Geistliche und ein Kaufmann der Verpflichtung unterzogen, die neuen Pfleglinge, die bei ihnen gemeldet werden müssen, den Anstalten zu überweisen; zwei Damen bewerkstelligen die Einführung in die Kleinkinderschulen und später die Ueberführung in die Elementarschulen. In den 4 Anstalten selbst sind in jeder 2—3 „Belehrerinnen" thätig, unter diesen 4 Hausfrauen, welche außerdem noch das Kochen und die häuslichen Arbeiten verrichten. Auch helfen 13 Damen bei dem Unterricht, und 4 Aerzte überwachen den Gesundheitszustand der Kinder. Doch treten wir in die Anstalt selbst ein. Eine jede besitzt ein großes hohes Lernzimmer für 150—160 Kinder, ein kleineres Spielzimmer und sehr schöne, mit Bäumen bepflanzte Höfe. Die Kinder, 2—6 Jahre alt, versammeln sich im Sommer um 8, im Winter um 9 Uhr, sie können auch eine Stunde früher gebracht und eine Stunde nach dem Schluss erst geholt werden. Es wird zum Anfang gesungen und gebetet, und dann werden zwei leichtverständliche Bibelsprüche vorgesprochen. Je 6 Knaben und je 6 Mädchen sehen jetzt im Interesse der Reinlichkeit die Köpfe und Kleider der Kinder im Spielzimmer nach. Nun wechseln Lernen und Spielen mit einander ab, doch werden erst nach vollendetem 4. Lebensjahre die Kinder zum Lernen angehalten, sie werden zum Lesenlernen vorbereitet, lernen kleine Sätze schreiben und etwas rechnen, die zehn Gebote, Bibelsprüche, Morgen-, Abend- und Festlieder, sowie kleine Liederverschen weltlichen Inhalts werden ihnen eingeprägt, die Mädchen lernen auch stricken und nähen. In den Pausen singen und spielen die Kinder. Das Mittagessen wird ihnen von den Eltern gebracht oder für 3—6 Pf. gereicht oder umsonst gegeben. Im J. 1868 wurden 30,245 Portionen ausgetheilt. Nach dem Essen waschen sich sämmtliche Kinder, und die zwei- und dreijähri-

gen oder kränklichen schlafen ein Stündchen. Auch am Nachmittag wechselt Lernen mit fröhlichen Kinderspielen und Liedern
ab. Der Schluss erfolgt im Sommer um 6, im Winter um
5 Uhr mit Gebet und Gesang. Die Kinder kommen gerne,
und welche Freude, wenn ein Fest wie der Geburtstag des
Königs gefeiert oder zu Weihnachten im hohen Artushofe unter 4 Weihnachtsbäumen bescheert wird und eine Zahl von
400 Kindern und mehr sich sammelt! Bedürftige Zöglinge
werden auch bekleidet. — Die Furcht Gottes wird in diesen
Anstalten schon frühe in die Herzen gepflanzt und oft durch
die Kinder wieder in die Häuser gebracht; die Herzen der
Kinder werden vor Verarmung, Verdumpfung und Verödung
bewahrt, ihr Geist wird geweckt, und sie werden darum,
als besser vorbereitet, gerne in die Elementarschulen aufgenommen; der so starke Thätigkeitstrieb der Kinder wird in
die rechten Bahnen gelenkt; sie werden an Ordnung, Reinlichkeit, regelmäßiges Essen, Zucht und Anstand gewöhnt; der
Kinderbettel wird unterdrückt; die Eltern können ruhig an ihre
Arbeit gehen; den Kindern wird hier eine Liebe zu Theil, wie
sie das elterliche Haus ihnen selten bietet; die Liebesarbeit
der Höheren und Reicheren an den Niederen und Armen
mildert die Gegensätze und lässt es bei letzteren nicht zum
Gefühl der Erbitterung kommen — genug ein vielfacher
Segen fließt von diesen Kleinkinderschulen auf die niederen
Stände. — Die Anstalten besaßen 1871 ihre schuldenfreien
Grundstücke, 15,510 Thlr. an Werth, und ein Kapital von
19,614 Thlr., dieses Vermögen ist durch das Klose'sche
Legat von 4100 Thlr., die Löschin'sche Stiftung von 1500
Thlr. und mehrere größere Geschenke entstanden. Die Aus-
gabe des J. 1871 betrug 7458, die Einnahme 7572 Thlr.
Von 35 Damen wurden Kleidungsstücke für die Kinder ge-
näht, auch wurden zum Besten der Anstalten Vorlesungen
gehalten.

Thorn hat nur eine Kinderbewahranstalt, die gegen-

wärtig von etwa 100 Kindern besucht wird, sie besitzt ein
schuldenfreies Grundstück und wird besonders durch die Erträge einer Versteigerung von Handarbeiten unterhalten.
Sie ist, als die zweite Westpreußens 1842 entstanden und
wird jetzt von Pf. Gessel geleitet.

Von den städtischen Kinderbewahranstalten in Elbing
wurde die erste im Okt. 1847 eröffnet, und die jetzt verstorbene Königin-Wittwe übernahm huldvoll das Protektorat.
Im April 1855 folgte die zweite und im Nov. 1872 die
dritte. Sie werden von einem Vorstande verwaltet, an dessen Spitze Pred. Dr. Lenz steht, und jede einzelne wird von
einer „Pflegerin" geleitet. Im J. 1873 zählte die ältere
Anstalt 142, die zweite 71 Pfleglinge, bis zum J. 1872
waren 2136 Kinder in beide aufgenommen. Außer dem
Weihnachtsfeste wurde jährlich der Geburtstag der hohen
Protektorin gefeiert. Im J. 1872 betrug die Einnahme
1594 Thlr., auch gab die Stadt freie Medicin für die kranken Kinder und freies Brennholz. Es sind die Grundstücke,
für die beiden ersten Anstalten mit 4800 Thlr. bezahlt, und
etwa 1700 Thlr. als Reservefonds vorhanden. Von ganz
besonderem Segen ist die Kinderbewahranstalt, welche 1867
auf der sich weithin streckenden Pangritz-Kolonie (S. 52)
ins Leben gerufen ist; sie steht unter Leitung einer Diakonissin
und wirkt unter der armen und meist verkommenen Bevölkerung
sehr segensreich; sie wurde im J. 1872|73 von 73 Zöglingen be-
sucht, die sich ohne Aufsicht auf der Landstraße spielend und gele-
gentlich bettelnd umhergetrieben hatten, da die Eltern außer
dem Hause Arbeit suchen. In 7 Jahren wurden 155 Pfleglinge entlassen. An der Spitze des Vorstandes steht Sup.
Krüger. Leider haben die Beiträge abgenommen (1867:
552 Thlr., 1872: 329 Thlr.); die Ausgaben wachsen; zu
dem Baufonds von etwa 450 Thlr. kommt nichts hinzu;
die Anstalt ist noch in einem gemietheten Hause: der Herr
erwecke eine Seele, die ähnlich wie der Hauptmann zu Ka-

pernaum bereit sei, den Kleinen dort eine Schule zu bauen.

Die Kleinkinderbewahranstalt in Marienwerder, durch Konf.-Rath Liebke bis zu seinem Tode geleitet, ist in gutem Zuge. Eine Schwester aus Königsberg unterrichtet 60 Kinder und 40 Nähmädchen, 14 Damen haben bei der Nähschule mitgewirkt. Im J. 1871 wurden 475 Thlr. eingenommen und 310 Thlr. ausgegeben, darunter zum Gehalt und zum Unterhalt der Lehrerin 123 und für Brod 54 Thlr. Das Vermögen betrug 965 Thlr., es ist mit seiner Hülfe 1872 ein völliger Neubau ausgeführt. Das Kleinkinderfest im Liebenthaler Walde ist wohl der größte Festtag für die Zöglinge.

In Marienburg fließen der Kinderbewahranstalt außer den Beiträgen die Zinsen eines Legats von 500 Thlr. zu; sie wird durch einen Frauenverein geleitet und hatte 1862 etwa 6, zwei Jahre später 10 Zöglinge.

Aus den Bedürfnissen der Diaspora ging die Kleinkinderschule in Löbau hervor; sie war nöthig, weil viele evangel. Kinder in die von Vincentinerinnen im dortigen Kloster geleitete, sehr besuchte Kleinkinderschule gingen und so der römischen Kirche geradezu in die Arme geführt wurden; es geschah dieses besonders mit Kindern aus gemischten Ehen. Die Geschichte der ev. Kleinkinderschule in Löbau zeigt, wie eine solche Anstalt auch mit geringen Mitteln erhalten werden kann, wenn sie als ein Bedürfniß von der Liebe erkannt und vom Glauben ins Werk gesetzt wird. Auf Andringen des Pf. Böhnke gab der Gust.-Ad.-Verein der Provinz 500 Thlr. zinsfrei her; eine Anzahl evangelischer und jüdischer Bewohner verpflichtete sich zu jährlichen Beiträgen, und im Mai 1871 wurde die Schule mit 7 Kindern eröffnet; ihre Zahl wuchs bis zum J. 1874, nachdem das Mißtrauen der Eltern allmälig überwunden war, bis auf 48 heran. Seit dem 1. Jan. 1874 kamen monatlich etwa 3 Thlr. durch Beiträge und 5—6 Thlr. durch Schulgeld ein, dazu erfreut

der Gust.=Ad.=Verein jährlich die Kinder mit Geschenken — das
sind die Einnahmen. Die Kinder armer Eltern bezahlen kein
Schulgeld, die kleinen Handwerker und ähnlich gestellte Leute
sollen 2½ Sgr., Wohlhabendere 5 Sgr. und die bemittel=
teren jüdischen Eltern 7½ Sgr. monatlich zahlen, die Kin=
der der letzteren haben auch Zutritt, soweit es der Raum
gestattet und eine Beeinträchtigung der ev. Kinder nicht zu
fürchten ist. Mit diesen geringen Einnahmen kommt der
Vorstand, wenn auch nothdürftig, aus: die Lehrerin erhält
außer Wohnung und Beheizung 72 Thlr. baar (die in Fran=
kenstein ausgebildeten Kleinkinderlehrerinnen bekommen freie
Station und 50 Thlr. jährlich). Die Kinder aber lassen sich
ganz gerne 5 Stunden täglich unterrichten, besehen noch
lieber mit der „Tante" Falk Bilderbücher oder hören ihren
Erzählungen zu, am liebsten aber spielen sie unter ihrer
Anleitung. Die Schule ist eine rechte Segensstätte gewor=
den. Die Saat, die dort ausgestreut wird, muß gute Früchte
tragen.

Die jüngste Schwester in der Reihe dieser Anstalten ist
den 7. Mai 1874 in Graudenz zu den andern hinzuge=
treten; sie ist vom vaterländischen Frauenverein begründet,
besitzt ein eigenes Haus mit Garten und zählte nach weni=
gen Wochen schon 47 Pfleglinge; eine Königsberger Diako=
nissin erzieht und unterrichtet die Kleinen.

Den andern Städten, sowie den Gütern und geschlosse=
nen Dörfern fehlen noch Kleinkinderschulen, obwohl sie ih=
nen nöthig sind und zwar besonders solchen Ortschaften,
welche vorwiegend eine Arbeiterbevölkerung haben. Es ist
eine solche für die 1063 armen Bewohner des Käthnerdor=
fes Fichthorst (Kr. Elbing) ins Auge gefaßt, ebenso
soll in Ohra (Ldkr. Danzig) im Anschluß an ein
für 12 ev. Wittwen und 12 arme Mädchen zu grün=
bendes Armenhaus, zu dem ein Stück Land nebst Gar=
ten und etwas Geld geschenkt ist, eine Kleinkinderschule er=

richtet werden. Wo die Gehöfte zerstreut liegen, würde die
Einrichtung einer solchen Schule keinen Nutzen bringen; am
leichtesten ist sie auf großen Gütern zu ermöglichen; in Schlesien sind dort mehrere, bei uns keine zu finden. Hier ist
Gelegenheit für die Gutsbesitzer, ihren Leuten eine große
Wohlthat zu erweisen, und einige derselben sind auch im Begriff, Hand dabei anzulegen. Vor den Kinderbewahranstalten ist den Kleinkinderschulen der Vorzug zu geben, da diese
die Kinder nicht den ganzen Tag über behalten, auch nicht
beköstigen und unter Leitung ausgebildeter Lehrerinnen stehen.
Bei der Einrichtung derselben, die nicht Bewahr-, nicht Lehr-
sondern Erziehungsanstalten sind, gelte der Grundsatz: „Nur
das Beste ist gut genug für die Kinder." Sie erfordern
einen jährlichen Zuschuß von etwa 120 Thlr. Die Kleinkinderlehrerin aber kann, wie auf mehreren schlesischen Gütern, zugleich in der Gemeindepflege, also an Armen und
Kranken, sowie an Jungfrauen thätig sein. Christlichen
Jungfrauen, welche gerne dem Reiche des Herrn dienen
möchten, aber sich zur Diakonissenarbeit körperlich zu schwach
fühlen, bietet sich in der Kleinkinderschule ein Feld, auf
welchem sie viel Segen schaffen können.

b. Sonntagsschulen und Kindergottesdienste.

Der erstere Name bezeichnet nicht ganz das, was damit
ausgedrückt werden soll, es sind nicht Schul- sondern Feier-
stunden, welche den Kindern bereitet werden. Die Sache ist
bei uns in Deutschland noch ziemlich neu, Amerika und England aber schreiben ihr reges christliches Leben hauptsächlich
den Sonntagsschulen zu. Die christlichen Sonntagsschulen
haben es nur mit der Religion zu thun, sie wollen die Kinder durch das Wort Gottes und durch die Zeugnisse freier
Christenliebe erbauen und erziehen. Wohl haben wir
Gottlob! den Schulzwang, und die Theilnahme am Religionsunterricht wird von allen Schülern gefordert; wir
wissen aber nicht, wie lange der Religionsunterricht den

Schulen wird gelassen werden und ob nicht später die Feind=
schaft gegen Gottes Wort auch die mittleren Stände ergrif=
fen haben und uns die Thür zur Gründung von Sonntags=
schulen verschlossen sein wird. Auch drängt schon jetzt die
Verkürzung der für den Religionsunterricht bestimmten Zeit
dazu. Die Lehrer haben so umfassenden Lehrplänen zu
genügen, daß die Religionsstunde den Charakter einer Er=
bauungsstunde immer mehr verliert. Auch bei christlicher
Gesinnung des Lehrers geht die Religion mehr in den Kopf
als ins Herz. Die Gottesdienste der Kirche sind aber für
die Erwachsenen berechnet, vieles verstehen die Kinder nicht,
auch können sie der Predigt, die über eine halbe
Stunde währt, nicht folgen, an manchen Orten sind über=
haupt fast gar keine Kinder in der Kirche zu finden, sie
werden erst — und dann noch unregelmäßig geschickt, wenn
der Pfarrer von ihnen während der Unterrichtszeit den Kir=
chenbesuch fordert, und die Lehrer entziehen sich mehr und
mehr der Verpflichtung auf den Kirchenbesuch der Schüler
einzuwirken. Es entgeht den Kindern meistens der Einfluß
der religiösen Erziehung. „Die alten Schalke zu erziehen,
ist schwer, sagt Luther, man muß mit den jungen Bäum=
lein anfangen." — Von England und Amerika her haben
wir das Gruppensystem bekommen, für dessen Verbrei=
tung Rentier W. Bröckelmann aus Heidelberg keine Mühen,
Reisen und Kosten scheut; viele deutsche Sonntagsschulen
sind nach diesem System umgebildet. Freiwillige Lehrer
und Lehrerinnen unterrichten je eine Gruppe von etwa 10
Kindern, sie besprechen mit ihnen das Sonntagsevangelium,
der Geistliche spricht die Eingangsworte und faßt zum
Schlusse das Wichtigste aus der Besprechung zusammen, die
Kinder sind nicht nur beim Antworten auf die Fragen ih=
res Lehrers sondern auch beim Singen der Lieder und in
der Liturgie thätig, sie singen die Responsorien und sprechen
gemeinsam das Glaubensbekenntniß und das Vaterunser.

Solch Zeugniß aus Kindesmund hat etwas Rührendes und erquickt die Eltern, von denen öfter ein größerer Theil zuhört. Sehr wichtig ist die Betheiligung freiwilliger Laienkräfte; dieser freie in Liebe gebotene Unterricht muß die Kindesherzen gewinnen, und „was der Mensch thut ohne Bezahlung aus herzlicher Liebe, das thut er am Besten!" Die Lehrenden selbst lernen Gottes Wort besser verstehen, nehmen die einzelnen Seelen der Kinder auf ihre Herzen und suchen ihre Schüler auch zu Hause auf. Es ist aber durchaus nöthig, daß sie durch einen Geistlichen wöchentlich einmal auf die Ertheilung des Unterrichtes vorbereitet werden. Die Sonntagsschulen haben in Deutschland so zugenommen, daß, während 66 Schulen mit 11,299 Kindern im J. 1866 bestanden, 1874 schon 1218 Sonntagsschulen mit 81,785 Schülern und 4643 Lehrern und Lehrerinnen gezählt wurden. In England unterrichteten 525,000 freiwillige Sonntagsschullehrer 5 Mill., in Schottland 40,000 Laien 400,000, in Irland 21,000 Laien 233,000 Schüler, in Nordamerika werden die Sonntagsschulen von 4—5 Mill. Kinder besucht. In England ertheilt der Mann, der bis vor Kurzem der höchste Beamte des Landes war, seit mehr als 20 Jahren sonntäglich den gewohnten Bibelunterricht, wie sich denn, freilich unter seinen Standesgenossen vereinzelt, ein preußischer Graf, so lange er in Berlin war, nicht schämte, mit seinen Sonntagsschülern durch die Straßen der Hauptstadt zum Feste hinauszuziehen. Besonders in den 8 alten Provinzen Preußens haben diese Schulen sich sehr vermehrt; am zahlreichsten sind sie (im J. 1873) in der Rheinprovinz (mindestens 80), in Berlin (mindestens 12 mit mehr als 5800 Schülern) und in Westfalen (an 16 Orten), am seltensten in Posen (1), Pommern (9), Preußen und Sachsen (je 12). Mit manchen sind Bibliotheken und Sparkassen verbunden, das Sparkassengeld wird von den Schülern zur Anschaffung von Bibeln, Gesang- und Erbauungsbüchern verwandt. Seit 1873

sind in der Prov. Preußen noch mehrere entstanden, in Westpreußen ist zu der Sonntagsschule in Danzig noch eine gleiche
in Marienwerder hinzugekommen.

In Danzig ging die Sonntagsschule aus dem Armen-
und Krankenverein hervor. Frl. Hein und mehrere Lehrerinnen begannen sie im Nov. 1865, anfangs waren es 20
Kinder, mit denen in einem kleinen Schullokal am Sonntag
Nachmittag die Lehrerinnen sangen und einen Bibelabschnitt
mit Hinzufügung erläuternder Erzählungen besprachen. Da
die Zahl der Kinder wuchs, wurde bald ein zweites, später
ein drittes Lokal nöthig. Seitdem W. Bröckelmann im Nov.
1871 die erste Gruppenschule in der Spendhauskirche gehalten
hatte, sind dort sonntäglich 150—200 Kinder durch den Bern-
steinarbeiter Hein und eine Anzahl von Lehrerinnen unterrichtet worden, doch reichen die Lehrkräfte nicht aus, durchschnittlich sind 8 Lehrer gegenwärtig. Zeitweise ist die Vor-
bereitungsstunde durch verschiedene Geistliche ertheilt worden,
doch empfindet die Sonntagsschule schmerzlich den Mangel
einer festen geistlichen Leitung. Erklärt wurden die sonn-
täglichen Perikopen, zur Passionszeit die Leidensgeschichte, in
einem Winter alttestamentliche Abschnitte. An die Kinder
wurden Sonntagsschulblätter und Traktate ausgetheilt. Die
Eltern der Sonntagsschüler wurden hie und da von einzelnen Lehrern besucht, und diese Besuche nehmen die meisten
Eltern, selbst gleichgültige, ja der Kirche feindliche, mit Freuden auf. Auch sind wiederholentlich durch die Sonntagsschule Kinder vor Verwahrlosung bewahrt und den Wochen-
schulen oder dem Spend- und Waisenhause zugeführt, ein
vierzehnjähriges ganz verwahrlostes Mädchen ist auch gegen
Kostgeld in der Marthaherberge untergebracht. Allein im J.
1873 wurden 3 solcher Mädchen gerettet. Und schon dieser
Erfolg ist all der Liebesarbeit werth.

Auch in Marienwerder besteht seit März 1873
eine Gruppenschule, in welcher 30 Kinder von der Klein-

kinderlehrerin und von 2 Damen am Sonntag Nachmittag
eine Stunde lang unterrichtet werden.

In einigen anderen Städten Westpreußens sind auch
freiwillige Laienkräfte vorhanden, mit welchen eine solche
Schule begonnen werden könnte. Wo aber diese Kräfte fehlen, ist es nur möglich, einen Kindergottesdienst einzurichten. In Marienwerder wird an 2 Orten ein solcher
gehalten, mit den Mädchen durch die Diakonissen und einige
Damen im Diakonissenhause zu Marienau und mit etwa 40
Knaben durch den Armenpfleger ebenfalls in Marienau. Auch
in Elbing legt die Leiterin der auf dem Vorberge gelegenen Kinderbewahranstalt sonntäglich 30—40 Kindern das
Evangelium aus und singt und betet mit ihren Schülern.
In Krojanke versammelt der Geistliche an jedem Sonntag
von 3—4 Nachm. abwechselnd die Schüler von je 2 Klassen
der Stadtschule; nachdem zwei Verse gesungen sind, folgt
die abgekürzte Liturgie unter Theilnahme der Kinder, dann
erklärt der Pfarrer fragweise das Sonntagsevangelium, mit
dem gemeinsam gebeteten Vaterunser, dem Segen und einem
Verse wird geschlossen; der Kindergottesdienst wird recht gut,
von 80—100 Kindern besucht, auch nehmen die Konfirmanden aus der Stadt an diesem Gottesdienste Theil.

Wo christliche Laien in genügender Zahl sind, giebt es
keine leichtere und segensreichere Arbeit auf dem Gebiet der
J. M. als die Thätigkeit in einer Sonntagsschule. Wo sie
fehlen, sind am besten die nöthigen Kräfte aus den Konfirmanden durch fleißige Pflege derselben heranzubilden. Bei
der Gründung neuer Schulen gehen Past. Prochnow in Berlin und W. Bröckelmann mit Rath und That, besonders
durch Uebersendung der nöthigen Schriften gerne zur Hand.

c. Erziehungsvereine, Rettungsanstalten und Waisenhäuser.

Der Rettungssache haben sich in den letzten Jahrzehnten
die Freunde der J. M. im Allgemeinen nicht so kräftig zu-

gewandt als früher, doch ist in Westpreußen die Thätigkeit in der Rettungssache wieder gewachsen. — Gefährdete Kinder werden durch Erziehungsvereine am besten in christlichen Familien untergebracht, wenn sich deren nur in genügender Zahl finden.

Schon seit 1833 ist in Konitz ein solcher Verein thätig, welcher an Waisenknaben sehr segensreich wirkt. Er arbeitet an Kindern verschiedener Konfession, doch ist der ev. Pfarrer hauptsächlich in demselben thätig. — Auf Anregung des Pf. Licht wurde 1852 in Schloppe durch Pf. Palmié und 2 andere Herren ein „Rettungshaus", eigentlich ein Erziehungsverein, begründet. Dem Seilermeister Graf'schen Ehepaare, welches sich schon früher verwaister Kinder aus freiem Antriebe angenommen hatte, wurden am 12. Decbr. nach einer kirchlichen Feier 4 Knaben übergeben, diese wurden anfangs im Hause ihrer Pflegeeltern durch Präparanden, später in der Stadtschule unentgeltlich unterrichtet. Im ersten Jahre betrugen die Kosten für ein Kind nur 24, später 36 Thlr. und mehr. Im zweiten Jahre nahm eine zweite Familie 2 Mädchen auf. Im vierten Jahre wurden 7 Knaben und 5 Mädchen verpflegt. Im Graf'schen Hause wurden die Kinder wie Kinder des Hauses behandelt und christlich erzogen. Um 5 Uhr im Sommer, um 6 Uhr im Winter standen die Knaben auf; es versammelte sich die Familie, ein geistliches Lied wurde gesungen und vom Hausvater das Morgengebet gesprochen. Frühstück, Mittag und die andern Mahlzeiten genossen sie mit der Familie. Bis 8 Uhr und von 11—12 Uhr wurden sie mit häuslichen Arbeiten beschäftigt und von 8—11 Uhr unterrichtet. Um 12 Uhr wurde das Mahl mit Dank genommen. Danach bis 2 Uhr häuslich beschäftigt, besuchten sie bis 4 Uhr die Schule und halfen nun beim Seilerhandwerk und machten ihre Schularbeiten; diese Thätigkeit wurde durch das einfache Abendbrod unterbrochen; um 10 Uhr gingen sie, nachdem die Abendandacht gehalten war, zu Bett. Jeden Sonntag besuchten sie reinlich gekleidet die Kirche. Im 4. Jahre ihres Bestehens hatte die Anstalt ihre höchste Einnahme (351 Thlr.); die Beiträge flossen aus allen Städten des Kr. Dt. Crone zusammen. Da trat ein Wendepunkt im Leben der Anstalt ein: ein Zögling, welcher nach seiner Einsegnung freiwillig bei seinem Pflegevater in die Lehre getreten war, hatte sich 1½ Jahre hindurch zur Zufriedenheit geführt, fing dann aber an, den guten Weg zu verlassen; es schien, als ob ernste Zurechtweisungen ihn wieder zum Gehorsam zurückführten; da aber legte der Knabe an das Stallgebäude seines Meisters Feuer an, und wenn ihn auch die Angst des Gewissens sofort trieb, die Sturmglocke zu läuten, und wenn auch der Brand noch im Entstehen unterdrückt wurde, so mußte er doch zu zehnjähriger Zuchthausstrafe verurtheilt werden. Viele, welche bei ihrer Unbekanntschaft mit den Rettungshäusern wohl dachten: sie wirkten überhaupt nichts, zogen ihre Beiträge zurück. Auch wurde 1860 im nördlichen Theile des Kreises, in Märk. Friedland, ebenfalls ein Erziehungsverein gegründet, und die Beiträge des Kreises theilten sich. Im J. 1873 betrug die Einnahme 196, die Ausgabe 46 Thlr.; Vermögen fehlt dem Vereine ganz. Im J. 1872 waren 6, 1873 und 1874 nur 2, im Ganzen seit der Gründung 39 Zöglinge in Pflege. Sehr wenige versuchten zu entlaufen, ein sehr großer Theil ist als gerettet anzusehen. Die Unterbringung der eingesegneten Zöglinge machte hier wie bei allen solchen Anstalten viel Mühe. Von mehreren Zöglingen kamen selbst aus weiter Ferne immer gute Nachrichten. Der Vorstand besteht jetzt aus dem Pfarrer und 2 Kirchenältesten. — Das Rettungshaus in Mk. Friedland war schon 1858 durch einige Bewohner der Stadt geplant; im Mai 1859 wurde der erste Pflegling übernommen und dann erst das Statut entworfen. An der Gründung und Leitung betheiligte sich von Anfang an bis jetzt der Ober-

9 *

pfarrer Pietſch. Die Kinder werden wie in Schloppe verpflegt, die Koſten ſtellten ſich 1873 nur auf 35 Thlr. für
jedes Kind. Die 10 Mitglieder des Vorſtandes beaufſichti-
gen die Verpflegung und Erziehung und ſehen namentlich
darauf, daß der Sinn für Gottesfurcht, Arbeitſamkeit, Reinlichkeit und Sittlichkeit geweckt und gepflegt werde, und daß die Kinder die Kirche und die Schule regelmäßig beſuchen. Tüchtige Familien, welche die Kinder aufnehmen wollten, haben ſich immer
gefunden. Die Zöglinge, von denen bis 1872 mehr als 20 in
Pflege genommen waren, haben ſich faſt alle, vor und nach
der Einſegnung, gut geführt; es iſt dieſes um ſo erfreulicher, als hier, wie in Schloppe, nur · ſolche Kinder aufgenommen werden, die ſchon verwahrloſt ſind oder voraus-
ſichtlich in Folge nachläſſiger Erziehung, böſen Beiſpiels oder
gänzlichen Verarmung der Eltern der Verwahrloſung entgegengehen. Den Anträgen um Theilnahme hat noch immer
entſprochen werden können, es iſt dieſes ein günſtiges Zeugniß für jene Gegend. Am 1. Juli 1873 waren 4 Pfleglinge vorhanden. Die Einnahme des J. 1872/73 betrug
212 Thlr. und überſtieg die Ausgabe um 34 Thlr. Das
Vermögen von 608 Thlr. gewährt einige Zinſen. Dieſes
kleine und doch den Bedürfniſſen entſprechende Liebeswerk,
in einer Stadt von 2600 Ew. gegründet und unterhalten,
ſollte zur Nachfolge locken. — Der „Verein für die Rettung verwahrloſter Kinder“ in Schlochau, in deſſen Vor-
ſtand Landrath von Oven und Pf. Schmidt ſich befinden,
giebt ſeine Pfleglinge in chriſtlich geſinnte Familien derſel-
ben Konfeſſion, er ſorgt für warme reinliche Kleidung und
guten Schulbeſuch. Die Kinder ſind auch in der Häuslichkeit und bei der Feldarbeit thätig und führen ſich zur Zufriedenheit ihrer Pfleger und Lehrer. Der Verein wird nicht
genug beachtet. Im J. 1873 hatte er 3 (früher 2) Zöglinge und eine Einnahme von 394 Thlr., zu welcher die
Kreis-Kommunalkaſſe 200 Thlr., der Frauenverein 30 Thlr.,

Wohlthäter und Mitglieder den Rest gesteuert hatten. Die Ausgabe betrug 96 und der Bestand 298 Thlr.

Wo tüchtige und willige Familien, welche sich verwahrloster Kinder erbarmen möchten, fehlen, da bleibt nur die Gründung von Waisen = und Rettungshäusern übrig; der Gedanke Wicherns, die Zöglinge derselben in Gruppen familienartig zusammenzufassen und eine jede solcher Gruppen unter ein besonderes Familienhaupt zu stellen, ist in keiner westpreußischen Anstalt durchgeführt. — Schon das J. 1828 sah am 19. Mai die „Armenschule für verwahrloste und verwaiste Kinder" in Marienwerder entstehen. Regierungs = und Schulrath Henske leitet sie jetzt. Für 30 Zöglinge eingerichtet, zählte sie im J. 1871: 20 Knaben und 7—8 Mädchen und erfreut sich fortdauernd sichtlichen inneren Gedeihens. Da aber die Einnahmen nicht mit den wachsenden Preisen der Lebensmittel gleichen Schritt gehalten haben, sind die Kassenverhältnisse so unbefriedigend, daß, wenn die Gaben nicht reichlicher als bisher zufließen sollten, der Vorstand die Zahl der Zöglinge vermindern müßte. Das wird aber die zu Werken der Barmherzigkeit so bereite Stadt nicht wünschen. Eine Hauskollekte half 1870 mit 180 Thlr. Außer einer Gabe von 1000 Thlr. und außer dem Ueberschuß der zu Ehren des jetzigen Präsidenten Rothe gegründeten Stiftung von 2000 Thlr., aus deren Zinsen die Zöglinge der Anstalt beim Antritt der Wanderschaft Geld erhalten, die Kinder festlich gespeist werden und der Baufonds verstärkt wird, ist noch der Zuschuß des Frauenvereins (100 Thlr.) zu erwähnen. Die Einnahme betrug im J. 1870 mit Ausschluß jenes großen Geschenkes 1437 Thlr. und das Kapitalvermögen 6050 Thlr. Auch hier besuchen die Kinder eine städtische Elementarschule. — Da Pred. Peterson in Graudenz unter seinen Konfirmanden eine Anzahl verwahrloster Kinder hatte, kam er auf den Gedanken eine Kinderrettungsanstalt zu gründen. Die Anstalt in Grünlinde: „Peterson'sches Stift für verwaiste und verwahrloste Kinder" besteht seit dem 12. Aug. 1845. Es wurde im Okt. 1851 ein Häus-chen mit 2 Morg. Land an derselben Stelle gekauft, auf welcher sich früher der Galgen erhoben hatte. Die Anstalt, für 12 Knaben eingerichtet, hat diese Zahl bis 1874 auch stets gehabt. Im Ganzen sind 79 Knaben aufgenommen, von denen 2 entlaufen und verschollen, 3 von ihren Ange-hörigen zurückgefordert, 3 in der Anstalt verstorben, 4 in an-dere Anstalten übergesiedelt und 54 aus der Anstalt nach der Einsegnung entlassen sind. Die Entlassenen wurden bei Handwerkern in Graudenz und auswärts untergebracht oder traten auf dem Lande als Dienstboten ein. Der größte Theil ist wohlgerathen; viele, die in weite Fernen verschlagen sind, haben nichts von sich hören lassen. — Am 31. Oktober 1857 wurde in derselben Stadt das „Vormann'sche Waisenhaus für ev. Mäd-chen," welches von den Lehrern der städtischen ev. Töchter-schulen gegründet war, mit 6 Pfleglingen eröffnet; ihre Zahl stieg bis auf 18 im J. 1874; bis jetzt sind im Gan-zen 37 Zöglinge aufgenommen und 19 entlassen. Die Mäd-chen werden durch eine Pflegerin beaufsichtigt und geleitet und in den städtischen Elementarschulen unentgeltlich unter-richtet. Die oberste Leitung liegt in der Hand eines Kura-toriums, zu welchem sämmtliche Lehrer und Lehrerinnen der städtischen ev. Töchterschulen gehören. Die Beiträge von Schülerinnen obiger Schulen haben die Anstalt größtentheils erhalten, wie auch gegründet. Sie besitzt ein Grundstück. Bis Okt. 1873 sind 12,437 Thlr. eingekommen. — Am bedeutendsten ist die Riesenburger „Rettungsanstalt zur Erziehung verlassener Kinder des Rosenberger Kreises und der Umgegend." Ein Verein trat unter dem Vorsitze des Grafen Dohna zu Finkenstein durch die Bemühungen des Pred. Pfeil, welcher noch jetzt die Anstalt leitet, zusammen und weihte am 22. Juli 1850 ein im Garten des Pred. Pfeil auf hohem Berge gelegenes Haus ein: einen engen Stall mit 2 kleinen Stuben, dem der Hofraum fehlte. Der zwölfjährige Knabe, mit dem die Arbeit angefangen wurde, dessen Leib in Lastern versunken und dessen Geist stumpfsinnig war, sollte für das Leben gerettet werden, ein Gedanke, der manchem ein Lächeln abnöthigte, aber dieses schwand, als die Arbeit an ihm das Möglichste erreichte. Die Kinder, welche der Anstalt überwiesen werden, sind meistens schon älter, darum sind die Erfolge unsicher. Manche sind von der Straße aufgelesen, andere sind aus dem Gefängnisse dahin gekommen, und es ist bezeichnend für den verderblichen Einfluß der Gefängnisse, daß solche Kinder in der Anstalt nicht gedeihen; andere hat die Regierung der Anstalt zur Besserung überwiesen; wieder andere sind von Gutsbesitzern gesandt, damit sie dem Einfluß der Eltern und dem Bettel entzogen würden. Einige waren ganz verlassen, so daß die Eltern nicht nachgewiesen werden konnten und selbst ihr Name unbekannt blieb, andere hatten ganz verkommene Eltern, die selbst das Leben ihrer Kinder bedrohten. Auf der Landstraße nackt und halb erstarrt gefunden, körperlich sehr elend, ohne Schulbildung, bisweilen schwachsinnig, stumm, blind, die Knaben meistens in Folge frühzeitigen Branntweingenusses verkommen — so werden oft die armen Kinder in die Anstalt gebracht, die nach dem Vorbilde des Herrn das Elendeste sammelt. Mit großer Geduld ist an den Kindern gearbeitet, besonders an den Knaben, von denen mehr, als der vierte Theil, mancher 5 oder 6mal entlaufen ist; war aber bei den Knaben erst einmal der Sinn gebrochen, so waren sie gefügiger, während die Besserung der oft rückfälligen, in Verstellung, Trug, Lüge und Untreue verstrickten Mädchen viel schwerer wird. Der Unterricht wurde bis Mai 1874 durch den Hausvater, den früheren Kolporteur Freitag, 3 Stunden täglich ertheilt, im Winter kommen noch

2 Schularbeitsstunden hinzu. Die Mädchen werden mit Wä-
schenähen, Spinnen, Federreißen und häuslichen Arbeiten,
die Knaben mit der Anfertigung feiner Strohsachen, weniger
mit der Landwirthschaft beschäftigt. Vom Erlös haben die
Zöglinge einen Gewinn für ihre Sparkassen. Manche Kinder, die einen unüberwindlichen Hang zum Vagabundiren
hatten, blieben. Die Hälfte der Zöglinge, welche aus der
Anstalt entlassen wurden, ist zu ordentlichen, gehorsamen und
brauchbaren Menschen herangewachsen, so schrecklich auch oft
der Zustand war, in welchem sie die Anstalt betraten; keiner
von ihnen hat nach der Einsegnung ein vagabundirendes Leben geführt, und nur sehr wenige sind später gerichtlich bestraft worden; etwa ein Viertel (im J. 1866 waren es von
64 Zöglingen 18) ist auf zweifelhafte oder böse Wege gekommen. Bei vielen traten die Früchte der an sie gewand-
ten Liebe und der Dank dafür erst lange nach der Entlassung hervor. Manche mußten aus dem Dienste wieder eine
Zeit lang in die Zucht der Anstalt genommen werden.
Möchten sich nur zahlreicher die rechten Häuser und die rechten Werkstätten finden, in welche die Kinder nach der Einsegnung gebracht werden können! Sie dürfen nicht
als Genesene angesehen, sondern es muß über sie mit
Ernst, Liebe und Geduld gewacht werden. Besonders
verderblich hat sich für die Entlassenen der Einfluß der Eltern gezeigt, es ist hier, wie bei andern Anstalten der Art,
die Nothwendigkeit hervorgetreten, daß das Haus mit den
Entlassenen in Verbindung bleibe. Nöthig sind in den Gemeinden Frauenvereine, wie ein solcher seit 1860 im Kirchsp.
Finkenstein besteht, sie könnten den Entlassenen einen sittlichen Halt gewähren. Die Anstalt, welche so klein begann,
besitzt gegenwärtig 7 Morg. Land und 2 massive Häuser,
im Werthe von 3400 Thlr. Sie zählt unter den etwa 90
beitragenden Mitgliedern 7, welche zusammen 110 Thlr.
geben. Die Beiträge sind bis 1864 stetig, bis zu einer

Höhe von 236 Thlr. gewachsen und haben danach etwa 190 Thlr. betragen. Das erste Jahr ergab als Einnahme 496 Thlr., das J. 1862/63: 1417 Thlr. (die höchste Summe) und das J. 1872/73: 778 Thlr., in dem letztgenannten Jahre wurden 964 Thlr. ausgegeben. Die Gesuche um Aufnahme von Kindern werden immer dringender, die Kosten steigen immer schneller: während früher für ein Kind 40—50 Thlr. jährlich ausgegeben wurden, betrug diese Summe im J. 1871/72: 55 Thlr., eine Summe, die allerdings noch immer von der großen Sparsamkeit der Verwaltung zeugt; es ist eine größere Betheiligung durch Liebesgaben immer noch zu wünschen. Im J. 1872/73 waren 13 Knaben und 5 Mädchen in der Anstalt. Die Vereinigung von Knaben und Mädchen in einer Anstalt hat keine besondere Nachtheile mit sich geführt. — Der „Johanneshof" in Ohra = Niederfeld bei Danzig ist von der ev. Gefängnißgesellschaft, „dem ev. Johannesstift" in Danzig, 1852 begründet und hat alle günstigen und ungünstigen Wendungen in der Entwicklung dieser Gesellschaft mitgemacht. Wir werden darum das Nähere über Verwaltung, Einnahme und Ausgabe später hören. Um bei der verwahrlosenden Jugend dem drohenden Verderben vorzubeugen, sind solche Kinder, die schon Verbrecher waren oder in Gefahr standen, es zu werden, die bereits den Abgrund des Verderbens erreicht hatten und oft vor aller Augen wie wahre Scheusale bastanden, die meist in Trägheit, Frechheit, Lüge, Betrug, Diebstahl und Unreinigkeit versunken oder durch das Gift der Unzucht verdorben waren, von der = rettenden Johannesliebe, die selbst dem Räuber nachgeht, gesammelt und bis 1872 in der Zahl von etwa 120 aufgenommen. Für die Entwickelung der Anstalt ist sehr störend gewesen, daß von 1861—70 die Hausväter, meistens Brüder aus der Züllchower Anstalt in Pommern, fünfmal gewechselt haben, seit 1870 arbeitet dort Klein. Im J. 1865 erreichte

die Anstalt den Höhepunkt ihrer Entwicklung. Sie hatte damals 10 Zöglinge. Im J. 1866 wurde in Ohra ein neues
Haus gebaut, für eine größere Anzahl von Knaben, 40—50,
und auch für Kinder besserer Stände bestimmt, das alte
Haus sollte Rettungsanstalt für Mädchen werden. Doch
wurde bald über die Uebelstände, welche aus der Vereinigung
der beiden Geschlechter sich ergaben, über Baumängel, deren
Abstellung bedeutende Summen erforderte, und über den
Mangel an einheitlicher Leitung geklagt Das Johannesstift
hatte, da seit dem Kriege des J. 1866 die Theilnahme sehr
nachgelassen und der Neubau mit seinen 6000 Thlr. betra-
genden Kosten die Kräfte überstiegen hatte, nach 1866 ein
jährliches Deficit von 600 Thlr.; die Zahl der Knaben
mußte herabgesetzt und das Mädchenhaus sogar wieder aufgegeben werden. Die Lage hat sich wieder etwas gebessert,
denn 1872 befanden sich 21 Knaben und 2 Mädchen, 1874
schon wieder 28 Zöglinge im Rettungshause. Die Zöglinge
werden in 2 Abtheilungen von dem Hausvater und einem
Gehülfen unterrichtet und zur Arbeit in dem Hause und für
das Haus, besonders auch im Garten und auf dem Acker
herangezogen; grade in der Arbeit auf dem Lande liegt aber
nächst der verborgenen Wirksamkeit des göttlichen Wortes
das beste Heilmittel für die Zöglinge von Rettungshäusern.
Den Kindern thut das herzliche Familienleben, welches ihnen
die Anstalt bietet, wohl; ihr Wesen ist offen, fröhlich und
zutraulich; bei ihrer Aufnahme ist es ihnen oft, als träum-
ten sie, als könnten sie nicht recht fassen, daß Menschen für
sie soviel Liebe haben. Es sind auch nur wenige entlaufen,
meistens geschah dieses dann, wenn sie eine, übrigens wohl-
verdiente Züchtigung erhalten hatten. Bei guter Füh-
rung empfangen die Kinder kleine Prämien, die in
ihre Sparkassenbücher eingeschrieben werden. Nach ihrer
Entlassung bleiben viele Zöglinge mit dem Hause in Verbindung; wenn sie in der Stadt sind, kommen sie fast sonn-

täglich hin, aus der Ferne schreiben sie, und nach ihrer Heimkehr besuchen sie die Anstalt. Bei den meisten ist der erhoffte Erfolg erreicht; von 38 Zöglingen, die bis 1866 entlassen waren, sind nur 3 wieder der richterlichen Bestrafung anheimgefallen. Eine Anzahl von Kindern ist zur See gegangen. Ein Verein von Damen arbeitet für den Johanneshof. — Die Generalkirchenvisitation des J. 1853 half in Elbing zur Gründung eines „Rettungshauses für verwahrloste Kinder." Die Kollekte von 115 Thlr. wurde zur Grundlage bestimmt. Der Verein für J. M. unterhält die Anstalt, die Kasse des hl. Geist = Hospitals zahlt jährlich 60 Thlr. Wohnungsentschädigung, und die Armenkasse giebt 2 Thlr. monatlich für jeden Knaben. Ein Haus mit Garten wurde gemiethet und am 12. Jan. 1855 von dem Hausvater und 5 Knaben, die bis dahin von dem Verein in christlichen Familien untergebracht gewesen, bezogen. Die Zahl der Zöglinge betrug höchstens 10, im J. 1867 nur 4, die Einnahmen sind seit 1861 von 383 Thlr. bis auf 131 Thlr. im J. 1867 gefallen. Ein Vorstandsmitglied hat 1873 ein von ihm zu diesem Zwecke angekauftes Haus mit Garten dem Verein gegen mäßige Miethe zur Verfügung gestellt, und es behütet gegenwärtig eine sehr treue und tüchtige Hausmutter dort 6 Knaben. — Ein Besuch, welchen christliche Männer aus Marienburg der Rettungsanstalt in Riesenburg machten, erweckte in ihnen den Wunsch, auch in ihrer Stadt ein „Rettungshaus für Knaben und Mädchen" zu errichten, 1857 ging ihr Wunsch in Erfüllung. Viele Jahre hindurch, bis zum Tode, hat es der Hausvater Captuller geleitet. Im J. 1862 zählte es 22, zwei Jahre später 16 Zöglinge. Sie empfingen den Unterricht in der Anstalt selbst. Im Jahre 1862 betrug die Ausgabe 842 Thlr. — Ein „evangelisches Mädchenwaisenhaus" ist 1872 in Kulm gegründet und wird vom vaterländischen Frauenverein unterstützt. -- Die jüngste Rettungs-

anstalt ist das „ev. Knabenwaisen - und Rettungshaus"
in Mocker bei Thorn. Die Wittwe des Eigenthümers
Joh. Gerlach in Mocker hatte 1859 ihr Grundstück der St.
Georgengemeinde in Thorn vermacht, damit auf demselben
eine Rettungsanstalt für ev. Kinder zunächst dieser Gemeinde,
dann aber auch des Kreises errichtet werde. Da aber alle
weiteren Mittel fehlten, verpachtete der Gemeinde-Kirchenrath
das Grundstück, bis eine Dame aus Thorn 100 Thlr. schenkte
und eine andere 1000 Thlr. testamentarisch vermachte. Der
Gem.-Kirchenrath übergab 1871 die Anstalt an Pf. Schnibbe
und ein Komitee. Den 14. Jan. 1872 wurde sie mit 6 ev.
Waisenknaben eröffnet und dem Hausvater Diederichsen, einem Bruder des Rauhen Hauses, übergeben. Die christliche
Liebe kam der neuen Anstalt entgegen, in Folge eines Auf-
rufs kamen im J. 1872: 2892 Thlr. ein, ein Bazar brachte
370 Thlr. und damit die Kosten für die innere Einrichtung.
Die Anstalt gewährt nach der im J. 1872 ausgeführten
Erweiterung Raum für den Hausvater und seine Familie,
sowie für 15 Knaben. So konnten am 1. Decbr. 1872
noch 3 Zöglinge aufgenommen werden. Im J. 1873 betrug
die Einnahme 1064 Thlr. und die Ausgabe 661 Thlr. In
demselben Jahre wurde nur für 1 Kind des Thorner Landkreises die Aufnahme begehrt und dann auch bewilligt. Es
blieb außer dem schuldenfreien Grundstück ein Bestand von
1585 Thlr. Das einzelne Kind verursachte jährlich 30—40
Thlr. Kosten. Der Herr gebe, daß die erste Liebe zur Anstalt bleibe und wachse, damit auch die von dem Gründer
des Knabenhauses gewünschte Anstalt für Mädchen gegründet
werden könne. — Jetzt ist die Errichtung einer Rettungsanstalt für den Kr. Schwetz, welche dort zugleich als Konfir-
mandenhaus dienen müßte, von der Kreissynode in Anregung
gebracht, und es sind zu dem Zwecke Kollektenerträge in die
Hand des dortigen Superintendenten gelegt. Ebenso will
die Kreissynode Flatow ein Rettungshaus in Vandsburg er-

richten, die dazu gehaltene Kollekte hat im Kreise 667 Thlr., darunter aus Vandsburg 338 Thlr. eingebracht.

Die in unserm Westpreußen gemachten Erfahrungen stimmen mit den sonst bei Rettungshäusern angestellten Beobachtungen überein, es ist ein sehr schweres, aber reichgesegnetes Werk! „Was macht ein ungehorsames Kind dem Vaterherzen für Noth, und hier ist es eine ganze Heerde!" Dr. Wichern hat von 79 Anstalten mit 8100 entlassenen Zöglingen die Ergebnisse zusammengestellt: sie sind günstig. Von je 100 Kindern, die entlassen waren, stehen 63 bürgerlich ehrenhaft da oder nähren sich von ihrer Hände Arbeit, 9 haben sich schlecht geführt, 17 sich schwankend gezeigt, und 11 sind verschollen. Da müßten wir doch mehr als 13 Rettungshäuser und Erziehungsvereine, jeder Kreis sollte sein eigenes Rettungshaus haben, es würde dieses den Umfang einer größeren Familie nicht überschreiten dürfen und darum auch beide Geschlechter vereinigen können; an Kosten sind für jedes in der Anstalt erzogene Kind etwa jährlich 50 Thlr. zu rechnen. Die Erziehung in guten Familien ist wie besser so auch billiger. Es gab 1867 in Deutschland 405 Rettungsanstalten, darunter 325 ev. und 80 kath., davon lagen in Preußen 195; sämmtliche Anstalten zählten über 12,000 Pfleglinge und erforderten einen Kostenaufwand von 600,000 Thlr. Die Prov. Sachsen besitzt 16, Schlesien 30 solcher Anstalten.

Unterricht in den weiblichen Handarbeiten wurde in „Nähschulen" von Freunden der J. M. an verschiedenen Orten z. B. in Neustadt, wird auch noch jetzt in Thorn und Marienwerder ertheilt; seitdem der Staat diesen Unterricht in allen Schulen fordert, kann die J. M. sich anderer Liebesarbeit zu wenden. Arbeitsschulen, in denen Kinder außerhalb der Schulzeit verschiedene Arbeiten erlernen und etwas verdienen können, sind wohl in Westpreußen nicht zu finden. Verschiedene Armenvereine z. B. in Thorn,

Pr. Stargard und Schönbaum (Landkr. Danzig) nehmen
sich aber sonst der schulpflichtigen Kinder an, versehen
sie mit den nöthigen Kleidungsstücken und beaufsichtigen den
Schulbesuch. So ist in Neustadt „ein Frauenverein zur
Bekleidung und Pflege verwaister oder armer schulpflichtiger
Kinder" seit 1844 thätig, welcher auch zur Einsegnung einen angemessenen Anzug, ein Gesangbuch, zuweilen auch
noch eine Bibel darreicht und seine Pfleglinge, soweit möglich und nöthig, in den Dienst und in die Lehre bringt;
die Erfolge sind sehr sichtbar: die Schaaren von Kindern,
die mit zerlumpter Kleidung und unanständigem Aussehen
sich früher ohne Schulbesuch umhertrieben, sind verschwunden, der Kinderbettel hat nachgelassen, und selbst in den
Häusern der Angehörigen ist mehr Ordnung und Reinlichkeit als früher zu finden. Auch hat der Armen = Kranken=
Pflegeverein in Pr. Stargard 1874 den Versuch gemacht,
bei Kinder vorgerückten Alters, welche dem Schulbesuch entzogen waren, durch Privatstunden das Versäumte nachzuholen.

2. Fürsorge für die Jugend.

Ps. 148, 12 u. 13. Jünglinge und Jungfrauen sollen loben den
Namen des Herrn.

Was auf das Kindesherz gesäet ist, wird meistens in
den ersten Jahren nach der Einsegnung zertreten: die Wohl-
lust, eine falschverstandene Freiheit und die gewaltige Macht
der bösen Sitte kommt und nimmt das Wort von dem
Herzen. Die hoffnungsvollsten Blüthen verwelken oft in
Kurzem. Rohheit, Stumpfheit und Sittenlosigkeit ersticken
die guten Regungen. Warum? Die Jünglinge und Jungfrauen sind in der für Leib und Seele gefährlichsten Zeit
nicht bewahrt worden.

a. Jünglingsvereine und Herbergen für die männ-
liche Jugend.

Nur durch den Einfluß des göttlichen Wortes kann

christliche Zucht, Sitte und Bildung wieder im Handwerkerstande heimisch und mächtig gemacht werden. Die Jünglingsvereine wollen ihren Mitgliedern einen sittlichen Halt
gewähren, sie pflegen die Erbauung, Belehrung und Geselligkeit und stehen, wo sie im Zuge sind, meistens unter der
Leitung von Geistlichen. — Die Handwerkervereine kümmern
sich nicht um die Erbauung; grundsätzlich stehen sie dem
Christenthum gleichgültig, thatsächlich meistens feindlich gegenüber. Einen sittlichen Halt gewähren sie nicht, denn nicht
„Bildung macht frei," wenigstens nicht die äußere Bildung.
„Bildung ohne Christenthum läßt Knechte und macht zu
Knechten." — Darum pflegen die ev. Jünglingsvereine vor
Allem die Erbauung, es wird ihnen die hl. Schrift von einem Geistlichen oder einem ihrer Mitglieder ausgelegt, sie
singen und beten mit einander. Größeren Raum, wenn
auch nicht dieselbe Wichtigkeit, nimmt die Belehrung und
die Geselligkeit in Anspruch. Aus guten Zeitschriften und
aus der Vereinsbibliothek wird Unterhaltendes und Nützliches
gelesen; es wird von freiwilligen oder bezahlten Lehrern Unterricht im Deutschen, im Schreiben, in der Buchführung, im
Zeichnen, in der Welt- und Kirchengeschichte, Geographie,
Naturgeschichte, Gewerbekunde, Physik oder Chemie ertheilt;
besonders wird die edle Kunst der Musik gepflegt, überall
wird der Gesang, bisweilen auch das Posaunenblasen geübt,
wie denn in Westfalen 10 solcher Posaunenchöre auf dem
Lande bestehen und die christlichen Volksfeste verschönern und
wie wir auch in Landsberg einen solchen Posaunenchor besitzen, der bei Gottesdiensten und Missionsfesten thätig ist.
Es wird die Manneskraft im Turnen geübt. Gesellschafts-
spiele, Ausflüge in die schöne Gottesnatur, die Feier des
Jahres-, des Weihnachtsfestes, des königlichen Geburtstages
und anderer Feste verbinden und erfrischen die Mitglieder.
Veranstalten unsere ev. Jünglingsvereine auch nicht Bälle
und Tanzvergnügungen wie die Handwerker- und die katho-

lischen Gesellenvereine, so pflegen sie doch eine edle Geselligkeit. „Den Jünglingen muß das Evangelium als eine frohe Botschaft wieder nahe gebracht und lieb gemacht, es muß ihnen gezeigt werden, daß das Christenleben ein Freudenleben ist, wenn und weil der Herr es theilt.“ An manche Jünglingsvereine schließen sich auch Spar- und Vorschußvereine und Krankenkassen an, um ihren Mitgliedern die Begründung und Fortführung eines Geschäftes zu erleichtern und in Krankheitsfällen die Aufnahme in ein Krankenhaus zu sichern. Vielfach sind auch die Vereinsmitglieder in der Krankenpflege, in Sonntagsschulen, bei der Stadtkolportage u. s. w. thätig, und es gehen aus diesen Vereinen viele tüchtige Arbeiter für innere und äußere Mission hervor. Vorzüglich sind die Jünglingsvereine in Nordamerika seit der großen Erweckung des J. 1857 eine Macht geworden; einige vom Vorstande beauftragte Jünglinge suchen dort überall die verwahrlosten Kinder auf und führen sie in die Sonntagsschulen, andere bemühen sich älteren Leuten, wenn es nöthig ist, Arbeit zu verschaffen, Kranken die Aufnahme in die Hospitäler zu erwirken, ihnen mit Geld auszuhelfen u. s. w. In Amerika wurden zuletzt 500 Vereine mit 80,000 Mitgliedern gezählt. Im J. 1870 besaß Deutschland 504 kath. Gesellenvereine, von denen sich in Preußen 232, in Baiern 129 befanden, mit 70—80,000 Mitgliedern; die kath. Kirche hat mit der Zahl der Vereine und Mitglieder die ev. Kirche weit überflügelt. Die preußischen ev. Vereine, deren Zahl seit 1848 um das Zehnfache gestiegen ist, zerfallen in einen westlichen Jünglingsbund, mit dem Mittelpunkte Barmen-Elberfeld, und in einen östlichen, mit dem Mittelpunkte Berlin. Im J. 1870 zählte ersterer 100 Vereine mit 5000 Mitgliedern, letzterer 142 Vereine und 4500 Mitglieder. Was wollen aber diese wenigen Vereine und Mitglieder gegen die zahlreichen, fest organisirten Vereine und die gewiß zehnfach stärkere Mitgliederzahl auf social-demokratischer Seite sagen?

Im westlichen Deutschland bestehen schon seit mehr als 20 Jahren Jünglingsvereine von 50 Mitgliedern auch auf dem Lande; in Westfalen sind 35, in Schlesien 17, in Westpreußen — 2 solcher Vereine, beide aus dem letzten Jahrzehnt.

In Danzig ist der christliche Männer= und Jünglingsverein durch den um die Arbeiten der J. M. in Danzig hochverdienten Divisionspfarrer Steinwender 1864 gegründet und zählte im Jahr seiner Gründung 60, im J. 1868 sogar 84 Mitglieder, von denen ein Drittheil Männer waren. Es wurde durch besondere Lehrer im Singen, Zeichnen, Rechnen und in der Orthographie Unterricht ertheilt. Er wird von dem Lehrer Schulze, der ihn alle 14 Tage in seiner Wohnung versammelt, geleitet und ist im Besitze einer Bibliothek guter Bücher. — Nachdem auf der Kreissynode in Elbing in den Jahren 1862 und 1863 vergeblich die Gründung eines christlichen Jünglingsvereines angeregt war, ließ es dem damaligen Handlungsgehilfen, jetzigen Kaufmann F. W. Schamp nicht eher Ruhe, bis im Febr. 1866 der jahrelang gehegte Wunsch in Erfüllung ging. Der „christliche Männer= und Jünglingsverein" steht unter der Leitung des Pf. Nesselmann. Obgleich die Zahl seiner Mitglieder nur 30—40 beträgt, entfaltet er innerlich ein sehr reges Leben. Die Versammlungen finden Sonntags von 6—9 Uhr Abends statt, beginnen mit Gesang und erbaulicher Ansprache, worauf belehrende Vorträge oder Vorlesung aus nützlichen Büchern und Zeitschriften folgen, und endigen mit geselliger Unterhaltung. So oft freiwillige Lehrkräfte da sind, wird auch an Wochenabenden theils besonderer Unterricht ertheilt theils der Gesang geübt. Ein eigenes Lokal hat der Verein leider noch nicht erwerben können, besitzt aber bereits eine recht reichhaltige Bibliothek christlicher Unterhaltungsschriften. An seinen Festen betheiligt sich eine ziemlich große Anzahl eingeladener Gäste. Die Mitglieder des Vereins erweisen sich zu allerlei Diakonenarbeiten für christliche

Zwecke bereit, sammeln Beiträge für äußere und innere Mission, haben die Durchführung eines Volksmissionsfestes bewerkstelligt und halten sich, durch ihren geistlichen Leiter kräftig im lutherischen Glauben bestärkt, von Sektirerei frei. Der Herr gebe ihnen, was sie sich wünschen, ein eigenes Heim — und sie hätten es, wenn in Elbing eine christliche Herberge gegründet werden könnte. Den Vereinen giebt sie erst Halt. Finden die Mitglieder nicht in ihrem Versammlungslokal Essen und Trinken, so gewöhnen sie sich doch an das verderbliche Wirthshausleben.

Den Bemühungen des Divisionspf. Steinwender gelang es, in Danzig eine christliche Herberge zur Heimath zu errichten. Eine Anstalt der Art will nichts als ein gutes Wirthshaus, nicht eine Bekehrungsanstalt sein. Auch die Herberge zu Danzig, Gr. Mühlengasse Nro. 7, also mitten in der Stadt gelegen, den 1. April 1868 eröffnet, hat den Zweck, ordentliche Leute vor sittlichen Gefahren auf der Wanderschaft möglichst zu bewahren und ihnen mit dem Geiste der Ordnung, Zucht und Sitte entgegen zu kommen. „Jeder Gesell, so sagt die Herbergsordnung, muß es sich gefallen lassen, daß sich der Herbergsvater von seiner Gesundheit und seiner Reinlichkeit überzeugt." „Unanständige Reden, Gesang schlechter Lieder, Geldspiele, Branntweintrinken sind untersagt." „Jeder Gast ist freundlich eingeladen, an den Hausandachten theilzunehmen." „Jeder in der Herberge wohnende Gast muß des Abends um 10 Uhr zu Hause sein." „Die Beköstigung geschieht nur im Gastzimmer, das Nachtlager kostet 1½ Sgr." Strolche und sogenannte Stromer werden aufs Sorgfältigste ferngehalten. Die Speisen werden ordentlich und reinlich zubereitet und zu demselben Preise wie in andern Herbergen verkauft. Ueberall herrscht Reinlichkeit und Ordnung, besonders wird auf gute Lagerstätten gesehen. Wie von andern Herbergen wird auch von dieser den ankommenden Gesellen (im J. 1872 mehr als 500 derselben) Arbeit nachgewiesen. Die Herberge ist in steigendem Maße besucht gewesen; im ersten Jahre kehrten 880 und in der Zeit vom 1. April bis Ende Decbr. 1872 schon 1551 Wanderer in 3887 Nächten ein. Schon im ersten Jahre besuchte beinahe ein Drittel der Handwerksgesellen, welche Danzig durchzogen, die Herberge zur Heimath. Der Religion nach war von den Gästen der Zeit vom 1. April bis Ende Decbr. 1872 fast ein Drittel kath., zwei Drittel ev., 57 waren Juden, 24 Mitglieder der freien Gemeinde, Dissidenten und Mennoniten. In derselben Zeit kehrten z. B. aus der Prov. Preußen 1251, aus Pommern 78, aus Brandenburg 65 und aus Rußland 31 ein. Die Meisten unter den zuwandernden jungen Leuten befanden sich in ärmlichen Verhältnissen; nur die Müller pflegten größere Geldsummen bei sich zu führen; viele konnten selbst nicht das Schlafgeld bezahlen. Außer den Durchwandernden nahm die Herberge in der Zeit vom 1. April bis Ende Decbr. 1872 noch 71 junge Leute auf, welche in Danzig in Arbeit oder anderweitiger fester Stellung für kürzere oder längere Zeit standen, sie erfüllte somit den Zweck eines christlichen Kost- und Logirhauses, entzog die jungen Leute der gefährlichen Schlafstellenwirthschaft und den schlechten Kosthäusern und bot ihnen einen freundlichen Aufenthalt. Das Mißtrauen gegen die Anstalt schwindet immer mehr. Die ordentlichen Handwerksgesellen erklärten wiederholentlich den Aufenthalt in der Herberge für eine wahre Wohlthat; öfter kamen dieselben Leute in die Herberge wieder, und viele besuchen in den Städten, in denen sich Herbergen zur Heimath befinden, nur diese. Die Handwerksmeister nehmen gerne von dort Gesellen, ja bitten selbst aus entfernten Städten darum. Herbergsvater ist Schuhmacher Wienhof; Protektorin war die verstorbene Königin-Wittwe; da im April 1872 Pf. Steinwender Danzig verließ, trat Divisionspf. Collin an die Spitze des Vorstan-

des; im Vorstande selbst befindet sich z. B. Stellmachermei=
ster Friedrich und Schlossermeister Schmitt. Pf. Steinwen=
der hatte 1868 ein Haus im Werthe von 10,000 Thlr. mit
einer Anzahlung von 1000 Thlr. angekauft, es wurden 15
vollständige Betten und 3 Reservebetten aufgestellt, und ein
Schlafraum wurde für unreinliche Gäste behalten. Der
übrige Theil des Hauses wurde vermiethet, so dass nur 200
Thlr. jährlich an Zinsen zu zahlen waren. In derselben
Weise hat auch manche andere christliche Herberge begonnen,
klein fing sie an und suchte durch Vermiethen eine Haupt=
einnahme zu erzielen, bis sie wuchs und immer mehr Raum
brauchte und auch nehmen konnte. Jetzt ist für die Herberge
so viel Raum gewonnen, dass 30 Betten aufgestellt sind und
für 10 weitere Platz vorhanden ist. Es müssen nun aber
jährlich 500 Thlr. Zinsen gezahlt werden; die Anstalt bedarf
also noch jetzt der Unterstützung. Ende 1872 standen Ein=
nahme und Ausgabe, beide 1745 Thlr. hoch, gleich; aus der
Herberge selbst wurde eine Einnahme von 426 Thlr. er=
zielt, dieselbe ist fortlaufend gestiegen. Eine Soldatenwittwe
aus Neufahrwasser hat ein bis auf 25 Thlr. vervollständigtes
Kapital geschenkt, aus dessen Zinsen das Schlafgeld für ganz
arme Wanderer bezahlt wird. In Garnsee arbeitet und sam=
melt unter der Leitung der dortigen Pfarrfrau seit etwa 1870
ein Frauenverein und übersendet der Herberge Wäsche und Bett=
stücke. — Mit vielen Herbergen zur Heimath ist ein Hospiz für
die mittleren und besseren Stände verbunden, für solche Gäste be=
stimmt, die einen stillen reinlichen Gasthof und zugleich mä=
ßige Preise lieben, ohne zu hohe Ansprüche zu machen.
Das Hospiz ersetzt durch seine Ueberschüsse etwas von dem,
was bei der Herberge für den Anfang zugesetzt werden
muss; für manche Herbergen ist es freilich durch Bevor=
zugung vor der eigentlichen Herberge ein Hinderniss gewor=
den. In Danzig hat ein solches Hospiz noch nicht einge=
richtet werden können, wohl aber bestehen solche Hospize in

Königsberg, Berlin u. a. O. und sind überall sehr besucht.
— Das Ziel ist ein ganz Deutschland umfassendes Netz
christlicher Herbergen herzustellen, wenigstens eine in jeder
etwas größeren Stadt. Die Socialdemokratie sieht wohl,
welche Macht die christlichen Herbergen sind, und erkennt,
daß sie gegen die Verbreitung unchristlicher Gedanken unter
den Handwerkern einen Damm bilden. Sie sucht ihre Anhänger diesen Herbergen zu entziehen, sodaß z. B. in der
christlichen Herberge zu Liegnitz die Zahl der Zuwandernden
im J. 1871 von 2515 des Vorjahres auf 1806, die Zahl
der ständigen Gäste von 241 auf 199 gesunken ist, ohne
Zweifel in Folge socialdemokratischer Agitationen; ja es ist
der Anfang damit gemacht, große socialdemokratische Herbergen zu errichten. Vom Feinde müssen wir lernen; seine
Angriffe zeigen uns, was wir mit erneutem Eifer zu bauen
haben. Wir haben in Westpreußen nur eine Herberge zur
Heimath, und diese liegt nicht einmal an der großen Ver-
kehrsstraße der Handwerksgesellen; diese geht vielmehr von
Westen nach Osten über Elbing; an diesen Ort gehört eine
Herberge zur Heimath. Schlesien zählt deren 6, Sachsen 8,
Westfalen 10, ganz Altpreußen 62; schon 1869 enthielten
die 54 damals bestehenden Herbergen 1100 Betten, die
wohl stets besetzt waren, und nahmen etwa 401,500 Gäste,
die erste Berliner Herberge allein 20,000 Wandernde, jährlich auf. In ganz Deutschland bestanden 1869 etwa 88,
bestehen jetzt etwa 100 Herbergen zur Heimath. —
Die zahlreichen Seefahrer finden in Danzig noch
kein christliches „Seemannsheim", wie das in Bremen
jährlich von 800 Seeleuten besuchte, keine Seemanns-
prediger oder Seemannsmissionare, welche letzteren die
Schiffsleute aufsuchen und zum Gottesdienste einladen, auch
keine wandernden Schiffsbibliotheken; in England und Nordamerika ist in dieser Sache besser gesorgt. Unsere vaterländische Kirche hat in der Seemannsmission viel nachzuholen.

— Auf die Soldaten kann in christlichem Geiste wenig gewirkt werden; Jünglingsvereine unter ihnen sind selten; es fehlt auch den Kasernen ein zum geselligen Verkehr bestimmtes, mit Zeitungen, Büchern und Spielen ausgestattetes Lokal; und doch sind sehr schwere Sünden, insbesondere die Unzucht, zu bekämpfen. In den Danziger Kasernen finden vom Decbr. bis Ostern allwöchentlich katechetische Andachten statt, an denen die Betheiligung freiwillig ist und zu denen die Leute einen reichen Schatz von Sprüchen aus der Schule und dem Konfirmandenunterricht mitbringen; es ist dieses fast die einzige Art, wie der Geistliche dem einzelnen Soldaten näher kommen kann. — In der Zahl der Herbergen ist uns Ostpreußen zwar nicht voraus, aber es hat mehr als die eine Herberge: ein christliches Vereinshaus in der Hauptstadt, Sachsen und Schlesien haben je 4, Rheinland und Westfalen 16 Vereinshäuser. Sie sind meistens aus den Herbergen zur Heimath hervorgewachsen; sie bilden den Mittelpunkt für die christlichen Liebeswerke einer Stadt; was das Rathhaus für die Kommune, das Missionshaus für die Heidenmission, das ist ein Vereinshaus für die Liebeswerke der J. M., es enthält in der Regel außer der Herberge und dem Hospiz und etwa einer Buchhandlung oder einer Niederlage christlicher Erbauungsschriften einen großen Versammlungssaal für Festversammlungen, kleinere Säle für Vereinsabende und größere Zimmer für Jünglings- und Lehrlingsvereine; auch wohnt in ihnen der Hausgeistliche. Danzig ist der rechte Ort für ein christliches Vereinshaus.

Wo nicht christliche Jünglingsvereine möglich waren, ist bisweilen mit Fortbildungsschulen, die in christlichem Geiste geleitet wurden, ein ähnlicher Zweck erreicht worden. Die gewöhnlichen Fortbildungsschulen sind gegen das Christliche gleichgültig, oft auch feindlich, so z. B. wenn sie am Sonntag Vormittag um 11 Uhr beginnen; sie sind auch nur Fachschulen. Statistische Uebersichten des

J. 1864 führen in Westpreußen 16 Handwerker-Fortbildungs-
anstalten mit 919 Schülern an. Wir können sie, soweit
sie sich nicht dem Christenthum feindlich gegenüber stellen
und die Theilnahme am öffentlichen Gottesdienst beschrän-
ken, nur mit Freuden begrüßen, aber sittlich hebend können
solche reinen Fachschulen nicht wirken, ebenso nicht die landwirthschaftlichen Fortbildungsschulen; die Fortbildungsschule,
wie sie überall zu wünschen und z. B. auch in Ostpreußen
vereinzelt eingeführt ist, muß die Bildung des Charakters,
welche in der Elementarschule nicht hat vollendet werden
können, zum Abschluß bringen, also Geist, Herz und Verstand befruchten. Sie muß, wenn auch die Religion in ihr
kein besonderer Unterrichtslehrgegenstand ist, doch durch Gesang, Wiederholung und Auslegung geistlicher Lieder der
Arbeit die Weihe geben, durch Gesang von patriotischen Liedern und weitere Belehrung aus der Geschichte den vaterländischen Sinn pflegen und schöne Volkslieder bieten. Es
wird dann der Unterricht im Lesen, Schreiben, Rechnen, in
der Geographie, Physik, Naturbeschreibung, Garten- und
Obstkultur, der Gesundheitspflege und Landwirthschaftslehre
auch sittlich kräftigen und nicht bloß den Verstand bilden
und praktisch nüchterne Menschen heranziehen, die doch nicht
im Geringsten sittlicher geworden zu sein brauchen, weil sie klüger
geworden sind. Es gehören diese Schulen aber nicht auf den Sonntag sondern auf die Winterabende in der Woche, wo sie 2—3mal
je 2—3 Stunden lang gehalten werden könnten. Es ist zu
bedauern, daß bei der Durchführung der Allgemeinen Bestimmungen über das Schulwesen die Stunden, welche den Lehrern
abgenommen wurden, nicht für den Fortbildungsunterricht gewonnen sind. Nur bei einer verpflichtenden Einführung
dieser Schulen ist eine allgemeine Theilnahme zu erwarten.

b. Jungfrauenvereine und Herbergen für die weibliche Jugend.

Christliche Jungfrauenvereine, die einiges Leben hätten,

sind in Westpreußen wohl nur in Vandsburg und Danzig zu finden. Die Missionsnähstunden, die auch nur an we= nigen Orten gehalten werden, erfüllen nicht den Zweck der Jungfrauenvereine, selbst dann nicht, wenn an ihnen, wie in Zempelburg, nur Jungfrauen theilnehmen, sie können nicht auf den Sonntag fallen und sind sonst fast nur von Frauen besucht. — In Danzig leitet Frl. Klopsch den durch Di= visionspf. Steinwender 1870 begründeten „Sonntagsver= ein für Dienstmädchen"; wie an 13 andern Orten Deutsch= lands versammeln sich die Mädchen am Sonntag unter Lei= tung von Damen in der Mägdeherberge und bringen den Abend gemeinsam zu, es wird gesungen, gebetet, das Wort Gottes ausgelegt, aus guten Schriften vorgelesen, gesellige Unterhaltung gepflegt u. s. w. Eine Königsberger Schwe= ster, die im Garnisonlazareth arbeitet, ist auch in der Mäg= desache thätig. Damit verbunden ist ein Prämienverein: jedes Mädchen, welches 5 Jahre bei einer Herrschaft gedient hat, empfängt 5 Thlr., nach weiteren 5 Jahren das Dop= pelte, und die alten sollen eine Stelle im Hospital bekom= men. Ein solcher Verein besteht auch in Thorn, und der Kr. Berent wendet jährlich 150 Thlr. zur Prämiirung von Dienstboten an, doch ist diese Maßregel allein, wenn sie eben vereinzelt ist und die Rücksicht auf das Geld die trei= bende Kraft sein soll, von geringer sittlicher Wirkung, sie faßt das Uebel nicht an der Wurzel. — Für die Mädchen, welche nach Danzig kommen, um Dienste zu suchen, oder dort dienstlos werden, ist vor einigen Jahren die „Mar= thaherberge," Spendhaus 7, gegründet; sie steht unter einem Vorstande, welchen Glieder verschiedener Religionsge= nossenschaften bilden. Die Dienstboten zahlen täglich 2½ Sgr., finden Obdach und Beköstigung und werden mit Wa= schen, Nähen u. s. w. beschäftigt, die Herrschaften nehmen sie aus der Anstalt, die zugleich ein Gesindevermiethungs= bureau ist, sehr gerne in den Dienst. Auch werden junge

Mädchen zum Dienst ausgebildet. — Die christlichen Mägdeherbergen, wie deren Schlesien 2, Berlin 3, ganz Preußen etwa 19 besitzt, nehmen ein geringes Kostgeld (etwa 2 Sgr.) täglich, der Arbeitsverdienst fällt den Anstalten zu. Oefter sind mit ihnen Mägdeschulen verbunden, es werden jüngere Mädchen in den Elementarfächern sowie in den häuslichen Arbeiten, im Waschen, Kochen, Reinigen u. s. w. unterrichtet, in einer damit verbundenen Kinderbewahranstalt zu Kindermädchen ausgebildet und erst probeweise zur Aushülfe, dann zum bleibenden Dienst vermiethet. Wie nöthig aber die Mägdeherbergen sind, läßt sich aus der Thatsache ersehen, daß in Berlin die meisten anziehenden Mädchen, welche sich später der gewerbsmäßigen Unzucht ergeben haben, in der ersten Zeit ihres Aufenthalts zu Falle kamen, und von dem Segen dieser Herbergen zeugt der Umstand, daß keine Mädchen aus den Orten in die Tiefen der Unzucht gerathen sind, aus denen sie durch die Geistlichen oder durch die Kirchenältesten in die Mägdeherberge gewiesen waren, sehr viele aber aus den Orten, aus denen sie gar nicht oder sehr selten die Herberge suchten. Die nach Danzig ziehenden Mädchen sind also von christlichen Freunden in die Martha-Herberge zu weisen. — Eine Anstalt zur Aufnahme reuiger Sünderinnen, die gerne von dem Elend der Unzucht frei werden möchten und erst zur Arbeit und einem geordneten Leben erzogen werden müssen, ein „Magdalenenasyl" hat Danzig noch nicht, Deutschland besitzt deren 13, und das holländische Asyl zu Steenbeck hat bewiesen, daß eine sehr große Zahl, fast zwei Drittheile, noch gerettet werden kann; in englischen Asylen sind sogar $5/6$ derer, die sie aufsuchten, der Gesellschaft wieder gewonnen. — Luther aber sagt: „Wer dem Teufel einen rechten Schur thun will, der soll es beim jungen Volk anfangen! Denn daß es jetzt so übel steht, kommt alles daher, daß sich Niemand der Jugend annimmt."

3. Fürsorge für die Kranken und Armen.

Matth. 25, 36: Ich bin krank gewesen, und ihr habt mich besucht. V. 35 u. 36: Ich bin hungrig gewesen, und ihr habt mich gespeiset. Ich bin durstig gewesen, und ihr habt mich getränket. Ich bin nackt gewesen, und ihr habt mich bekleidet.

a. Diakonissenkrankenhäuser.

Keinem Zweige der christlichen Liebesthätigkeit hat sich die allgemeine Theilnahme im letzten Jahrzehnt so kräftig zugewandt wie der Diakonissensache, sind doch seit dem dänischen Kriege allein in Westpreußen 4 Krankenhäuser entstanden, welche von Diakonissen geleitet werden. Die in den 3 Kriegen des letzten Jahrzehnts hervorgetretenen Leistungen der Diakonissen haben selbst bei den Feinden christlicher Bestrebunguen allgemeine Anerkennung gefunden, ohne daß immer die Triebkraft für ihre Leistungen, die Liebe zu Christo und die daraus geborene Liebe zu den Brüdern, erkannt wäre. Wenn auch die kath. Kirche noch immer weit voraus ist und da nach Tausenden barmherziger Schwestern zählt, wo wir keine Hunderte von Diakonissen haben, so hat sich doch diese auf apostolischem Grunde (Röm. 16, 1 u. 2) ruhende Einrichtung der ev. Kirche so weit ausgedehnt, daß in der Zeit von 1868—1872 die Zahl der Diakonissen um 600, die der Arbeitsfelder um 174 gewachsen ist und im letztgenannten Jahre 48 Mutterhäuser zur Ausbildung von Diakonissen bestanden und 2700 Schwestern auf 648 Arbeitsfeldern thätig waren und 1871 nicht weniger als 900,000 Thlr. in dieser Liebesarbeit verwandt wurden. Im J. 1870 zählte Kaiserswerth 558 Schwestern. Dennoch reicht die Zahl derselben bei Weitem nicht aus. Von Kaiserswerth aus konnte von 20—30 Gesuchen um Diakonissen immer nur eins gewährt werden; es wurde 1871 um 20 Gemeindepflegerinnen gebeten, 1872 und 1873 kamen viele neue Bitten hinzu, und es konnte jährlich doch nur eine Gemeindepflegerin ausgesandt werden. Krankenpflege in Privathäusern wird viel erbeten, aber kann so wenig gewährt werden, daß die kath. grauen Schwestern immer mehr in ev. Familien Eingang finden. Viel Elend muß ungelindert bleiben, und „es ist, sagt der Kaiserswerther Bericht des J. 1871, dieses besonders wehethuend zu einer Zeit, in der Tausende von dem Schalle des göttlichen Wortes nicht mehr erreicht und also nur durch die ihnen widerfahrene Liebe zu dem Urquell der Liebe zurückgeleitet werden können.“ Noch immer stehen viele Tausende selbst christlich gesinnter Jungfrauen müßig, führen ein Leben, welches das Herz öde und leer läßt, und sehen nicht, daß die Bestimmung des Weibes, eine Gehülfin des Mannes zu sein, noch anders erreicht werden kann als in der Ehe. Die gebildeteren Stände, besonders die Pfarr- und Lehrerhäuser, senden sehr wenige Töchter in den Dienst christlicher Liebe. Für den geistlichen Stand insonderheit ist es beschämend und weist auf ein Mangel an Theilnahme für die Diakonissensache hin, daß fast gar keine Pfarrertöchter (im Königsberger Mutterhause unter 100 Schwestern nur 1) als Diakonissen arbeiten. Und doch ist die weibliche Natur auf diese Liebesarbeit angelegt und von unglaublicher Bildungsfähigkeit für dieses Werk! Hier winkt eine schwere, aber innerlich und äußerlich reich gesegnete Arbeit, und auf der andern Seite steht die Wahrheit: „Ein unnütz Leben ist ein früher Tod!“ — Nach Kaiserswerth werden aus unserer Provinz von etwa 14 Orten Beiträge gesandt, welche durch Pfennigssammlungen aufkommen. Es gingen so 1867 etwa 330 Thlr. dahin, während die Gesammteinnahme des Pfennigvereins 9500 Thlr. betrug. — Das Königsberger Mutterhaus, das „Krankenhaus der Barmherzigkeit,“ reicht mit seiner Wirksamkeit und Bedeutung auch nach Westpreußen hin: von seinen 58 Schwestern, die 1873 außerhalb des Mutterhauses arbeiteten, waren 32, genau der dritte Theil sämmtlicher Schwestern, an 8 Orten Westpreußens thätig; bei Epidemieen z. B. 1869 und 1870 beim Typhus in Thorn, 1873 bei der Cholera in der Stadt Rosenberg, auf dem Gute und den Vorwerken der Herrschaft Naudnitz (Kr. Rosenberg), in Marienburg und Thorn haben sie sich sehr tüchtig erwiesen, in letzterer Stadt pflegten Diakonissen mit einem Wärter die polnischen Schiffer und Flößer, auch städtische Cholerakranke, und die Privatpflege Cholerakranker in der Stadt wurde von 3 andern Diakonissen ausgeübt; auch sind in Königsberg öfter Kranke bis aus den entferntesten Gegenden Westpreußens aufgenommen, und es wird ein starkes Drittel unentgeltlich verpflegt; von Westpreußen aus sind dann wieder, wenn auch nur wenige Geschenke und sehr, sehr wenige Schwestern (etwa 5), so doch bedeutende Beiträge zu der Hauskollekte, die 1873 etwa 5214 Thlr. brachte, nach Königsberg gewandert.

Unser westpreußisches Mutterhaus in Danzig sendet jetzt keine ausgebildeten Diakonissen aus. Ein Frauen-Armen- und Krankenverein, von Miß Plaw begründet, regte in Verbindung mit Superint. Blech die Gründung eines Kinderkrankenhauses an. Am 1. Mai 1857 wurde es mit einer Kaiserswerther Schwester und 10 Betten eröffnet und nach 10 Tagen das erste Kind angemeldet. Nach 3 Jahren durfte der Vorstand ein Grundstück ankaufen und konnte nun auch kranke Frauen in Pflege nehmen. Die Anstalt nahm 2 Jahre später Probeschwestern auf und wurde so Diakonissenmutterhaus. Im J. 1863 war Raum für 16 Kinder und 19 Erwachsene da; ein Pflegetag kostete damals der Anstalt 11½ Sgr. Im J. 1867 wurden 263 Kranke aufgenommen und 9056 Tage hindurch verpflegt. Dem Hause waren immer zahlreiche Legate z. B. 1858 Legate von 550, 1000, 1570 Thlr., 1861—1867 Vermächtnisse in der Summe von 9094 Thlr. zugeflossen. Das bedeutendste Legat aber, 21,000 Thlr., welche die Klose'schen Erben gewährten, machte es dem Vorstande möglich, an ei-

nen Neubau und die Errichtung einer Männerstation zu
denken. Der Grundstein wurde 1871 gelegt und das Haus
3 Jahre später bezogen; ein Bazar steuerte zum Besten der
inneren Einrichtung 1500 Thlr. bei, die Kosten für den
Bau betrugen etwa 60,000 Thlr. Möchte die Anstalt
werden, wozu sie bestimmt ist, ein Diakonissenmutterhaus
für viele christliche Jungfrauen Westpreußens. — Aus sehr
kleinen Anfängen ist das Diakonissenkrankenhaus zu
Gr. Marienau bei Marienwerder entstanden, und
mit geringen Mitteln ist es erhalten. Auch hier war
eine Vereinigung von Frauen, welche seit 1858 für
Kranke in der Vorstadt Marienau arbeiteten und Arme
und Kranke besuchten, die Mutter des Krankenhauses. Im
J. 1860 wurde eine Diakonissin aus Königsberg zur Armen-
und Krankenpflege berufen. Es wurde ein Grundstück in
Marienau, freilich fast ohne Geld, nur auf die Bürgschaft
christlicher Freunde hin, angekauft. Ein neues Haus wurde
hinter dem alten auf Aktien gebaut und den 20. Decbr.
1864 eingeweiht. Im J. 1868 wurde ein Anbau, 2 große
und 2 kleine Krankenstuben enthaltend, nöthig und für 3300
Thlr. hergestellt. Nach 2 Jahren kaufte der Vorstand ein
angrenzendes Grundstück, Haus und Ackerland, an und richtete dieses Haus zur Sonntags- und Nähschule ein. Im J.
1871 betrugen die Schulden 1810, im J. 1872 nur 785
Thlr. Es arbeiteten 1873 in der Anstalt 5 Diakonissen.
Im J. 1872 wurden im Hause 138 Personen mit 3428 Pflegetagen, durchschnittlich in den letzten Jahren täglich 20—26
Kranke, verpflegt. Die Privatkrankenpflege kam 34 Familien an 744 Pflegetagen zu gut; in den früheren Jahren
hatten mehr Schwestern (4) außerhalb des Hauses arbeiten
können. Die größte Zahl der Kranken gehörte der ev. Kirche
an, doch stieg die Zahl der Katholiken bisweilen auf ein
Drittel der Kranken, ebenso wurden auch Juden verpflegt.
Alle 14 Tage wird Andacht gehalten. Die Schwestern ar-

beiten außerdem noch in der Gemeindepflege und machten 1865 in Marienau und Schäferei 280, im J. 1869 über 100 Krankenbesuche. Auch wird vom Diakonissenhause aus den Armen und Kranken Essen (1152 Portionen im J. 1872), den Kranken bis zum Betrage von 10 Thlr. freie Arznei, zu Weihnachten an die Alten Torf, Lebensmittel, Hemden, an etwa 80 Kinder Kleidungsstücke, Schulutensilien u. s. w. gewährt. In der Sonntags- und Nähschule sind wir den Schwestern schon (S. 129 und 141) begegnet; in den Wochentagen werden in der Nähschule etwa 80 Mädchen sorgfältig unterwiesen. Wie ist da doch das Senfkorn zum Baume gewachsen! Im J. 1872 betrug die Ausgabe 3831, die Einnahme 3896 Thlr. Große Geschenke sind nie gegeben, doch sind einige Darlehnsantheile zu 50 Thlr. erlassen. Die Zahl der beitragenden Mitglieder ist fast stetig gewachsen, ihre Beiträge belaufen sich auf etwa 200 Thlr.; der Bazar brachte im J. 1865: 413, 1871: 595 und 1872: 647 Thlr. ein; der Kreis zahlt, da die Anstalt 1868 Kreislazareth geworden ist, 150 Thlr. Zuschuss und für jeden Kreiskranken 7 Sgr. für den Tag. Etwa der vierte Theil sämmtlicher Pflegetage wird nicht bezahlt. Von den Mitgliedern des Vorstandes übt besonders Frau Forstmeister Peters mit voller Hingebung an das Werk und mit unermüdlichem Fleiß die Treue im Kleinen und Großen. — Sehr bedeutende Geldmittel sind nach Verlauf der ersten Jahre dem „evangelischen Diakonissenhause" in Marienburg zugeflossen. Auf einen im J. 1865 gefaßten Beschluss der Kreissynode hin wurden im Anfange des J. 1866 zwei Diakonissen aus Königsberg berufen und einstweilen dem Kreislazareth überwiesen. Nachdem dieses mit dem folgenden Jahre übernommen war, empfing die Anstalt vom Kreise als Zuschuss jährlich 1000, später 1500 Thlr. und für die Kreiskranken 5 Sgr. täglich. Es wurde im J. 1867 neben dem Kreislazareth ein Grundstück angekauft. Seit 1871 pflegen 5 Schwestern und ein Heilgehilfe die Kranken. Im J. 1872 wurden

445 Kranke, durchschnittlich täglich 40, und 15,077 Verpflegungstage gezählt. Die Krankenpflege, die außerhalb des
Hauses geübt wurde, erstreckte sich durchschnittlich über 7
Familien jährlich und ergab 194 Verpflegungstage. Die Einnahme der letzten 5 Jahre betrug bis 1871 im Durchschnitt
über 8000, die Ausgabe 7885 Thlr., so daß immer ein
Bestand blieb. Im J. 1872 mußten aber aus den Kapi-
talszinsen Zuschüsse gemacht werden. Eine im Kreise gehaltene Kirchenkollekte bringt jährlich etwa 80 Thlr. ein. Der
Anstalt sind 9 Gedenkbetten geschenkt, über jedem derselben
steht ein Gedenkspruch. Seit 1873 wurden dem Hause bedeutende Legate zugewendet, 1867 eins zu 4000 und ein
anderes zu 1000 Thlr., 1870 eins zu 1000 und ein zweites zu 2000 Thlr. und 1873 eins zu 4823 Thlr. Das
Vermögen überstieg Ende 1872 die Summe von 18,000
Thlr. Bei so sicherer Grundlage und so reichlich fließenden
Gaben wird es für den Vorstand keine schwere Glaubens-
probe sein, den schon lange nöthigen Neubau auszuführen.
Die Räume sind zu klein und darum ungesund, so daß die
Schwestern wiederholt am Typhus erkrankten, auch fehlen
besondere Zimmer zur Aufnahme von Privatkranken und
von Waisenkindern. Jeder Kranke kostete 1872 täglich,
wenn alle Ausgaben gerechnet werden, 10 Sgr. 8 Pf.,
werden aber nur die direkten Ausgaben berücksichtigt, 7
Sgr. 7 Pf. Ein Vorstand von 4 Damen sorgt für die
inneren Angelegenheiten, und 24 — 30 Damen nähen für
die Anstalt. — Eine leichte Jugend hat das „Diakonissenkrankenhaus" in Elbing gehabt, so daß es für Kranke aller
Stände sehr bequem durch den Baumeister Kummer gebaut
und eingerichtet werden konnte. Frau Emilie Conwentz
vermachte bei ihrem im Aug. 1866 erfolgten Tode 5000
Thlr. zum Bau und 5000 Thlr. zu den Unterhaltungsko-
sten eines solchen Hauses. Auf Anregung der beiden Brüder der Erblasserin, E. und R. van Riesen, trat ein Vor-

stand von 5 Herren und 5 Damen zusammen, und Pf. Nesselmann übernahm den Vorsitz. Da viele Gaben (2 zu 1000, 2 zu 500, 3 zu 300, 8 zu 100 Thlr. u. f. w.) eingingen, konnte den 11. Oktober 1868 das Haus einge=weiht werden. Es pflegen 4 Diakonissen täglich im Durch=schnitt 30 Kranke, im ersten Jahre waren im Ganzen deren 88, im J. 1872|73: 249, davon nur 6 in der ersten und zweiten Klasse. Die Einnahme des J. 1872|73 betrug 4573, die Ausgabe 4359 Thlr., es blieben 371 Thlr. als Be=stand; ein weiteres Reservekapital ist nicht mehr vorhanden. Die Einnahme bestand hauptsächlich aus Pflegegeldern und einem Zuschuss des Kreistages von 300 Thlr., dazu kommen noch 2 Freistellen, jede mit 75 Thlr. gestiftet. Der Bazar des J. 1873 ergab 834 Thlr. Im J. 1872|73 erhielten 13 Personen ganz freie und 2 Personen theilweise freie Pflege. Etwa ein Fünftel der Kranken gehört der kath. Kirche oder dem jüdischen Glauben an. Im Oktober wird das Jahresfest unter großer Betheiligung in dem schönen Betsaal gefeiert. Die regelmäßigen Gottesdienste hält der Vorsitzende des Vorstandes. — In einem gemietheten Hause befindet sich noch immer das „Diakonissenkrankenhaus" in Thorn, welches bis jetzt reine Privatanstalt ist. Der dortige vaterländische Frauen=verein hatte gleich bei seiner Gründung an die Errichtung eines solchen Hauses gedacht und 200 Thlr. zur Einrichtung gesammelt; der Lokalverein zur Pflege verwundeter Krieger gab 80 Thlr. Es bildete sich nun ein besonderer Vorstand, erbat und erhielt vom Magistrat unentgeltlich drei Räume im Arbeitshause und eröffnete den 3. Jan. 1869 die Anstalt mit 2 Königsberger Schwestern und 6 Betten. Sie wurde unter das Wort des Herrn gestellt: Die Krankheit ist nicht zum Tode sondern zur Ehre Gottes, damit der Sohn Got=tes dadurch geehrt werde (Joh. 11,4.) Die Anstalt hatte an=fangs mit Misstrauen zu kämpfen: man wollte es nicht glauben, dass die Diakonissen da seien, um Barmherzigkeit

zu üben, man fürchtete ihre Bekehrungsversuche und hielt
die Sache, die Senfkornnatur christlicher Liebesbestrebungen
verkennend, für zu unbedeutend. Anfangs fanden nur Männer, später auch Frauen Aufnahme. Im J. 1869 waren
die Räume zu klein geworden, und es wurde für einen Jah-
reszins von 100 Thlr. ein städtisches Grundstück gemiethet.
Bis 1871 waren 106 Kranke in 4470 Tagen verpflegt worden. Seit 1871 pflegen 4 Schwestern; da täglich nur durchschnittlich 5 Pfleglinge in der Anstalt sind, konnte oft die
Pflege von Hauskranken übernommen werden; es kamen dafür 175 Thlr. (1871) ein. Die laufenden Beiträge stiegen
von 95 Thlr. (1869) auf 243 Thlr. (1871); die Einnahme
des J. 1873 betrug 1302 Thlr. Der vaterländische Frauenverein gab von 1869—1871 jährlich 200 Thlr., die durch
ihn veranstalteten Vorlesungen führten im J. 1870 der
Kasse 230 Thlr. zu. Etwa der dritte Theil der Kranken
wird unentgeltlich verpflegt. Der Nähverein der Frau Pf.
Schnibbe arbeitet für die Anstalt. Apotheker Engelke und
Frl. Cäcilie Meißner nehmen sich dieses Liebeswerkes besonders an. — Die Thätigkeit der Diakonissen in der Anstalt
und beim Typhus hat große Anerkennung in Thorn
gefunden, und der Magistrat hat auf Antrag der Aerzte
4 Königsberger Diakonissen berufen, sie am 1. Mai
1873 herzlich empfangen und ihnen die Pflege in dem
städtischen Krankenhause, welches täglich 60—70 Kranke
beherbergt, auch die Leitung des Haushaltes und der
Apotheke übergeben; es haben sich dieselben auch sogleich
bei der Cholera (S. 156) sehr bewährt. — Die jüng-
sten Blüthen sind zum Kranze dieser Anstalten erst
in diesem Jahre hinzugekommen. Auf der Rosenberger
Kreissynode war der Wunsch nach einem Krankenhause wiederholentlich ausgesprochen. Ein Arzt, Dr. Krause in Riesenburg, welcher sich bei seiner ärztlichen Thätigkeit auf
den Gütern des Grafen von der Gröben in Neudörfchen Exc.

11

(Kr. Marienwerder) überzeugt hatte, mit welchem Segen
die dortige Diakonissin arbeitete, sollte diesen Wunsch erfüllen helfen. Mit ganzem Herzen und mit persönlichen
Opfern nahm er sich der Sache an, und der vaterländische
Frauenverein des Kr. Rosenberg trat mit seinen Geldmitteln
ein, so dass am 20. März 1874 zwei Diakonissen aus Königsberg nach einer kirchlichen Feier eintreten durften. Die
drei Geschwister in Bethanien, denen Jesus Hülfe und Heilung brachte, wurden bei der kirchlichen Feier Diakonissen
und Kranken zum Vorbild gestellt. Da die Anstalt jetzt
nur die Dienste einer Diakonissin fordert, so kann die zweite
in den Familien Kranke pflegen. — In Neustadt besteht
schon seit langer Zeit ein von Vincentinerinnen geleitetes
Krankenhaus; obwohl diese vorsichtig auftreten, zeigte doch
der Umstand, dass ein ev. Kranker gleich nach seiner Entlassung katholisch wurde, wie gefährlich das Krankenhaus für
die ev. Kirche sei. Es wurden deshalb von dem dortigen vaterländischen Frauenverein, dessen Schriftführer der ev. Pfarrer ist, kräftige Anstrengungen gemacht, um die zur Gründung eines ev. Krankenhauses nöthigen Mittel herbeizuschaf-
fen. Ein großes schönes Haus mit Nebengebäuden, Hof
und Garten wurde geschenkt und ein Grundkapital von 3000
Thlr. gesammelt. So konnten denn am 31. Mai 1874
nach dem Gottesdienst 8 Diakonissen aus dem Mutterhause Neu = Torney bei Stettin in das Augusta-
Krankenhaus eingeführt und das Haus konnte ge-
weiht werden. Die Schwestern arbeiten nicht bloß
an den Leibern sondern auch mit Hausandacht und Gebet
an den Seelen der Kranken. Von den 16 Betten wurde
ein großer Theil rasch besetzt. Besonders thätig hat sich die
Vorsteherin des vaterländischen Frauenvereins, Frau Kata-
ster-Kontrolleur Aurelie Genß, bei der Gründung und Leitung bewiesen. „Der Vorstand hofft zu Gott, dass er sich
zu dem Werke bekennen und dasselbe bestehen und wachsen

lassen möge zu seiner Ehre und zum Heile vieler Seelen."
— Die Kreise Flatow und Koniz beabsichtigen auch Diakonissenkrankenhäuser zu gründen. — Die Diakonissen, Königsberger Schwestern, welche in den Garnisonlazarethen,
4 in Danzig, 2 in Graudenz und 2 in Thorn, beschäftigt
sind, können nicht zu den Arbeiterinnen der J. M. gerechnet werden, da sie nicht Andachten halten dürfen, und sind
doch dazu zu rechnen, wenn sie wie z. B. in Danzig au-
ßeramtlich in der J. M. thätig sind.

Der vaterländische Frauenverein in der Stadt Elbing
hat „entsprechend höheren Intentionen" eine weltliche Krankenpflegerin in der Berliner Charité 5 Monate lang aus-
bilden lassen; seit März 1873 ist sie in Thätigkeit. Sie
empfängt als Pflegerin 10 Thlr. monatlich, kann ihre Wohnung bei ihren Angehörigen und anderen unbescholtenen
Leuten nehmen und sich auch durch Nebenbeschäftigung Ne-
bendienst verschaffen, sie verpflichtet sich, wie §. 1 der Be-
dingungen sagt, „die Kranken mit liebender Sorgfalt zu bedienen," ihnen gegenüber ein freundliches Entgegenkommen.
Sanftmuth und Geduld zu üben, im Falle eines Krieges
sich als Krankenpflegerin in das Feld zu begeben und dem
Vereine, falls sie vor Ablauf von 10 Jahren austritt oder
austreten muß, 25 Thlr. zurückzuzahlen, §. 5 der Bedin-
gungen sagt: „sie kann in der Regel Sonntags einmal den
Gottesdienst besuchen, wenn der Arzt nicht ihre Anwesenheit bei dem Kranken nothwendig erachtet." Wie hier diese
weltliche Krankenpflegerin, so werden in Westfalen
christliche Jungfrauen und Frauen eine Zeit lang
von einer Gemeindediakonissin in der Krankenpflege
unterwiesen, um dann wieder in ihre Heimath zurückzukehren
und sich dort dauernd der Krankenpflege zu widmen. Es
wird doch immer nur die christliche Liebe Sanftmuth und
Geduld lehren, und sie kennt ein noch tieferes Erbarmen
als das mit leiblichem Schaden. Die Geistlichen haben un-

ter den konfirmirten Töchtern zu werben und ihnen die Diakonissensache bekannt und lieb zu machen. „Wann wird die Zeit kommen, daß wenigstens die kirchlichen und gläubi= gen Familien es als eine Ehrensache ansehen, eines ihrer Glieder im Dienste des Herren und seiner Gemeinde zu wissen?"

b. Gemeindepflege.

Sie wird auf 2 Gütern und in einer Stadt durch Diakonissen ausgeübt, für 2 andere Güter, Lüben (Kr. Dt. Crone) und Runowo (Kr. Flatow) wird sie zur Pflege von Armen und Kranken, an ersterem Orte auch zur Beauf= sichtigung der Arbeiterkinder, von den Besitzern dringend gewünscht. Anstalten oder einzelne Personen haben für jede Diakonissin an das Mutterhaus in Königsberg die Reisеко= sten und jährlich 60 Thlr. zu entrichten, und es werden den Diakonissen dann die Kleidungsstücke, welche übereinstimmend sein sollen, Kleid, Mütze und Kragen, und 30 Thlr. jährlich zur Anschaffung anderer nöthiger Dinge aus dem Mutter= hause übersandt. -- Die Gemeindepflegerin in Neudör= chen (S. 161), schreibt: „Im Hospitale, wo ich mit 12—14 alten Leuten wohne, leite ich die Morgen= und Abendandacht, pflege die Bettlägerigen und sorge im Kleinen für ihre Bedürfnisse. In 2 besondere Krankenstuben werden solche Kranke aus der Ge= meinde, die einer ganz besonderen Pflege bedürfen, aufgenommen, es waren schon 5 zu einer Zeit darin, doch werden jetzt mehr die Angehörigen angehalten für die Ihri= gen zu sorgen. Ich habe im Hause eine kleine Hausapo= theke mit Bewilligung und nach Vorschrift des Arztes eingerichtet, sie ist auch auf dem Lande sehr nöthig, sie enthält Einreibungen, spanische Fliegenpflaster, Tropfen, verschiedene Sorten Thee u. s. w. Die Kranken müssen mir zuerst angemeldet werden, ich besuche sie und gebe ih= nen entweder etwas aus der Hausapotheke oder bestimme, ob der Arzt geholt werden muß; in letzterem Falle höre ich

seine Verordnungen und sehe nach, ob sie auch befolgt werden. Auch aus den Bauerndörfern, selbst aus entfernteren,
kommen die Leute zu mir, und darf ich ihnen Arzenei geben; wenn es nöthig ist, läßt Excellenz mich fahren; den
Kranken lese ich vor oder benachrichtige den entfernt wohnenden Pfarrer. Ich bin oft die vermittelnde Person zwischen den Bedürftigen und den Reichen; es ist auch gut,
wenn die Gemeindeschwester etwas in Händen hat und sich
so Eingang zu den Herzen der Leute verschaffen kann. Im
Nothstandsjahre habe ich die Geschenke der Herrschaft vertheilt, sei es in baarem Gelde, sei es in Lebensmitteln,
Kleidungsstücken u. s. w. Auch nähe und flicke ich für
Arme und Waisen. Eine kleine Bibliothek mit guten Volksschriften, Traktaten u. s. w., welche Excellenz eingerichtet
hat, ist sehr nützlich; ich leihe den Kindern und Erwachsenen
daraus Bücher. Mein Kinder-Missions-Sammelverein hat
in einem Jahre schon 36 Thlr. gebracht; am ersten Freitag im Monat versammelt sich bei mir ein Missionsnähver-
ein, bei den weiten Entfernungen kommen bei schlechtem
Wetter bisweilen nur 4—5, jetzt aber 18—20 Personen.
Im Winter ist am Sonntag Nachmittag hier kein Gottesdienst, da halte ich denn im Hause eine Andacht, die meistens sehr besucht ist, wir singen, und ich lese eine Predigt,
zum Schlusse habe ich Geistliches und Weltliches vorgelesen
und an die Kinder wenigstens einige Fragen gerichtet, da
mir die Einrichtung einer Sonntagsschule nicht gelungen
ist. Den Schulmädchen des Ortes ertheile ich den Handar-
beitunterricht, am Sonnabend Nachmittag im Sommer auch
Mädchen aus anderen Dörfern. Im Winter gehe ich auf
1—2 Stunden fast jeden Abend in die Spinnstuben, die
Knechte und Mägde haben kurze und verständliche Geschichten sehr gerne vorlesen hören, ich habe ihnen erzählt,
was ich gelesen oder erfahren hatte, zum Schlusse singen
wir ein paar Verse, das Spinnen hört aber während der

ganzen Zeit nicht auf. Auch habe ich die Weihnachtsbescheerung für die Armen, Kranken und Kinder zu besorgen." — Ein Mitglied der Familie v. Schwanefeld, Jenny, welche auch für ev. Schulzwecke in ihrem Sterbeorte, Rom, bedeutende Zuwendungen gemacht hatte, setzte in ihrem Testament eine Summe zur Errichtung des „Johannastiftes" in Sartowitz (Kr. Schwetz) aus. Am 15. Decbr. 1869 wurde die Anstalt eröffnet, und es ist dieser Tag alle Jahre kirchlich gefeiert worden. Es werden alte und sieche Leute aus der Herrschaft Sartowitz aufgenommen, auch ist die Anstalt für Kranke aus der Herrschaft bestimmt; die Königsberger Diakonissin versorgt auch die Kranken außerhalb des Stiftes. Um das Bestehen der Stiftung zu sichern, vermachte die im J. 1870 verstorbene Baronin v. Schw., eine edle, von allen ihren Leuten noch heute tief betrauerte Frau, welche bis zu ihrem Tode Vorsteherin der Anstalt gewesen war, noch ein bedeutendes Kapital. Viermal jährlich hält ein Geistlicher aus Schwetz im Stifte Gottesdienst. Im J. 1873 befanden sich dort 10 (unter ihnen 6 ev.) Pfleglinge und waren 4 Kranke behandelt worden. — Auch der Magistrat in Danzig hat auf seine Kosten und unter Beihülfe des vaterländischen Frauenvereins seit 1873 eine Gemeindepflegerin aus dem Diakonissenkrankenhause angestellt, welche Wohnung und Kost im Mutterhause und außerdem 65 Thlr. empfängt, sie besucht Kranke ohne Unterschied der Konfession, um sie leiblich und geistlich zu pflegen; der Magistrat wünscht noch 3—4 solcher Gemeindepflegerinnen. —

Schwerer ist die Arbeit der Gemeindediakonen, die aus den Brüderhäusern, dem Rauhen Hause bei Hamburg, dem ev. Johannesstift in Berlin, der Züllchower Brüderanstalt in Stettin, der Diakonenanstalt in Duisburg a. Rh. und aus einigen andern Orten kommen. Junge Männer, die im Alter von 20 — 30 Jahren stehen, körperlich gesund sind, genügende Schulkenntnisse und

eine ernste christliche Gesinnung besitzen, einen unbescholtenen Lebenswandel geführt und einen ordentlichen Beruf ergriffen und gelernt haben, werden dort in einigen Jahren
zu Stadtmissionaren, Armen- und Krankenpflegern, Gefängnissaufsehern, Kolporteuren u. s. w. ausgebildet. — Gegenwärtig arbeitet nur ein Diakon als Armenpfleger in Westpreußen. Bis 1867, 4 Jahre lang, ist in Danzig der
Stadtmissionar Schneider, ein Bruder des Züllchower Hauses, im Auftrage des Johannesstiftes thätig gewesen; Schneider suchte die entlassenen Gefangenen und die Familien der
Inhaftirten auf, auch Kranke, Arme und Wittwen, er fand
oft erschreckliches verborgenes leibliches und sittliches Elend,
führte heranwachsende Kinder der Schule zu, überwies Kranke
den Krankenvereinen oder den Krankenhäusern, suchte streitende Familienglieder auszusöhnen und die Trunksucht zu
bekämpfen, theilte Traktate aus — genug, er hatte ein
weites Arbeitsfeld inne, als das Johannesstift seine Thätigkeit beschränkte (S. 138) und den Stadtmissionar entließ.
Seitdem arbeitet er auf eigene Hand immer noch etwas in
der J. M., besonders in der Kolportage, aber einen amtlich
angestellten Stadtmissionar hat Danzig nicht mehr, und es
würde, wie Königsberg zu Zeiten 3—4 Stadtmissionare hatte,
gewiß nicht 1 sondern 2—3 nöthig haben. Diese Männer
haben noch da Zutritt, wohin das Pfarramt (auch weiblicher Einfluß) nicht mehr hinreicht und in Danzig auch gar
nicht Zeit hat hinzukommen; sie können manches einführen
z. B. Andachten für Arme, Sparvereine, Singestunden u. a.
D., wozu dem Geistlichen die Kraft fehlt; sie stehen dem
Volke näher und finden eher sein Vertrauen. Die Kosten
(2—300 Thlr. jährlich) stehen in keinem Verhältniß zu
dem Segen seiner Arbeit. — Dagegen unterhält der „Armenpflegeverein zu Marienwerder" einen eigenen Diakonen,
bis 1872 Haase, einen Rauhhäusler Bruder, von 1872 ab
Brandenburg, einen Bruder aus Züllchow. Der

Verein, in dessen Vorstand sich Reg.- und Schulrath Hen#e befindet, bemüht sich seit April 1865 der Haus-
bettelei entgegenzuwirken und eine heilsame Armenpflege her-
beizuführen. „Da aber Almosen, welche ohne Prüfung der
Verhältnisse dem Empfänger gewährt werden, der Trägheit
und Liederlichkeit Vorschub leisten und nur ein ganz genaues
Eingehen auf die Bedürfnisse der Armen der überhandneh-
menden Verwahrlosung der niederen Volksklassen wehren
kann, und da nur der persönliche Einfluß eines durch die
Liebe zu Gott und durch die Liebe zu den Mitmenschen fest-
gewordenen Charakters der Noth und dem sittlichen Elend
einen Damm entgegenzusetzen vermag," wurde gleich im Anfange ein christlicher Armenpfleger mit einem jährlichen Gehalt von 180 Thlr. angestellt, welcher die armen Familien
der Stadt und dreier anliegender Dörfer (im J. 1871|72:
231 Familien), die um Unterstützung gebeten haben, besucht,
ihre Verhältnisse prüft, wobei oft Lüge und Betrug ent-
schleiert wird, die Bedürftigen (1871|72: 231 Personen)
unterstützt, ihnen Rath und Vorschüsse giebt, für Unterbringung der Kranken und Waisen sorgt, den Kranken von den
Vereinsmitgliedern Essen, den Arbeitslosen Arbeit verschafft
und die Sonntagsschule (S. 129) leitet. Die Zahl der
Mitglieder (im J. 1871|72: 160 mit 595 Thlr. Beitrag)
ist zu klein, als daß die Bettelei dort allgemein abgeschafft
werden könnte. Die Mitglieder geben keinem Bettler etwas,
wohl aber zahlen sie die Summe, die sie den Bettlern gegeben hatten, an den Verein, so zahlen 18 Personen 6—8
Thlr., 6 zahlen 12 Thlr., eine zahlt 18 und eine 24 Thlr.
Bei solcher Arbeit gilt das Wort: „Lasset uns Gutes thun
und nicht müde werden." (Gal. 6, 9.)

c. Armen- und Krankenvereine, kirchliche Armenkassen.

Die Erkenntniß, daß die bürgerliche Armenpflege nicht
wirksam und heilsam ist, hat in immer weiteren Kreisen

Platz gegriffen. Auf der einen Seite hat die weltliche Armenpflege Unterstützung durch bürgerliche Privatvereine „zur Pflege der Armen oder der Kranken" gefunden, so unter andern in Danzig und Hammerstein (Kr. Schlochau), dann in Thorn, wo Arbeitsmaterial beschafft, die Verarbeitung überwacht, auch Unterricht in der Handarbeit ertheilt wird, und auch besonders in Kulm, wo der Verein gegen Bettelei im J. 1872 eine Einnahme von 480 Thlr. hatte und fast gar kein Geld, desto mehr Brod und Portionen von Kaffee, Mehl und warmem Essen austheilte. Auf der andern Seite haben sich christliche Vereine und das kirchlich geordnete Amt der Armenpflege wieder mehr angenommen. Im Ganzen ist aber der Kirche das Gefühl verloren gegangen, daß, wie es alte ev. Kirchenordnungen sagen, die Armen „das Hofgesinde Gottes, der christlichen Kirche Hochverwandte" seien, noch mehr aber ist ihr das Bewußtsein der alten christlichen Kirche geschwunden, welcher die Armen die Schätze der Kirche waren. Von den 7 Diakonen, welche durch die Apostel für die 5000 Christen Jerusalems eingesetzt wurden, hatte ein jeder einen kleinen Kreis, etwa 700 Seelen, unter denen doch auch Wohlhabende waren, zu bedienen. Nur durch den Einfluß einer Persönlichkeit und zwar einer von der Liebe Christi getriebenen, die sich einer kleinen Zahl von Armen mit Sorgfalt annimmt, kann eine heilsame Armenpflege erwartet werden, und ein amtlich angestellter Diakon kann natürlich einen größern Kreis übernehmen, als eine freiwillig sich darbietende Laienkraft. Chalmers, der Begründer der christlichen freiwilligen Armenpflege in Glasgow, bestimmte für eine christliche Laienkraft 50 Familien Reicher und Armer, also 2—300 Seelen, Amalie Sieveking in Hamburg eine viel kleinere Zahl nur armer Familien. Diese Laienkräfte werden sich fast immer bloß in kirchlich gesinnten Männern und Frauen finden. Die Kirche muß die nöthige sittliche Kraft, die lebendigen Persönlichkeiten

zum Dienst der Armen stellen, kommunale, kirchliche und
private Armenpflege müssen Hand in Hand gehen. Huma-
nistische Bestrebungen helfen den Armen nicht auf die Dauer-
„Die beste und wohlfeilste Armenpflege ist die Fürsorge für christliche Bildung und Leitung des Volkes" (Chalmers). In
der Wurzel wird das Uebel nur durch das Wort Gottes
und durch unermüdliche christliche Liebe angegriffen. Ehe
äußere Unterstützung gewährt wird, müssen die Armen zur
Selbsthülfe, Verwandte und Nachbarn zur Mithülfe angeregt werden, denn die öffentliche Armenpflege hat vielfach
das Vertrauen auf die eigene Kraft gebrochen und die Fa-
milienbande gelöst. In vielen Fällen ist es schon genügend,
wenn der sinkende Muth der Armen durch theilnehmende
Liebe und durch das Wort Gottes wieder gehoben wird.
Wer diesen Einwirkungen hartnäckig widerstrebt und in
Trägheit, Unordnung, Trunksucht und andern Sünden, aus
denen die Armuth sich immer wieder erneuert, verharrt, für
den sind die Arbeitshäuser da, die freilich, um heilsam wirken zu können, umgestaltet, ja meistens erst geschaffen werden müssen; jeder Kreis sollte ein solches einrichten. Zur
Abstellung der Bettelei ist es nöthig, daß Armenverbände
aus bürgerlichen und geistlichen Behörden und frei gewähl-
ten Gemeindegliedern gebildet werden, daß sich die Mitglieder der Gemeinden in überwiegender Zahl verpflichten, das
Geld, welches sie bis dahin den Bettlern gegeben haben,
für die Ortsarmen zu zahlen und sich zu dem Zwecke freiwillig nach einem bestimmten Theile der Klassen- und Einkommensteuer einzuschätzen, daß das Geld zur Beschaffung
billigerer Lebensmittel und billigeren Brennmaterials für
die Armen verwandt und daß jedem in ausreichender Weise
Arbeit nachgewiesen wird. Die Gemeinden würden sich
dann zu Bezirks- und Kreisarmenverbänden vereinigen müssen. Alleinstehend ist die kirchliche Armenpflege in Gefahr,
ihre Mittel zu zersplittern, ja bei der Trennung von der

bürgerlichen Armenpflege Schaden anzurichten. — Die christlichen Armen- und Krankenvereine arbeiten theils für sich
allein theils in genauer Verbindung mit dem geordneten
kirchlichen Amte.

Nähvereine, die für Rettungs- und Krankenhäuser arbeiten und deren Mitglieder Beiträge zum Anschaffen der
Materialien geben, haben wir schon öfter angetroffen, sie
arbeiten auch wie in Thorn für Arme und Kranke der Gemeinden, auch von dem Armen- und Kranken- und dem Armenpflegeverein in Marienwerder haben wir schon (S. 157
und 167) gehört. Der „Frauen-, Armen- und Krankenverein" in Danzig (S. 156), dessen Vorsteherin jetzt
Frl. Louise Blech ist, arbeitet seit 1848 mit großem Segen
er hat nicht bloß leiblicher Noth abgeholfen, er hat auch
manche dem Worte Gottes ganz Entfremdeten demselben wieder zugeführt. Seine Statuten machen den Mitgliedern den
persönlichen Besuch der Armen und Kranken zur Pflicht; sie
sorgen für Beschäftigung der Armen, überwachen den Schulbesuch der Kinder, leiten eine Bibliothek, welche im J. 1864
schon 740 Bände zählte, und verwalten eine Sparkasse.
Jedes thätige Mitglied nimmt 2—3 Familien in Pflege,
besucht sie und berichtet über sie alle Woche. Jahre lang
waren 30—50 solcher Mitglieder. Es werden fast nur
Naturalien ausgetheilt. Die Pflegerinnen wechseln öfter,
damit über jede Familie unparteiisch geurtheilt werde."
Auch besuchen und unterstützen die Mitglieder des „Mili-
tärfrauenvereins" die einzelnen Familien solcher aktiven
Militärs, welche durch Krankheit oder durch Todesfälle An-
gehöriger in Noth gerathen sind, und solche früherer Militärs oder deren Angehörige, welche längere Zeit dem Mili-
tärstande angehört haben; seelsorgerischer Zuspruch erfolgt
von Seiten der beiden Divisionspfarrer.

In engem Anschluß an das kirchliche Amt wurde die
kirchliche Armen- und Krankenpflege, die Gemeindediakonie,

in 5 (von 9) Gemeinden Danzigs eingerichtet, und den Armen wird dort neben dem leiblichen Brode zugleich das Wort Gottes dargereicht. Zuerst geschah dieses in der Gemeinde St. Bartholomäi, dort wird seit 1864 die Armen- und nur ausnahmsweise die Krankenpflege ausgeübt, der Rendant, ein Mitglied des Gemeinde = Kirchenrathes, verwaltet die Kasse, 4 Damen besuchen in den 4 Abtheilungen des Sprengels ihre Pfleglinge, deren im Ganzen 8—16 sind, sie geben den Armen Anweisungen auf Lebensmittel, auch auf Fleisch und reichen auch bisweilen eine Geldspende. Freiwillige Beiträge, um welche von der Kanzel gebeten wird, haben 80 — 100 Thlr. jährlich aufgebracht. In der Gemeinde St. Johann, in welcher seit 1865 die Diakonie besteht, machten die Pflegerinnen, welche sich selbst im Schweiß ihres Angesichtes ihr Brod verdienen mußten, 1867 bei 30 Pfleglingen 439 Besuche; im J. 1869 wurden 32 Kranke verpflegt; den Schwerleidenden wurde jede Woche, anderen Kranken alle 14 Tage irgend eine Handreichung gethan. Die Einnahme schwankte in den Jahren 1866—1873 zwischen 74 und 136 Thlr., es blieb immer ein Bestand. Fleisch, Kaffee und Mehl bilden die Hauptposten der Ausgabe, baares Geld wird den Kranken nicht gegeben. In der St. Katharinen = Gemeinde trat 1866 ein Vorstand zusammen, zu dem außer dem Geistlichen ein Schatzmeister, eine Oberhelferin und 5 Helferinnen gehören. Es werden bei den wöchentlichen Besuchen der Pfleglinge (1867 und 1868: 12—18) nur Anweisungen auf Naturalien, welche an jedem Montag die Oberhelferin vertheilt, gegeben. Einer Einnahme von 217 Thlr. stand 1867 eine Ausgabe von 311 Thlr. gegenüber. Die Theilnahme der Gemeinde ist in den letzten Jahren nicht stärker, aber auch nicht schwächer geworden. In der St. Mariengemeinde ergab die Zeit vom Jan. 1867—April 1874 eine Ausgabe von 1619 und eine Einnahme von 1728 Thlr., welche fast zur Hälfte aus

den Erträgen der Kollekten bestand; die Mitglieder des Ar-
menvereins (9—11) unterstützten „die Bedürftigsten unter
den Bedürftigen," arbeitsunfähige Arme und Familien, deren Ernährer andauernd erkrankten, durchschnittlich etwa 24
Familienväter, mit Naturalien, hauptsächlich mit Fleisch,
auch mit Kleidungsstücken, verschafften ihnen leichtere Arbeit
und gaben Geldzuschüsse nur ausnahmsweise zur Bezahlung
der Wohnungsmiethe und Auslösung des verpfändeten Haus-
geräths. — In den wöchentlichen, vierzehntägigen oder mo-
natlichen Konferenzen wird unter dem Vorsitz der
Geistlichen dieser Gemeinden berathen; in den mo-
natlichen Diakoniestunden wurden öffentliche Mittheilungen
gemacht. Auch mag wohl noch jetzt, wie 1864, in der Gemeinde Hl. Leichnam Gemeindediakonie betrieben werden.

Was die kleineren Städte betrifft, so wurde in Pr.
Stargard 1863 durch den Gemeinde-Kirchenrath ein „Ar-
men-Kranken-Pflegeverein" gegründet, welcher jährlich etwa
40 Thlr. an Liebesgaben einnimmt; in Hammerstein arbeitet ein „kirchlicher Armenverein" mit 12 Mitgliedern;
seit 1871 ist auch ein „ev. Armen-Kranken-Frauenverein"
in der Stadt Dirschau in gesegneter Wirksamkeit, er hat
eine jährliche Einnahme von 200 Thlr. Unter den ländlichen Gemeinden hat seit 1855 Ohra (Lbkr. Danzig) einen
„Kranken- und Armenpflege-Verein" und Schönbaum
(S. 142) seinen „kirchlichen Armenverein," welcher letztere
(bei einer Einnahme von 324 Thlr. im J. 1864) Kranken ärztliche Hülfe, Arzeneimittel, Wartung und Pflege verschafft, Verarmten durch Unterstützungen und Arbeitsnach-
weisung aufhilft und zu einem Armen- und Arbeitshause
ein Kapital sammelt. Ebenso hat selbst eine ländliche über
4 ☐Ml. zerstreute Diasporagemeinde von 1000 S., Nah-
mel (Kr. Neustadt), eine Armen- und Krankenkasse, aus
welcher der Pfarrer auf den Vorschlag der Kirchenältesten
und der erwählten Helfer und Helferinnen, die an den ver-

schiedenen Orten wohnen und Arme und Kranke besuchen, Nahrungsmittel, Kleidungsstücke u. s. w. ankauft und vertheilt, selten aber eine baare Unterstützung gewährt. — In Oliva besteht seit mehrern Jahren ein Sparverein. — Kirchliche Armenpflege ist auch sonst seit etwa 10 Jahren auf Anregung des Konsistoriums hie und da wieder eingerichtet worden. So wird aus allen städtischen und 2 ländlichen Gemeinden des Kr. Elbing, aus 2 Gemeinden des Landkr. Danzig, aus 1 der Kr. Karthaus, aus 1 des Kr. Stargard, aus 2 des Kr. Stuhm, aus 2 der Kr. Marienwerder, aus 1 des Kr. Schwetz, aus 1 des Kr. Konitz und aus 2 des Kr. Flatow theils von Anfängen theils von Fortschritten der kirchlichen Armenpflege berichtet. An einzelnen Stellen ist ein Kapital geschenkt und werden die Zinsen verwandt, an anderen werden Kirchenkollekten, Gaben, Erträge eines Klingsäckels theils verwandt theils zur Ansammlung eines Kapitals gesammelt (Rosenberg); hier übt der Gemeinde-Kirchenrath, dort der Pfarrer die Armenpflege aus. An einzelnen Orten werden regelmäßige Gaben, an andern Unterstützungen nur in Nothfällen ausgetheilt, wenn es gilt, der Verarmung vorzubeugen, die unzureichende kommunale Armenpflege zu ergänzen oder ihre Härten zu mildern. An einem Orte werden Hospitaliten aus dem Klingsäckel unterstützt. — Die feste Verbindung freiwilliger Helfer und Helferinnen mit dem geordneten kirchlichen Amte (Pfarramt und Gemeinde-Kirchenrath) ist gewiß die segensreichste Form der kirchlichen Armenpflege, Städte wie Danzig brauchen daneben noch mehrere Stadtmissionare.

4. Fürsorge für die Gefangenen und Entlassenen.

Matth. 25, 36: Ich bin gefangen gewesen, und ihr seid zu mir gekommen

Durch Elisabeth Frey, welche mit dem Lichte christlicher Liebe die Nacht der Gefängnisse erhellte und auch in Deutschland ihre Verbesserung kräftig anregte, ist auch Pf. Flied

ner in Kaiserswerth auf die Gefängnisse aufmerksam gemacht.
Für eine entlassene Gefangene wurde von ihm die erste Diakonissin berufen. Die rheinisch-westfälische Gefängnißgesellschaft, welche Fliedner 1826 gründete, hat in sehr bedeutender Weise auf die Besserung der Gefängnisse und ihrer Bewohner gewirkt. Sie hat die Anstellung von Gefängnißgeistlichen und Lehrern angeregt und unterstützt und so für
die geistliche Pflege und den Unterricht der Gefangenen gesorgt; ihre Mitglieder haben mit Genehmigung der Behörden die Gefängnisse besucht, ihre Agenten bereisen dieselben noch
jetzt; die dabei entdeckten Uebelstände brachte sie zur Kenntniß der
weltlichen und geistlichen Behörden; sie wies auf die Nothwendigkeit hin, daß die Gefangenen klassificirt und wenigstens
für die Nacht isolirt werden und daß sie Arbeit angewiesen
erhalten; sie bemüht sich um die Besserung des Aufsichtsper-
sonals und prämiirt die tüchtigeren Aufseher; sie verschafft
den Gefangenen Bibliotheken; sie veranstaltet jährliche Zu-
sammenkünfte der Gefängnißbeamten und Geistlichen. Sie
hat für die Entlassenen 4 Asyle gegründet und durch die
Herausgabe von Schriften die Theilnahme für die Gefangenen zu wecken und zu erhalten gesucht. Seit dem Beginn
ihrer Arbeit hat auch die Zahl der Rückfälligen in den beiden westlichen Provinzen bedeutend abgenommen. Mit ihr
arbeiten 13 Tochtergesellschaften, welche 19 Hülfsvereine haben, und 13 Agenten. — Schon 4 Jahre nach Gründung
dieser Gesellschaft trat in Danzig ein „Provinzialverein für
die Besserung der Strafgefangenen und der verwahrlosten
Kinder" auf halb humanistischer Grundlage im Anschluß an
einen Berliner Centralverein mit denselben Zielen, welche
später das Johannesstift verfolgte, zusammen, doch muß er
nicht zum rechten Leben gekommen sein. Auf die persönliche
Anregung des Dr. Wichern bildete sich den 31. Dezember
1852 die „evangelische Gefängnißgesellschaft," welche sich seit
1856 „Evangelisches Johannesstift" nannte. Ihr Zweck

ist ein dreifacher: 1) „der Gefangenen in Danzig in helfen-
der Liebe sich anzunehmen, um sie auf den Weg des ewigen
Heils zurückzuführen und der bürgerlichen Gesellschaft als
gebesserte Mitglieder wiederzugewinnen," 2) „die Entlassenen
vor Rückfall zu bewahren" und 3) „bei der verwahrlosten
Jugend dem drohenden Verderben vorzubeugen." Bei der
letzten Thätigkeit haben wir die Gesellschaft schon (S. 137
—139) auf dem Johanneshof kennen gelernt. Gleich von
Anfang an, seit 1853, trat ihr ein Frauenzweigverein zur
Fürsorge für die weiblichen Gefangenen zur Seite; er sucht
dieselben an jedem Dienstag und Freitag Nachm. von 3—5
Uhr aus dem Worte Gottes zu unterweisen, theils durch Erklärung einzelner Bibelabschnitte und Vorlesen von Predigten, theils durch Mittheilung geeigneter kurzer Erzählungen; die
Gefangenen sind mit Ernst und Aufmerksamkeit, einige mit sicht-
licher Bewegung dabei. Auch versehen die Mitglieder erforderlichen Falls die Gefangenen bei ihrer Entlassung mit Kleidungsstücken und suchen manche auch später auf. Die Arbeit dieser
Frauen ist ununterbrochen eine gesegnete gewesen: von den Entlassenen, welche sie in Pflege nahmen, sind wenige rückfällig geworden, mehrere führen einen guten Wandel und haben
sich auch im Dienste bewährt, einige sind in die Ehe getreten. Der Hauptverein hat bis 1868 jährlich mit 120 Thlr.
den Gefängnißgeistlichen unterstützt, welcher, doch wohl in
Folge der Vereinspetitionen, von den königlichen Behörden
angestellt wurde; ebenso bekamen die jugendlichen Gefangenen einen Lehrer, der meistens ein Bruder aus Züllchow
gewesen ist. Leider aber hat sich seit 1872 kein Kandidat
gefunden, welcher die so gering dotirte Gefängnißprediger-
stelle (S. 46) hätte übernehmen wollen, so daß 150 Gefangene ohne Seelsorger sind. Der Verein sorgte, soweit
es ging, für Beschäftigung der Gefangenen, richtete für sie
eine Bibliothek ein, zu welcher der vaterländische Frauenverein 10 Thlr. schenkte, und gab die Hälfte zu den Kosten

der im neuen Gerichtsgebäude aufgestellten Orgel. Unter den Gefangenen zeigt sich ein Verlangen nach Gottes Wort; die regelmäßigen Gottesdienste werden fleißig besucht, und es herrscht dabei eine erfreuliche Aufmerksamkeit; viele der Untersuchungsgefangenen haben um die Erlaubniß gebeten denselben beiwohnen zu dürfen und erscheinen fast sonntäglich; 50—70 Personen gehen jährlich zum Tische des Herrn. Der Gefängnißlehrer Möysch hatte unter den Gefangenen auch einen Gesangverein begründet. Die Zahl der jugendlichen Gefangenen, 5½—16 Jahre alt, betrug im J. 1867|68: 170, davon waren 90 wegen Diebstahls und Unterschlagung, 72 wegen Forst- und Steuerdefraudation verurtheilt; im J. 1869 70 gingen 202 (106 ev. und 96 kath.) durch das Gefängniß, an den einzelnen Tagen waren 3—22 zugleich inhaftirt. Sie wurden von dem Lehrer in den Elementargegenständen unterrichtet; natürlich konnte der Unterricht nur geringe Erfolge aufweisen, weil die Knaben oft nur 24 Stunden, höchstens 6 Monate saßen und einige der zwölf- bis vierzehnjährigen in ihrem Leben die Schule kaum 14 Tage lang besucht hatten. Seit dem Abgange des Lehrers M. ist durch die Behörde die Stelle nicht wieder besetzt worden, obgleich auch 1872 jeden Tag noch durchschnittlich 4 Knaben im Gefängnisse befanden. Für die entlassenen Gefangenen hat der Verein das Haus Kl. Schwalbengasse 4 angekauft. Das „Johanneshaus" nahm anfangs auch Vagabundirende auf, so daß die Zahl der Entlaufenen groß war (1856 entliefen von 76 Aufgenommenen 32), und auch als seit 1856 nur solche Aufnahme fanden, die aus dem Gefängniß entlassen waren und reuig und bußfertig ein anderes Leben beginnen und ihr Brod ehrlich essen wollten, die freiwillig eintraten und jederzeit gehen konnten, entzogen sich dennoch von 69 im J. 1857: 33, von 37 im J. 1858: 15, von 42 im J. 1859: 16 und von 26 im J. 1861: 6 der Anstalt. Verschmähten so viele die Wohlthat des Asyls, so wurde doch die Zahl derer, die vor der Zeit weggingen, immer kleiner. Es sind hiebei auch ›diejenigen mitgerechnet, welche sich nicht in die Hausordnung fügen wollten und darum entlassen wurden. Von den 660, welche bis 1870 in das Asyl aufgenommen wurden, haben nur die wenigsten derjenigen, die es in ordnungsmäßiger Weise verließen, wieder gerichtlich bestraft werden müssen; zum Theil haben sie sich nach der Entlassung sehr dankbar gezeigt, viele sind in Dienste getreten, viele haben sich ordentlich verheirathet. Das Asyl fordert nicht hohe Zuschüsse (1868 nur 40, sonst etwa 120 Thlr.). Der gegenwärtige Hausvater, Kamrath, ist erst der dritte und seit 1858 in dieser Stellung. In den ersten 3 Tagen werden die Asylisten umsonst verpflegt, dann müssen sie arbeiten, die Männer Holz hauen, die Frauen häusliche und andere Frauenarbeiten verrichten. Für Essen und Wohnung bezahlen sie 5 Sgr. täglich; Bettwäsche und Schlafstelle bekommen sie unentgeltlich. Nach der Hausordnung müssen die Pfleglinge, auch wenn sie außer dem Asyl arbeiten, Mittags- und Abendkost dort nehmen, sie dürfen im Hause keinen Branntwein trinken und ohne Wissen des Hausvaters nicht ausgehen, müssen auch Abends nach Schluß der Arbeit sofort ins Asyl zurückkommen. An der Morgen- und Abendandacht nehmen alle Hausgenossen Theil. Im J. 1870 wurden 18 (14 männliche und 4 weibliche) Entlassene aufgenommen. Der Vorstand des Johannesstiftes, an dessen Spitze von 1853—1867 Konsul Hebeler stand und jetzt Kaufmann A. Momber steht, hat manche Sorge durchzumachen. Das Deficit, welches seit 1868 sich eingestellt hatte, wurde wieder gedeckt, dem Divisionspf. Steinwender gelang es, dem Johannesstift neue Freunde zu gewinnen; die Beiträge, welche früher zwischen 6—700 Thlr. geschwankt hatten, stiegen von 646 Thlr. (im J. 1866) auf 1051 Thlr. (1869), 1872 betrugen sie 846 Thlr. Die Rechnung des J. 1872 schließt mit 3377 Thlr. Einnahme, 3115 Thlr. Ausgabe und 262

Thlr. Bestand ab. Der Anstalt sind in den ersten 17 Jahren reiche Legate, 1 zu 300, 1 zu 400, 5 zu 500, 1 zu 770, 2 zu 1000 und 1 zu 3000 Thlr. und zwei große Hauskollekten, 1 zu 2634, 1 zu 1988 Thlr., zugeflossen; auch brachten Koncerte und Vorlesungen eine beträchtliche Hülfe. Der Danziger Landkreis schenkte mehrere Male 100 Thlr. und ebensoviel einmal der vaterländische Frauenverein, aber neue bedeutende Zuwendungen sind nöthig; der Herr wolle dazu die Herzen lenken. Das ganze Vermögen des Stiftes hat einen Werth von 7282 Thlr. Noch immer fehlt das Mädchenhaus, der Stadtmissionar und der Zuschuß für den Gefängnißgeistlichen. — In Elbing wurde 1851 Gefängnißseelsorge mit regelmäßigem Gottesdienst eingerichtet. An den Gottesdiensten nehmen die Gefangenen mit Andacht Theil und sprechen öfter ihren Dank dafür aus: das hl. Abendmahl wird jährlich 3—4mal gefeiert. In jeder Zelle befindet sich ein neues Testament mit Psalmen, andere christliche Erbauungsschriften wurden aus der christlichen Volksbibliothek des Geistlichen mehrfach dargereicht. Auf Anregung der Kreissynode des J. 1871 bildete sich im Fbr. 1873 ein „Verein zur Fürsorge für entlassene Sträflinge im Elbinger Kreise". Er richtet seine Thätigkeit nur auf die Entlassenen und beschränkt sich bis jetzt darauf denselben für die erste Zeit ein Unterkommen zu gewähren, ihnen, was gegenwärtig sehr leicht ist, Arbeit zu verschaffen und die jugendlichen Entlassenen in die Lehre zu bringen. Er ist bis Aug. 1874 in 12 Fällen thätig gewesen und hat bei 4 jüngeren Entlassenen einen vorläufigen Erfolg gesehen, 2 Pfleglinge sind aus dem Dienst entlaufen, 1 ist von dem Brodherrn seines Betragens wegen entlassen, 1 sitzt wieder im Gefängnisse, 3 sind aufs Neue zur Zuchthausstrafe verurtheilt, 1 hält sich bis jetzt, ein Beweis, wie schwer, aber auch wie nöthig diese Arbeit ist. Nach den Statuten soll der Entlassene einem einzelnen Mitgliede über-

12 *

wiesen werden, dieses seinen Pflegling besuchen, sich nach
ihm erkundigen, ihn vor schädlichem Umgang und gefährli=
chen Genüssen warnen, zu dem Besuch des öffentlichen Got=
tesdienstes und dem Privatbesuch seines Seelsorgers, sowie
zum Sparen auffordern und ihn aus der Bibliothek mit
zweckmäßigen Schriften zur Belehrung und Erbauung ver=
sehen. Der seit 1872 in Königsberg bestehenden Gefäng=
nißgesellschaft der Prov. Preußen ist es bis jetzt noch nicht
gelungen, Zweigvereine in Westpreußen zu begründen, doch
besteht ein Gefängnißverein in Skurcz (S. 102) und in
Lippusch (S. 101) widmet der Gemeinde=Kirchenrath dieser
Sache seine Theilnahme; das von der Gefängnißgesellschaft
verbreitete Normalstatut für Zweigvereine stimmt mit dem
der rheinisch = westfälischen Hülfsvereine ganz überein. Die
Gesellschaft hat nur die Fürsorge für die Entlassenen sich
zur Aufgabe gemacht.

Für jüngere Entlassene wird, wenn nöthig, die Unter=
bringung in eine Rettungsanstalt, für weibliche Entlassene
die Aufnahme in ein Hospiz, Asyl oder Magdalenenstift
veranlaßt werden müssen. Auch muß die J. M. dafür
eintreten, daß von Seiten des Staates für inhaftirte jugend=
liche Verbrecher besondere Rettungsanstalten und für die
entlassenen Besserungsanstalten errichtet werden. — Für die=
jenigen aber, welche an den Gefangenen arbeiten, ist das Wort
eines derselben trostreich, welches er zu seinem Geistlichen
sprach: „Pflanze, laß die gold'nen Körner Fall'n aus milder
off'ner Hand! Unter Schutt und Steingerölle Ist auch hier
noch gutes Land!" Den Haß der Gefangenen gegen die
Menschheit kann nur die Liebe überwinden.

5. Fürsorge für die Evangelischen in der Zerstreuung.

Gal. 6,10: Lasset uns Gutes thun an Jedermann, allermeist aber
an des Glaubens Genossen.

Der Gustav = Adolf = Verein hat sich seit 1832 unter

reichem Segen Gottes bemüht, das Zerstreute zu sammeln und zu stärken, was da sterben wollte, das Schlafende zu wecken und das Unwillige zur Opferwilligkeit zu ermuntern, die Trümmer der ev. Kirche wieder aufzurichten und Neues zu bauen. Mitleiden mit ihren ev. Glaubensgenossen empfinden auch solche Glieder unserer Kirche, die für andere Arbeiten der J. M. keinen Sinn haben. Die Arbeit an den Evangelischen der Zerstreuung ist ein Liebeswerk, recht geeignet, weitere Kreise in den Dienst Christi zu ziehen. Die erste Million Thlr. hat der Gust. - Ad. - Verein in 25 Jahren, die zweite in 6 und die dritte schon in 5 Jahren gesammelt. Im J. 1873 unterstützte er bei einer Einnahme von 215,579 Thlr. 1132 Gemeinden und durch seine Mithülfe wurden 56 Kirchen, 29 Schulen und 21 Pfarrhäuser vollendet. Schon 4 Jahre früher zählte er 57 Hauptvereine, 1171 Zweigvereine und 276 Frauenvereine. Unser Westpreußen ist eins seiner kostbarsten Pflegekinder. Von den beiden Hauptvereinen der Provinz hat sich nur der Königsberger dem Centralvereine der ev. Gust. - Ad. - Stiftung in Leipzig angeschlossen. — Der Gust. - Ad. - Verein zu Danzig zieht es vor für sich allein zu arbeiten, weil die Entfernungen in der Provinz zu groß seien, und weil er wohl hofft, daß Westpreußen wieder von Ostpreußen werde getrennt werden. Als er im März 1844 gegründet wurde, fand er auf etwa 100 ☐Ml. unter 114,000 Katholiken 49,000 Evangelische mit 15 ev. Kirchen vor. Er hat an 7 Kirchen, von denen 3 im Kr. Neustadt, 2 im Kr. Karthaus, 1 im Kr. Berent und 1 im Kr. Stargard liegen, theils allein theils gemeinschaftlich mit dem Königsberger Verein gearbeitet, einer dieser Gemeinden 7400, einer anderen 8000, einer dritten 9400 Thlr. zugewandt. Geld zur Errichtung von Schulen, zu Diasporareisen, zur Abhaltung von Ortsandachten, in den ersten 19 Jahren seines Bestehens im Ganzen 20,695 Thlr. ausgegeben. Zu ihm gehören 4 Zweigvereine, welche 20 Lokalvereine umfassen, und 7 einzelne Lokalvereine; aus den Kreisen Danzig Stadt und Land zahlen alle Gust.-Ad.-Vereine, aus dem Kr. Neustadt 2, aus dem Kr. Karthaus 5, aus dem Kr. Berent 3 und aus dem Kr. Stargard ebenfalls 3 Vereine ihre Beiträge nach Danzig. Dorthin fließen auch die Kirchenkollekten des Regierungsbezirks, doch senden Elbing und Marienburg dieselben nach Königsberg. Der bedeutendste Hülfsverein ist in der Stadt Danzig, er hat 1871/72: 390 Thlr. gesammelt. Die Einnahme des Hauptvereins betrug 1867/68: 979 und 1871/72: 754 Thlr. Der Verein erbte im J. 1863: 11,000 Thlr. und erhielt 1871 ein Legat von 2000 und ein anderes von 4000 Thlr., er besaß 1871 ein Vermögen von 7726 Thlr. Den Vorsitz führt Reg.-Rath Korn. Die Zahl der Hülfsvereine, der Mitglieder und der Beiträge nimmt ab, obwohl die kirchliche Noth unmittelbar vor den Thoren der Stadt liegt.

Der „Hauptverein der ev. Gust.-Ad.-Stiftung für die Prov. Preußen", welcher seinen Sitz in Königsberg und in dem Pred. Dr. Voigt einen begabten und hochverdienten Leiter hat, sah in den ersten 27 Jahren seines Bestehens (bis 1873) 282,600 Thlr. durch seine Hand gehen, doch erschöpfen diese Zahlen nicht den ganzen Reichthum der Gaben, denn viele Geldspenden gehen den bedürftigen Gemeinden unmittelbar zu, auch sind die Geschenke an Kirchengeräthen u. a. D. nicht mit eingerechnet. Er hat bis 1873 am Bau von 20 Kirchen und 40 Schulen mitgeholfen, außerdem Pfarrhäuser erbauen helfen, Anstalten unterstützt u. s. w. In den Jahren 1860—1867 hatte er für Westpreußen 63,895 Thlr., für Ostpreußen 15,671 Thlr., also für Westpreußen viermal so viel verwandt als für Ostpreußen. Weil Westpreußen so viele Unterstützungen erforderte, hat unsere Provinz immer mehr empfangen als gegeben, im J. 1871 z. B. kamen aus der Provinz 3067 Thlr. durch Beiträge der

Zweigvereine auf, sie empfing 8235 Thlr. von auswärts und gab 5059 Thlr. in andere Provinzen, sie hat demnach fast 3000 Thlr., ein Viertel ihrer Einnahme, mehr empfangen als beigesteuert. Wir sind also unsern ev. Brüdern in Deutschland gegenüber in der Schuld! Der Königsberger Gust.-Ad.-Verein hatte 1869 und 1870: 9 Kreisvereine, außerdem in 10 anderen Kreisen 19 Lokalvereine (darunter 4 im Kr. Neustadt, 1 im Kr. Karthaus, 2 im Kr. Berent, 1 im Kr. Stargard) und im Ganzen 5 Frauenvereine. Zu den thätigsten Vereinen gehört der Verein in Rosenberg, welcher 1866 fast 2400 Mitglieder, in 3 Gemeinden 3—500, zählte, er findet nicht bloß bei den Reichen, von denen 5 zusammen über 60 Thlr. zahlen, sondern auch bei den Lehrern und den Aermeren bis zu den kleinsten Leuten herab, welche 2 Pf. geben die regste Theilnahme; 1873 hatte er 345 Thlr. Einnahme; er hat eine ev. Schule begründet und ist nun für eine zweite thätig. Bedeutend sind auch die Vereine zu Schwetz (1869 und 1870 mit je 250 Thlr. Einnahme und 1900 Mitgliedern), Straßburg (mit 211 Thlr. Ein.) und Marienwerder (mit 177 Thlr. Ein.), ferner im Rgbz. D. Elbing (mit 259 Thlr. Ein.) und alle überragend Marienburg (mit 373 Thlr. Ein.). Im J. 1872 gewährte der Hauptverein 12,223 (im J. 1873: 12,884) Thlr. an Unterstützungen, hatte eine Gesammteinnahme von 34,110 Thlr. und besaß ein Vermögen von 24,410 (1873: 21,960) Thlr., er giebt jährlich etwa 1400 Thlr. für Schulzwecke aus. Aus der Provinz kamen im J. 1867|68: 3772, 1869: 4268, 1870: 3970, 1871: 3560 und im J. 1872: 4320 Thlr. durch Beiträge der Zweigvereine und durch Kirchenkollekten ein, das Wachsen der Einnahme ist durch die beiden letzten Kriegsjahre unterbrochen. Im J. 1873 lagen ihm 8 Gesuche vor, die den Bau von neuen Kirchen, 4, die einen Um- oder Erweiterungsbau alter Gotteshäuser, 7, welche die Errichtung neuer Schulen, 6, welche die Tilgung von Schulden, 3, welche den Bau eines

Pfarrhauses betrafen, und je 1, welches um die Anstellung eines Wanderlehrers, die Anlage eines Kirchhofs, den Bau einer Orgel, eines Organistenhauses und eines Thurmes bat, also 33 Gesuche von 22 Orten, aus Ostpreußen stammten davon nur 5 Gesuche aus 4 Orten, alle übrigen kamen aus Westpreußen. — Und bei diesen Gesuchen ist noch nicht an die so dringend nöthigen Konfirmandenhäuser gedacht, obgleich doch schon Ostpreußen ein solches in Bäslack besitzt, welches in 15 Jahren 270 Kinder aufgenommen hat; in Schlesien sind deren zwei, und es werden dort noch an 9 Orten ev. Konfirmanden in Familien untergebracht; Hörter in Westfalen aber sammelt durchschnittlich 60 Zöglinge vom 9. Jahre ab und entfaltet eine großartige Thätigkeit. In diesen Konfirmandenhäusern werden die Zöglinge durch den Verkehr mit gleichgearteten Kindern geweckt, sie treten unter den Einfluß christlicher Hausordnung und steter Aufsicht und bekommen eine Anschauung von dem kirchlichen Leben einer ev. Gemeinde. Die Frauenvereine haben es sich zur Aufgabe gemacht diese Häuser mit Geld und Kleidungsstücken zu unterstützen, auch wohl den Unterhalt eines einzelnen Kindes zu übernehmen.

Wie in seiner Bedürftigkeit, so steht Westpreußen auch in seiner Opferwilligkeit der ostpreußischen Kirche voran. Bei einer Einnahme von 6000 Thlr., welche im Anschluß an Danzig und Königsberg in einem Jahre zusammengelegt wurden, fielen fast 3500 Thlr. auf Westpreußen (1670 Thlr. auf den Rgbz. D. und 1780 Thlr. auf den Rgbz. M.), auf Ostpreußen nur etwa 2500 Thlr. Wie in Westpreußen Gust.-Ad.-Vereine mit fast 2000 Mitgliedern bestehen, so haben wir ganze Kreise, die kassubischen, in denen fast ohne Ausnahme jede Gemeinde ihren Gust.-Ad.-Verein hat, und trotz der Armuth für Königsberg etwa 280 und für Danzig etwa 190 Thlr. gesammelt wurden, wir haben z. B. die Gemeinde Camin (S. 104), welche mit fast allen

ihren Gliedern dem Gust.-Ad.-Vereine angehört, und westpreußische Kinder waren es, welche ein Jahr lang ihre
Pfennige und ihre Dreier zum Schulbau sich absparten.
Auch die Nothstandskollekte ist besonders unserm Westpreußen zu gut gekommen.

6. Fürsorge für die Enthaltsamkeit.

1. Petri 2, 11: Lieben Brüder, ich ermahne euch als die Fremdlinge und Pilgrimme: enthaltet euch von fleischlichen Lüsten,
welche wider die Seele streiten.

Zu den fleischlichen Lüsten, welche wider die Seele
streiten und sie tödten, gehört in erster Linie die Trunksucht.
Wie sie die Gefängnisse bevölkert, den Wohlstand zerstört,
die Körperkraft schwächt und bricht, die Ehen zerrüttet und
auflöst und zur Verwahrlosung der Kinder führt, haben wir
(S. 7 und 8) gesehen. Wirkt sie nun auch sonst noch sittlich verderblich, veranlaßt sie Streit, Unordnung, Unzucht
u. s. w. und zeigt sie sich sogar als ein Gift für die un-
sterbliche Seele, so daß ein Branntweintrinker dem verlorenen Sohne in seiner Verkommenheit gleicht und es bei ihm
höchstens vorübergehend zu Thränen der Rührung oder der
Heuchelei, aber nicht zu göttlicher Traurigkeit kommt, so ist
die Trunksucht als ein Feind anzusehen, dem jeder Christ,
ja jeder Menschenfreund mit allen Mitteln entgegentreten
muß. Lange Zeit hindurch wurde die Ausrottung der
Trunksucht von der Ausbreitung der Enthaltsamkeitsvereine erwartet. Um die Sache der Enthaltsamkeit hat
sich Sup. Dr. Wald in Königsberg hochverdient gemacht.
In Westpreußen führt außer einem kleineren Enthaltsamkeitsvereine in Hermannsruhe (Kr. Straßburg), der 1868
mit 12 Mitgliedern gegründet ist, wohl nur die „Enthalt-
samkeitsgesellschaft des Danziger Landkreises" den
schweren Kampf gegen die Trunksucht. Den 27. Febr. 1833
von 140 Bewohnern des Kreises als Mäßigkeitsgesellschaft
gestiftet, ließ sie anfangs den mäßigen Genuß für

den sogenannten Nothfall frei und nahm selbst Gast=
wirthe, Krüger und Hakenbüdner auf. Da aber die ei=
genen Mitglieder die erwartete Mäßigkeit nicht zeigten, wur=
den 1846 die genannten Branntweinhändler ausgeschlossen
und wird es, nachdem 1850bestimmte Geldbeiträge eingeführt
waren, seit dem 28. Fbr. 1854 statt der Mäßigkeit Enthaltsamkeit
gefordert, da die Erfahrung überall zeigt, daß nur der Ent=
haltsame etwas gegen die Trunksucht gesichert ist. Es lau=
tet nun §. 1. der Statuten: „Die Enthaltsamkeits=Gesell=
schaft des Danziger Landkreises hat den Zweck, den Genuß
aller gebrannten Wasser als des Branntweins, Liqueurs,
Rums, Groghs und Punsches als Getränk abzuschaffen.
Deshalb verpflichtet sich jedes Mitglied im Namen Gottes
durch eigenhändige Unterschrift und Handschlag, sowohl für
seine Person als auch für seine Hausgenossen, Dienstboten,
Lehrlinge, Hausarbeiter und Gäste, den Genuß der genann=
ten Getränke ganz aufzugeben und außerdem auf jede geeig=
nete Weise, namentlich durch Verbreitung von Schriften den
Zweck der Gesellschaft zu fördern." In den Jahren 1861
bis 1863 zählte die Gesellschaft 220—250 Mitglieder, die
sich zu einem jährlichen Beitrage verpflichtet hatten. Vor=
steher ist Pf. Dr. Rindfleisch in Gischkau bei Ohra, sonstige
Mitglieder des Vorstandes sind Reg.=Präsident von Diest,
Instituts=Direktor Neumann in Danzig, ein Lehrer, ein Hof=
besitzer u. a. m. Im J. 1873,74 traten 5 Personen neu
hinzu und gehörten 87 Mitglieder und Wohlthäter dem Ver=
eine an, darunter waren aber 20 Geistliche und zwar aus
7 Kirchspielen nur die Geistlichen. Die höchste Zahl der
Mitglieder betrug für ein Kirchspiel (Gr. Zünder) 8, für ein
anderes (Sobbowitz) 14, aus der Stadt Danzig waren nur
3 Mitglieder. Im Uebrigen waren die Mitglieder und
Wohlthäter aus 25 Kirchspielen (20 des Ldkr. Dan=
zig, 2 des Kr. Karthaus und je einem des Neu=
städter, Stargardter und Rosenberger Kreises). Das

J. 1873/74 schloß mit 26 Thlr. Einnahme und 30 Thlr. Ausgabe. Die Gesellschaft verbreitet Enthaltsamkeitsschriften, sandte 1868 sogar einen Kolporteur aus, feiert jährlich, meistens unter erfreulicher Betheiligung am Trinitatissonntage ein Jahresfest, stellt Ermittlungen über die Zahl der Schankstätten und einzelne besonders schwere Fälle der Trunksucht an, petitionirt an die Staatsbehörden und veröffentlicht seit 1871 jährlich durch das Kreisblatt und die Westpreußische Zeitung eine Ansprache an die Bewohner des Landkreises. In Gischkau wird alle 2 Monate eine Versammlung der Ausschußmitglieder und eine Enthaltsamkeitsstunde, letztere im Anschluß an den Hauptgottesdienst, gehalten. — Durch Pred. F. Karmann wurde in der Stadt Danzig selbst ein ebenfalls 1838 gegründeter Mäßigkeits=, späterer Enthaltsamkeitsverein geleitet, der sehr blühend war und im J. 1845: 453 Mitglieder zählte; im J. 1861 betrug ihre Zahl, obwohl 1846 der Ausschluß von 38 und der Austritt von 13 Personen erfolgt war, doch 561, meistens waren Arbeiter und Handwerker beigetreten. Leider ist der Verein nach der im J. 1869 erfolgten Emeritirung Karmanns eingegangen, ebenso die 5 Vereine des Kr. Elbing und wohl auch die Vereine in Zippnow (Kr. Dt. Crone), Bröske bei Tiegenhof und Marienburg. Zur Zeit der Blüthe (1846 und 1847) hatten die Vereine Ost= und Westpreußens einen eigenen Agenten. Der preußische Staat zählte im J. 1845: 310, Deutschland 872 ev. Vereine mit 60,000 Mitgliedern, und die Zahl letzterer wuchs 1846 auf 70,000; die kath. Kirchspielsvereine aber zählten 477,000 Familienvorstände, in Oberschlesien ging daher 1845 die Branntweinsteuer um 254,489 Thlr. zurück. Im J. 1847 hatten in der Prov. Preußen, ebenso in 5 anderen Provinzen des preuß. Staates von je 1000 Ew. nur je zwei dem Branntwein entsagt. — Die Vereinswirksamkeit erreichte einen gewissen Punkt, den sie nicht überschreiten konnte. Das

J. 1848 hat auch in dieser Beziehung sittlich verwildernd gewirkt, die politische Aufregung führte wieder in die Krüge, und der falsche Begriff, der mit dem Worte „Freiheit" verbunden wurde, veranlaßte auch viele Mitglieder der Enthaltsamkeitsvereine zu dem Gedanken, daß sie nun auch von ihrem Gelübde frei seien. Seit der Zeit ist die Vereinssache in Deutschland im Rückgange, noch am lebendigsten in der Rheinprovinz, in Westfalen, Brandenburg, Pommern, Schlesien, Hannover, Osnabrück u. s. w. Es kann eben durch Freiwilligkeit nur bis zu einem gewissen Punkte geholfen werden; keine Vereinsthätigkeit wird die Gewohnheitstrinker in ihrer Mehrheit der Herrschaft des Branntweins entziehen und die Verfertiger und Verkäufer dieses schrecklichen Getränkes veranlassen, freiwillig auf den Gewinn, welchen sie von diesem Handel haben, zu verzichten, ihre Lockungen sind aber für viele, die entsagt haben, zu stark. Es gilt auf die staatliche Gesetzgebung einzuwirken, daß sie den Branntweinverkauf immer mehr und mehr unterdrücke; sollte aber, wie es in England erstrebt wird, die Entscheidung über Bestehen einer Branntweinschenke von den Beschlüssen der Mehrheit einer Gemeinde abhängig gemacht werden, so wäre erst die öffentliche Meinung für den Kampf gegen den Branntweinverkauf zu gewinnen — und dieses ist die Hauptaufgabe der Enthaltsamkeitsvereine. Außerdem gewähren sie thatsächlich vielen einen Halt, und ihr bloßes Bestehen ist ein Zeugniß wider die Lieblosigkeit der Welt, die über die Trinker schilt, aber nichts wider die Trunksucht thut. Die Vereine und ihnen gleichgesinnte Personen sollten dahin wirken, daß von den Schenkern die gesetzlichen Vorschriften, auch die Anordnungen betreffend die Polizeistunde, beobachtet werden, daß sie ihre Koncession beim Mißbrauch derselben verlieren und daß der Branntweinausschank nirgends als ein Nebengewerbe betrieben werde, und die Gesetzgebung darf bei Bestrafung der Verbrecher Trunkenheit

nicht als einen milbernden sondern muß sie als einen er=
schwerenden Umstand, ja schon an sich selbst als ein Verge=
hen betrachten. Dieselben Verpflichtungen aber, welche ein
Mitglied eines Enthaltsamkeitsvereines übernimmt, sollte je=
der wahre Christ, wenn er es nicht um seinetwillen nöthig
hat, so doch um anderer willen vor Gott sich auflegen nach
dem Vorbilde des Apostels, welcher lieber gar kein Fleisch
essen als durch den Genuß des Götzenopferfleisches den schwa=
chen Bruder zu einem gleichen Genuß veranlassen wollte,
der ihm bei seiner Schwachheit gefährlich werden mußte (1
Kor. 8 und Röm. 14,13—23). Hier aber handelt es sich
nicht um so unschuldige Genüsse wie um das Verzehren des
von den Götzenopfermahlzeiten übrig gebliebenen Fleisches.

7. Fürsorge für die Schule.

Matth. 28,20: Lehret sie halten alles, was ich euch befohlen habe.

Die J. M. hat es auch mit der Lehrernoth zu thun;
gegenwärtig ist sie so groß, daß an Errichtung neuer Schul=
stellen kaum gedacht werden kann. Im J. 1873 waren
von den für die Dauer gegründeten 49,709 Elementarlehrer=
und Lehrerinnen=Stellen des preuß. Staates 2780 unbe=
setzt, davon wurden 1421 durch ungeprüfte Lehrer verwal=
tet, 1230 von andern Lehrern mitversehen, und 129 waren
ganz ohne Lehrer. Noch größer ist verhältnißmäßig die
Zahl der unbesetzten Hülfslehrerstellen, denn von 2337 sol=
cher Stellen waren 836 unbesetzt, davon wurden 326 durch
Präparanden verwaltet, 490 durch andere Lehrer mitver=
sehen, und 20 waren ohne jede Lehrkraft. Also 3616 Stel=
len litten unter dem Lehrermangel, unter 14 Stellen war im=
mer je eine unbesetzt, ja in der Prov. Preußen war in der
Mitte des J. 1873 fast ein Zehntel (604 von 6505 Leh=
rerstellen) gar nicht oder ungenügend mit Lehrkräften verse=
hen. Es ist zu hoffen, daß die Verbesserung der Lehrerge=
hälter, die Begründung von Präparandenanstalten und die
Errichtung neuer Seminare diesem Mangel etwas abhelfen

wird, wie denn auch 1874 in Westpreußen je ein neues ev. und kath. Seminar eröffnet ist, so daß wie jetzt 3 ev. und 3 kath. Seminare besitzen. Aber es ist doch sehr zweifelhaft, ob bei der materiellen Richtung unserer Zeit sich durch staat= liche Einflüsse veranlaßt eine genügende Zahl von Lehrern finden wird. Die beiden westlichen Provinzen haben darum schon 7 Privatpräparandenanstalten errichtet, welche zum Theil durch Gaben der Liebe unterstützt werden. Manche Jünglinge haben Lust zum Lehrerberuf, aber nicht die Mit= tel dazu; da hat die christliche Liebe einzutreten, um von der Liebe Christi ergriffene Lehrer in genügender Zahl zu Hirten der Kleinen heranzubilden. — Der frühere Landrath des Kr. Star= gard, v. Reese, hatte im Laufe von 20 Jahren die Mittel zum „Friedrichsstift" gesammelt, welches gegenwärtig ein Haus und mit Einschluß desselben ein Gesammtvermögen von 10,000 Thlr. besitzt. Die Absicht des Stifters war es, dort Lehrerkinder, Waisenknaben, zum Berufe ihrer Väter auszubilden. Sei= ner Absicht nicht entsprechend ist aber das Haus sammt dem übrigen Vermögen einer Präparandenanstalt überwiesen, welche am 1. Nov. 1872 in Pr. Stargard eröffnet ist, 20 Zöglinge im J. 1874 zählte und eine Staatsunterstützung von 1200 Thlr. empfing. — Will der Lehrer nicht bloß unterrichten, sondern auch erziehen, und will er den sittlichen Zustand der Gemeinde heben helfen, so bedarf er der Mitwirkung des geistlichen Amtes; dieses wieder sieht sich in seiner Wirksam= keit oft gehemmt, wenn die Lehrer ihm gleichgültig oder feind= lich gegenüberstehen, und verdankt doch wieder treuen christ= lichen Lehrern sehr viel für das Reich Gottes, wie bei uns besonders die Kreise Flatow und Dt. Crone zeigen. Die Bemühungen, die Lehrer zu Mitarbeitern am Werke der J. M. zu gewinnen, dürfen nicht aufgegeben werden. Die Leh= rer werden freilich keine Neigung dazu empfinden, wenn sie sich den Einflüssen ihrer meistens in christusfeindlichem Sinne geschriebenen Blätter, etwa der auch in Westpreußen verbrei=

teten „freien deutschen Schulzeitung“ hingeben, welche in ge-
hässigem Tone redet, in der Schule bloß „tüchtige Bürger
mit sittlichem Charakter“ gebildet, nur die sittlichen Grund-
sätze des Christenthums, nicht die konfessionellen und dogma-
tischen Lehren vorgetragen, die Aufsicht der Geistlichen aufge-
hoben und konfessionslose Schulen eingeführt sehen will.

9. Fürsorge für die Presse.

Joh. 6, 63: Die Worte, die ich rede, die sind Geist und sind Leben.

Das Wort Gottes, welches Leben schafft, wird in dem
Buch der Bücher lauter und rein der Welt durch die Bibelgesellschaften dargeboten. Die Mutter aller übrigen, die
britische und ausländische, hat in 65 Jahren die hl. Schrift
in 173 Sprachen mit einem Kostenaufwand von 41 Mill.
Thlr. verbreitet, 1873 allein wurden 2,654,080 hl. Schriften, in der Zeit von 1804—1873: 72,131,000 durch sie
vertrieben, dazu kommen noch 50 Mill. Bibeln, welche andere Gesellschaften ausgegeben haben, sodaß in diesem Jahrhundert über 121 Mill. hl. Schriften als Samenkörner auf
den Acker der Welt ausgestreut sind. Die britische Bibelgesellschaft unterhält in Deutschland über 100 Kolporteure und
Bibelboten, davon haben 2—5 in Westpreußen gearbeitet.—
Die preuß. Hauptbibelgesellschaft hat bis 1872 allein 1,028,417,
mit den Tochtergesellschaften zusammen 4,200,000 hl.
Schriften ausgegeben, sie sieht den Absatz der durch sie ver-
breiteten hl. Schriften sich stets erweitern, denn sie gab 1860:
16,727, 1870: 49,412 und 1873: 57,114 hl. Schriften aus.
Nur ist es bei ihr nicht so, daß mit dem steigenden Umsatz
auch ein größerer Gewinn erzielt wird; im Gegentheil fordert, da die meisten Bibeln unter dem Kostenpreise verkauft
werden, der vergrößerte Absatz auch mehr Liebesgaben und
mehr Mitglieder, die Zahl beider aber wächst nicht
in genügender Weise. — In Westpreußen bestehen 5 Tochtergesellschaften. Die beiden ältesten sind im J. 1813, in
demselben Jahre wie die Muttergesellschaft, in Danzig und

Marienwerder gegründet, die erstere ist viel bedeutender als die letztere. Die westpreuß. Bibelgesellschaften haben, wie alle ihre Schwestern, durch die Aufhebung der Portofreiheit, durch die von der Pflege der inneren Angelegenheiten ablenkenden Kriege, sowie durch das Wachsthum des materiellen, gegen die Macht des Geistes gleichgültigen Sinnes sehr gelitten. Sie alle haben weniger Mitglieder und Beiträge als früher, dagegen wächst das Verlangen nach dem Worte Gottes. Erst einige Zeit nach dem letzten Kriege sind die Einnahmen bei einigen wieder gestiegen. — Die Bibelgesellschaft in Danzig hat vom Okt. 1813 bis Okt. 1873: 51,624 Bibeln und 30,796 N. T., also 82,420 hl. Schriften verbreitet (im J. 1872,73: 1219); als Einnahme ergab das genannte Jahr 563 Thlr; im Okt. 1873 war ein Vermögen von 1200 Thlr. vorhanden. Pred. Fuhst versendet die hl. Schriften; sie finden in allen Kreisen des Regierungsbezirks Abnahme, am wenigsten in den Kreisen Neustadt und Marienburg. Die Hälfte der Bibeln wird unter dem Kostenpreise ausgegeben; die meisten werden von Schulkindern und Konfirmanden begehrt, die besseren auch hie und da zum häuslichen Gebrauch gekauft. Für das J. 1872 konnten 11 Zweigvereine gerechnet werden, nachdem seit 1868 und kurz vorher 7 andere eingegangen waren. Aber auch von den übrig gebliebenen Vereinen hatten nur 7 Beiträge eingesandt und zwar hatten 328 Mitglieder 192 Thlr. beigesteuert. Die thätigsten Zweigvereine sind 1) der Verein in Elbing, bei welchem die Einnahme und die Zahl der vertheilten Schriften sich in gleicher Höhe gehalten hat, die Zahl der Mitglieder seit 1868 aber von 43 auf 30 gesunken ist, so daß die Stadt Elbing unter 27,000 Evangelischen nur 2₁ Freunde der Bibelsache zählt, 2) der Verein in Danzig und der nächsten Nähe mit 99 Mitgliedern und 72 Thlr. Einnahme, so daß unter etwa 70,000 ev. Bewohnern der Stadt Danzig nur 76 Personen für dieses Liebeswerk Geld opfern, und 3) der Frauenbibelverein in derselben Stadt, der auch über Mangel an Mitteln klagt, er hatte im J. 1872/73 weniger Mitglieder (71) und weniger Beiträge (59 Thlr.) als in dem Jahre seiner Gründung, dem J. 1840, doch war auch hier wie bei andern Bibelvereinen die Zahl der Mitglieder · im J. 1871/72 noch kleiner gewesen (59); er bezieht seine Bibeln theils von der Danziger theils von der britischen Bibelgesellschaft; im J. 1868 stellte er den Stadtmissionar Schneider, als derselbe vom Johannes= stifte nicht mehr unterhalten werden konnte, als Kolporteur an, dieser bot den Städtern in ihren Häusern, den Solda= ten in den Kasernen, den Schiffern und Matrosen im Ha= fen, den Landleuten auf dem Markte und den Fremden auf den Jahrmärkten die hl. Schriften an und setzte im J. 1869/70 nicht weniger als 996 derselben ab; da für die Kolportage im ersten Jahre · 125, im zweiten sogar 154 Thlr. ausgegeben werden mußten und die Beiträge sanken, so mußte diese segensreiche Thätigkeit eingeschränkt werden, und seit 1871 geht der Bibelkolporteur nur an einem Tage der Woche umher, er hat im J. 1870/71: 139 und im J. 1872/73: 163 Bibeln und N. T. verkauft, die Kolportage kostete in den drei letzten Jahren etwa 50 Thlr. jährlich; der Bibelbote bietet Vornehmen und Geringen das Wort des Lebens an; wenn ihm bei beiden der Unglaube und die Feindschaft wider den Herrn, der Haß gegen sein Wort und die Verachtung desselben in der traurigsten Weise entgegen= traten und manche der Höherstehenden meinten: sie seien über das verachtete Buch schon längst hinweg, so hat der Bibel= bote dann frei und freudig für Gottes Wort gezeugt, Ein= würfen und Fragen begegnet, und wie hier den Spöttern den Ernst, so an anderen Stellen den Trostbedürftigen die Barmherzigkeit Gottes vorgehalten und die Unwissenden aufgeklärt; Handwerker und Dienstboten, manche der Solda= ten und Schiffer haben die Bibel gern gekauft; seit seinem

13

Bestehen bis zum J. 1872/73 hat der Frauenverein 19,480 (1869/70 z. B. 1141) hl. Schriften verbreitet, die Einnahme des letzten Jahres betrug 230 Thlr., Bibelverwalterin ist Fr. E. Conwentz, Vorsteherin Fr. Konf.=Räthin Bresler. — Der Bibelgesellschaft in Marienwerder fehlen Hülfsver= eine; sie hat kaum einen, darum hat sie nur den dritten Theil der hl. Schriften ausgegeben, die von Danzig aus verbreitet sind, nämlich bis 1872: 25,621 Exemplare, die meisten (1024) gab sie 1865 aus, 1864 war der Umsatz noch größer gewesen, aber dieses Jahr hatte in Folge des Jubiläums der Hauptbibelgesellschaft reiche Geschenke dersel= ben für die Tochtergesellschaften gebracht. Die Einnahme betrug 1858: 444, 1866 nur 289 Thlr. und hob sich 1872 wieder auf 356 Thlr. Die städtischen Mitglieder zahlten 1872 nur 25 Thlr., die übrigen Mitglieder 48 Thlr. an Beiträgen. Der Absatz erstreckt sich über den Rgbz. M. mit Ausnahme der Kreise Thorn, Straßburg und Dt. Crone. Den Vertrieb leitet Pred. Burau. — Die Bibelgesellschaft in Konitz, 1830 gegründet, hat bis Ende 1869: 6164 Bi= beln vertheilt und im J. 1869 für 27 Bibeln 8 Thlr. ein= genommen. Da Kolporteure im Kreise umherziehen, so wird der Bedarf durch diese gedeckt. Auch hat die Gust.=Ad.= Sache dort das Interesse für die Bibelverbreitung gemindert. — Die Bibelgesellschaft in Thorn, etwa 1832 gegründet, hat einige Jahre hindurch in den drei Wintermonaten einen Kolporteur in den Kreisen Thorn, Kulm und Straßburg um= hergesandt, welcher Bibeln und christliche Erbauungsschriften zum Verkauf ausbot. Da aber ein Kolporteur der englischen Bibelgesellschaft den Kr. Thorn zweimal im Jahre zu durch= ziehen pflegt und die englischen Bibeln billiger sind, fanden die Leute die angebotenen Bibeln zu theuer; der bedeutenden Kosten wegen mußte die Kolportage aufgegeben werden. Die Gesellschaft wirkt mit dem Frauenverein zur Belohnung weib= licher Dienstboten zusammen. Sie übergiebt kleine Nieder=

lagen von Bibeln den einzelnen Pfarrern des Kreises. Ihr Vermögen beträgt 400 Thlr., Vorsteher ist Pf. Klebs. — Die jüngste Bibelgesellschaft besteht seit 1841; sie trat in Graudenz auf Veranlassung der ev. Geistlichen der Stadt zusammen, um dem Bibelbedürfniß der großen Gemeinde zu genügen. In allen Ständen und Kreisen fand sie freudige Theilnahme und nahm im ersten Jahre 318, im folgenden über 335 Thlr. durch Beiträge und Geschenke ein. Anfangs wurden die Bibeln meistens verschenkt, auch noch 1865|66 wurden 48 Bibeln an arme Kinder und an bewährte Dienstboten vertheilt. In der ersten Zeit bewiesen die Mennoniten eine rege Theilnahme, später aber blieben die Beiträge der auf dem linken Weichselufer gelegenen Dörfer aus und blieb die Gesellschaft fast ganz auf die Theilnahme der Stadt angewiesen. Im J. 1848 war durch schrankenlose Freigiebigkeit eine solche Schuldenlast angehäuft, daß die Wirksamkeit der Gesellschaft gehemmt schien. Da trat die Berliner Muttergesellschaft ein, sie wartete Jahre lang auf die Bezahlung der Schuld und schenkte einen Vorrath von Bibeln. In den letzten Jahren haben die Beiträge höchst selten die Höhe von 100 Thlr. erreicht, ja 1859|60 betrug die ganze Einnahme 100 Thlr., doch hat sie sich wieder gehoben, und 1865|66 kamen wieder 160 Thlr. ein; Okt. 1866 war ein Bestand von 207 Thlr. vorhanden. Die Zahl der verbreiteten Bibeln stieg im günstigsten Jahre bis auf 587 Exemplare und sank im ungünstigsten auf 77 hl. Schriften, in den letzten Jahren wurden wieder mehr, aber nicht über 200 jährlich, verbreitet. In den ersten 25 Jahren sind 3875 Bibeln und 1411 N. T. in den Kreisen Graudenz, Kulm, Straßburg und Schwetz durch die Gesellschaft ausgegeben. Im Winter 1854|55 gelang es ihr, auf kurze Zeit einen geeigneten Bibelkolporteur zu gewinnen, seine Arbeit war recht gesegnet, denn er konnte in 4 Monaten 61 Thlr. für verkaufte Bibeln und über 70 Thlr. für verbreitete Er-

13*

banungsschriften der verschiedensten Art an die Kasse ablie-
fern. So sehr die Gesellschaft wünscht, diese Thätigkeit wieder aufzunehmen, so ist es ihr bis jetzt nicht gelungen, den
für dieses Amt passenden Mann zu gewinnen. Der Vorstand bestand 1866 aus dem inzwischen verstorbenen Bür-
germeister Haase, der sich damals schon 30 Jahre lang der
Bibelgesellschaft angenommen hatte, dem Sekretair Pf.
Roesgen und 13 andern Männern. Durch die letzten Berichte geht die Klage, daß das Wasser Siloah, welches nach
dem Ausspruch des Propheten stille geht, von der Menge
des Volkes verachtet wird. — So sind denn durch die westpreußischen Bibelgesellschaften nicht viel mehr als etwa
130,000 hl. Schriften verkauft oder verschenkt worden, während die britische Bibelgesellschaft z. B. 1862 durch 4—5
Kolporteure in Westpreußen 5100 Exemplare verbreitet hat
und jedenfalls allein mehr hl. Schriften abseht als die 5
westpreußischen Gesellschaften zusammen. Das Bedürfniß
ist bei Weitem nicht gestillt, die Nachfrage wächst, aber die
Beiträge fehlen. — An einigen Orten werden unbescholtenen Brautpaaren bei der Trauung Bibeln geschenkt, so in
Gischkau und Rambeltsch (Ldkr. Danzig) und in Thorn seit
1854 in der St. Georgengemeinde, auch seit 1868 in der
Neustadt-Thorn, wo ein Gemeindeglied die dazu nöthigen
Veranstaltungen getroffen hat. — Wichtiger als die Verbreitung ist der fleißige Gebrauch der hl. Schrift, dazu
muß in Bibelstunden und besonders schon in den Schulen
Anleitung gegeben werden; wenn es auch zu bedauern ist,
daß durch die „Allgemeinen Bestimmungen", obwohl der
Stoff für die Religionsstunden weiter ausgedehnt und manches, was bisher in den Geschichtsstunden behandelt worden,
dem Religionsunterricht zugewiesen ist, dennoch die Zahl
der Religionsstunden eine Verminderung erfahren hat und
nur sehr wenig Zeit zum Bibellesen übrig bleibt, so sollten
die Lehrer zu desto verständigerem und fleißigerem Gebrauch

der zum Bibellesen bestimmten Zeit angeleitet werden, und
das Haus sollte mit seiner täglichen Bibellektion helfend
eintreten. Besonders sind auch die Konfirmanden an ein
regelmäßiges Lesen der hl. Schrift zu gewöhnen, ein jeder
derselben muß seine eigene Bibel besitzen, und die Schulkinder müssen nicht bloß neue Testamente sondern ganze Bibeln
zur Verfügung haben.

Erbauungsschriften, diese „Schöpfeimer," mit welchen
aus dem tiefen Brunnen der hl. Schrift Lebenswasser ge-
schöpft wird, finden sich in größeren Niederlagen in Marienwerder bei Reg.- und Schulrath Henske, in Thorn bei
Pf. Schnibbe, in Elbing bei Kaufm. Schamp, in Flatow
bei Frl. v. Boehm u. a. a. O. Pf. Schnibbe z. B. setzt
jährlich für 100 — 200 (im J. 1871 für 112) Thlr.
Schriften um. Der ev. Bücherverein in Berlin hat seine
Agenturen in Marienwerder (Reg.- und Schulrath Henske),
in Thorn (Lehrer Semrau) u. s. w. Der Hauptverein für
christliche Erbauungsschriften besitzt Niederlagen in Marienwerder (Reg.- und Schulrath Henske), in Thorn (Pf.
Schnibbe), in Elbing (Kaufm. Schamp) u. s. w. Die Ab-
theilung Danzig hat dem „christlichen Verein für das nörd-
liche Deutschland" 135 Thlr. im J. 1871 übersandt; Niederlagen desselben hatten 1871 in Danzig Pred. Lange, in
Elbing Kaufm. Schamp, in Kaldowe Hofbesitzer Rempel, in Marienwerder Reg.- und Schulrath Henske, in Kommerau (Kr.
Schwetz) Lehrer Geschke, in Pr. Stargard Pred. Burau,
in Graudenz Pf. Roesgen und in Thorn Pf. Klebs. Dieser Verein, welcher sehr gute Schriften erzählenden, geschichtlichen und erbaulichen Inhalts verlegt und seinen Mitgliedern die jährlich erscheinenden Bücher für einen Jahresbei-
trag von 1 Thlr. übersendet, hat in Ostpreußen mehr Niederlagen und Einnahmen als bei uns. — Eine Niederlage
christlicher Schriften sollte in jedem Kreise sein.

Sehr wenig ist für die Errichtung christlicher Volksbibliotheken geschehen. Es ist kaum eine Arbeit der J. M. so leicht durchzuführen als diese, schon weil der Geistliche dabei nicht so sehr wie sonst von der Mithülfe anderer das Gelingen zu erwarten hat. Auch bei uns liest das Volk gern, es muß ihm nur der Lesestoff geboten werden, an guten und volksthümlichen Büchern ist kein Mangel. Wird nicht ein gutes Buch angeboten, so greifen die Leute entweder zu Erzeugnissen der schlechten Presse oder verträumen und verschlafen die Zeit und werden dann gegen alles Geistige immer stumpfer und abgeschlossener, oder sie bringen ihre freie Zeit im Kruge zu. Vorzüglich für die Sonntage ist ein gutes Buch Bedürfniß, und es hilft zu einer gesegneten Sonntagsfeier. In jeder ländlichen Gemeinde muß eine Bibliothek sein, der Pfarrer auf dem Lande kann seine ganze Gemeinde, wenn sie nicht zu groß ist, mit Lesestoff versorgen. Die Begründung einer Bibliothek ist leicht; sie unterhält sich auch ohne bedeutende Zuschüsse, wenn ein geringes Lesegeld genommen wird oder Beiträge erbeten werden. Da die Bibliotheken leicht von fleißigen Lesern ausgelesen werden, empfiehlt es sich, daß die einzelnen Gemeinden ihre Bibliotheken austauschen und etwa in dem Kreise umherwandern lassen. Christliche Volksbibliotheken bestehen, außer den einem bestimmten Vereine oder Kreise angehörigen, wie die Bibliotheken der Militärgemeinde, des Gefängnisses, des Jünglings- und des Frauen- Armen- und Krankenvereins in Danzig, des Jünglingsvereins und des Diakonissenkrankenhauses in Elbing u. s. w., unseres Wissens nach an 12 Orten. In der St. Bartholomäi-Gemeinde in Danzig hat ein früherer Diakonus, Rohr, eine Volksbibliothek gegründet, welche jetzt ein Kapital von 2600 Thlr. besitzt, jährlich 60—70 Thlr. zu ihrer Erhaltung und Erweiterung bezieht, gegen 3000 Bände enthält und etwa 120 Leser unentgeltlich mit Büchern versieht. Die Bibliothek des Pf. Schnibbe in Thorn besteht seit 1852 und umfaßt etwa

600 Bände im Werthe von 400 Thlr., die Bücher werden von 12—1 Vormittags am Mittwoch und Sonnabend gegen ein monatliches Lesegeld von 1 Sgr. gewechselt, einige Gemeindeglieder haben schon die ganze Bibliothek durchgelesen; da die Schulen aus ihren Bibliotheken reichlich ihre Schüler versehen, ist das Verlangen nach den Schriften nicht sehr groß, es lesen gegenwärtig 20 Personen; es können darum 2 christliche Privatschulen, eine in Riesenburg und eine in Thorn, aus dieser größeren Bibliothek mit kleineren Büchervorräthen versorgt worden. Aus der Bibliothek zu Gischkau (Lkr. Danzig), die aus Schulkassenbeiträgen entstanden ist, werden die Bücher unentgeltlich, in Mockrau (S. 101) für ein Lesegeld von 3 Pf. ausgetheilt, hier nimmt die Zahl der Lesenden, die meistens den unteren Ständen angehören, zu. In Lenzen (Kr. Elbing) wurde die Bibliothek im Winter 1873|74 von 60 — 120 Gemeindegliedern in Anspruch genommen, und es waren bei einem Bestande von 230 Büchern bis 180 zu gleicher Zeit ausgetheilt. Die Volksbibliothek in Rahmel (S. 173) ist bis auf 510 Bände herangewachsen und wird jährlich von etwa 50 ev. Familien benutzt, das Lesegeld (3 Pfg) bringt jährlich 6 Thlr. ein, auch ist ein Kapital von 50 Thlr. geschenkt, dessen Zinsen der Bibliothek zu gut kommen; „der Segen ist ganz unverkennbar und hier inmitten der abergläubischen, entsetzlich unwissenden, fanatischen Katholikenbevölkerung nicht hoch genug anzuschlagen." Die Bibliothek in Ohra (S. 124), durch eine Kollekte begründet, etwa 400 Bände stark, hat sich sehr segensreich erwiesen, und „mancher Familienvater wird durch sie vom Besuch der Gasthäuser abgehalten." Aus der Bibliothek zu Gruppe (Kr. Schwetz) giebt der Geistliche für den Winter den entfernter wohnenden Lehrern abwechselnd ein Dutzend Bücher zum Ausleihen. Auch in andern Kirchspielen dieses Kreises, sowie in Kl. Katz (Kr. Neustadt), Berent und Neu = Palleschken (Kr. Be-

rent), Neubörfchen (S. 161) und Rosenberg bestehen solche Bibliotheken, auch wohl noch jetzt wie früher in Tütz und Zippnow (Kr. Dt. Crone), und für Skurcz (S. 102) und ein Kirchspiel des Kr. Marienburg ist die Gründung beabsichtigt. Die Volksbibliothek des Pf. Nesselmann in Elbing, 1857 durch Beiträge der zu den Bibelstunden zahlreich versammelten Gemeinde begründet und mit 232 Büchern eröffnet, war nach und nach bis auf 600 Nummern angewachsen, sie wurde anfangs von 70 Personen gegen ein Lesegeld von 6 Pfg. für das Buch benutzt, ist aber jetzt, da die Zahl der Leser sehr abgenommen hat, zum Theil dem Jünglingsverein, zum Theil dem Krankenhause übergeben. Die bedeutende Karmann'sche Bibliothek in der St. Barbaragemeinde zu Danzig zählte 900 Bände für Erwachsene, 300 Bände für Konfirmanden und etwa 250 Leser, ist aber bei der Emeritirung des Pf. Karmann aufgelöst. — Christliche Volksbibliotheken sind für jede ländliche Gemeinde, für die Soldaten in den Kasernen, für die Seeleute und die Gefangenen durchaus nöthig, ebenso für die Gemeinden kleinerer Städte, und selbst in den Gemeinden größerer Städte wirken sie unter günstigen Umständen sehr viel. In Bremen z. B. sind durch die Stadtmissionare in einem Jahre 14,464 Bücher ausgeliehen. Es wäre zu wünschen, daß unsere deutschen Schriftenvereine ebenso die Gründung von Volksbibliotheken unterstützten, wie es die französischen thun, deren einer jährlich 4000 Bände zur Gründung und Vermehrung christlicher Bibliotheken austheilt, die englischen thun aber noch viel mehr für die christliche Bildung des Volkes. Der rheinischwestfälische Schriftenverein, der Provinzialausschuß für J. M. in Sachsen, die Agentur des Rauhen Hauses in Hamburg, die Rothersche Buchhandlung in Berlin u. a. besorgen wenigstens Bibliotheken, je nachdem es gewünscht wird, für 12, 15, 20 Thlr. und darüber. Der ev. Bücherverein in Berlin und andere Schriftenvereine schenken auch wohl Bücher. Ein kurzes Verzeichniß guter Schriften, vom Provinzialverein für J. M. in Ostpreußen zusammengestellt, versendet der Geistliche des ev. Vereinshauses zu Königsberg für 1 Sgr. 4 Pf. Auch können den öffentlichen Leihbibliotheken manche guten Bücher zugeführt werden, wenn Kenner derselben sie den Bücherverleihern empfehlen, die christlichen Bücher sind in den Leihbibliotheken oft sehr gesucht.

Es bietet sich nun hier eine Schwierigkeit in der weiten Verbreitung der polnischen Sprache. Eine polnisch-ev. Literatur ist erst in schwachen Anfängen vorhanden; es sind Luthers Haus- und Langhansens Kinder-Postille, Dambrowski's Predigtbuch, der kl. Katechismus Luthers mit der Erklärung von Weiß, die Augsburgische Konfession, Arndts Bücher vom wahren Christenthum und sein Paradiesgärtlein, die Weckstimmen, Ziegler's Passionsbüchlein, der Reisepsalter, Wangemanns Lutherbüchlein, das Leben des Joh. Huß, die Traktate: Betest Du?, Selbstprüfung für Kranke, Williams, der arme Kranke, die Hirtentreue Jesu Christi, der lahme Fried, das Herz des Menschen ins Polnische übersetzt; es erscheint auch ein königlich preuß. ev. Kalender (von Gerß) und eine Monatsschrift (herausgegeben von Pastor Kölling), aber dieser Lesestoff reicht nicht einmal für die Erbauung, viel weniger für die Unterhaltung aus.

An einigen Orten bestehen Lesevereine, welche zum Theil nur Missionsschriften enthalten, wie in Thorn, Bischkau und Praust (Lbkr. Danzig), bisweilen werden auch andere größere und kleinere Schriften christlichen Inhaltes in Umlauf gesetzt, so in Marienwerder (unter den höheren Ständen), in Skurcz (S. 200), Cammitz (Kr. Konitz), Hammerstein (S. 169) und Krojanke. Im J. 1864 bestanden solche Lesevereine auch in Krockow (Kr. Neustadt) und Karthaus. — An andern Orten haben die Geistlichen versucht, den Winter über in Lesestunden am Sonntag Nachmittag oder am Abend eines Wochentages den Gemeindegliedern

aus guten Volksbüchern vorzulesen, ihnen aus den Zeitungen Mittheilungen zu machen und sie über politische und
kirchliche Fragen aufzuklären, so früher in Tütz; in Lippusch
(S. 101) war die Sache bei den weiten Entfernungen und
der geringen Anzahl der im Kirchdorfe wohnenden Evangelischen nicht lebensfähig (1872); in Berent war (1872) eine
Zeit lang der Zudrang der Dienstboten, Burschen und Gesellen, und auch der Bürger groß; in Lenzen versammelten
sich im Winter 1873|74 ebenso zahlreich Bauern, ihre Söhne
und Knechte. Genug, es tritt an vielen Stellen das Bestreben hervor, den reichen Schatz unserer Volksliteratur zu
heben und in Umlauf zu setzen.

Von der Traktatliteratur haben viele eine geringe
Meinung. Anfangs waren auch die deutschen Traktate nach
englischem Muster geschrieben, und es wurde in manchen
derselben in ungesunder methodistischer Weise auf die Bekeh-
rung gedrungen. Seitdem aber die Traktatgesellschaften die
schlechten bei Seite gelegt haben und fast nur gute drucken,
sind die Traktate zum größten Theil brauchbar und geeignet Unbekehrte zu erwecken. Wir haben sehr gute geschichtliche und biographische, nicht so gut sind diejenigen, welche
einzelne Gegenstände des christlichen, häuslichen oder socialen
Lebens behandeln, so wären bessere Traktate über die Ehe,
Kindererziehung, Sonntagsentheiligung, Trunksucht, neue
Schriften über die christliche Schule, Kleinkinderschule, Civil-
ehe, Arbeiterfrage u. a. D. nöthig. Es ist nicht zu vergessen, daß Luthers reformatorische Schriften gewaltig wirkten
und doch nur Traktate waren. Ebenso ist die Broschüren-
literatur, wie dieses die Katholiken schon erkannt haben,
viel mehr auszubilden und für die gebildeten Kreise
zu berechnen. — Ueber den Büchern sind die Bilder nicht
zu übersehen, das Volk liebt Bilder; weil ihm keine guten
geboten werden, nimmt es schlechte. Außer den kleinen bib-
lischen Bildern sind gute größere z. B. die vom Rauhen

Hause und von dem Berliner „Verein für religiöse Kunst
in der ev. Kirche" herausgegebenen zu verbreiten, besonders
letztere können auch den gebildeteren Ständen angeboten
werden. Der ev. Kunstverein zählt in Westpreußen nur 8
Mitglieder, unter ihnen 6 Geistliche, und doch wird er von
der Prov. Preußen aus für die sehr ärmlich ausgestatteten
Kirchen am häufigsten um Rath und Hülfe gebeten und
hat viele Zuschüsse zur Anschaffung von Gemälden, Kirchengeräthen, Kronleuchtern u. s. w. in die Provinz gelangen
lassen. Die J. M. hat auch die christliche Kunst zu pflegen,
„der Ort und die Umgebung müssen dazu beitragen, das
Gemüth der Menschen über das Alltägliche hinweg in
einen höheren Lebenskreis zu führen." „Der Verein zur
Verbreitung religiöser Gemälde durch Oelfarbendruck" in
Berlin liefert vorzügliche Bilder, welche aber sehr wenig
bekannt sind, der Beitrag beträgt 1 Thlr., das jährliche
Vereinsbild erfordert 3 Thlr. 20 Sgr. Zuschuß.

Für den Verkauf guter Schriften und Bilder werden
neue Wege gesucht werden müssen, um sie auch denen zu
bringen, welche von selbst nicht danach fragen. Kein Missionsfest sollte vorübergehen, bei dessen Schluß nicht christliche Schriften zum Verkauf angeboten werden, der Absatz
ist oft erstaunlich. Es könnten auch die Bahnhöfe und besonders die Jahrmärkte zum Verkauf guter Schriften und
Bilder benutzt werden. Die in unserer Zeit wirksamste Art
der Schriftenverbreitung ist aber die Kolportage. Der
Kolportageverein in Zippnow (S. 200) hatte vor 10 Jahren im Kr. Dt. Crone für 3000 Thlr. Bibeln und Erbauungsschriften abgesetzt. Der Bibelkolportage in Danzig
und Graudenz hat es auch nicht an Absatz, nur an Mitteln gefehlt. Gegenwärtig kolportiren außer dem Stadtmissionar Schneider in Danzig nur noch die Kolporteure der
britischen Bibelgesellschaft, ohne daß sie alle Gegenden Westpreußens besuchen, und in Flatow begann Frl. v. Boehn

im J. 1866 eine christliche Kolportage einzurichten, als Kolporteur ist jetzt Kleinschmidt, ein Arbeitsmann aus Zempelburg, thätig, Frl. v. Boehm selbst übernahm die Leitung,
die Schriftführung und die Niederlage der Bibeln, Erbauungsschriften u. s. w. und hat dieses Alles bis jetzt mit
persönlicher Opferwilligkeit und großen Unkosten geführt;
der Hunger und Durst nach christlichen Schriften zeigte sich
so groß, daß durch den Kolporteur im ersten Jahre für
mehr als 400, in diesen 8 Jahren für 3025 Thlr. Schriften abgesetzt sind. Der Sammler, welcher in dem größten
Theil des Rgbz. D. für das Königsberger Krankenhaus der
Barmherzigkeit sich Liebesgaben erbittet, berichtet, daß die
Leute ihn oft gefragt hätten, ob er nicht christliche Schriften
zu verkaufen habe, und daß ihr Verlangen danach sehr dringend gewesen sei. Auch auf der Synode in Konitz ist darauf angetragen,
für den Kreis eine christliche Kolportage einzurichten,
„fremde Kolporteure erscheinen höchst selten und suchen meistens schnell wieder das Weite, weil sie bei ihrer Unbekanntschaft mit der Oertlichkeit und bei den weiten Entfernungen wenig einnehmen." Derselbe Antrag ist
in Elbing gestellt, hier wie dort bis jetzt vergeblich. Die
Synoden anderer Provinzen z. B. Eilenburg in Sachsen
und Wolgast in Pommern haben eigene Kolporteure auf
2—3 Wintermonate oder auch als Synodalgehülfen für
Jahre angestellt. Zwar wird von Stuhm aus Kolportage
mit christlichen Schriften getrieben; Bergemann in Neu-Rup-
pin schickt von dort zwei Männer aus, die gegen einen bedeutenden Rabatt (17 Sgr. von jedem Thaler) in einem
Theile Westpreußens seine Bücher, unter ihnen manche gute,
aber meistens theuere, auf schlechtem Papier gedruckte und
schlecht gebundene, und die bekannten Neu-Ruppiner religiösen Bilder verkaufen, aber die Zahl seiner Verlagsschriften
ist zu beschränkt und viele seiner Bilder sind unerträglich. —
Jede Synode muß ihren eigenen Kolporteur haben.

Es muß dieses ein christlich gesinnter Mann aus dem Volke sein, ausgerüstet mit klarer christlicher Erkenntniß und mit Redegaben, er muß nur einige Wintermonate hindurch, in denen er sonst als Maurer, Ziegelbrenner, Tagelöhner, Fischer u. s. w. keinen Verdienst hat, kolportiren und entweder ein festes Gehalt (15—20 Sgr. täglich) oder einen bestimmten Rabatt empfangen. Die Kosten für christliche Kolportage belaufen sich für den Monat auf etwa 15—20 Thlr. und werden durch Beiträge und den Rabatt der Schriftenvereine gedeckt werden müssen. Mit dem Angebot wächst die Nachfrage; mancher kauft ein Buch, wenn es ihm in's Haus gebracht wird; sich dasselbe Buch aus der Schriftenniederlage oder von dem Pfarrer zu holen, fällt ihm nicht ein oder ist ihm unbequem. Und ein Mann, der mit seiner ganzen Lebensanschauung und Sprechweise dem Kreise, in welchem er wirken soll, nahe steht, gewinnt leicht das Vertrauen der Leute; die Kolporteure finden oft Anlaß, Christum freudig und zuversichtlich zu bekennen, und ihr Zeugniß macht, eben weil es kein amtliches ist, oft desto tieferen Eindruck. Durch das Vorlesen aus christlichen Erbauungsschriften hat auch solch ein schlichter Mann in manches Haus wieder die häusliche Andacht gebracht. Jetzt steht die Thür für uns noch offen.

Zu der dem Christenthum feindlichen Tagespresse ist uns die Thür verschlossen; aber die gegen die Religion gleichgültigen oder mit halbfreundlichem Gesicht zugewandten Blätter öffnen ihre Spalten oft noch christlichen Anschauungen, wenn diese ohne Schärfe auftreten, durch die Mitarbeit der christlichen Kreise können sie vor Kirchenfeindschaft bewahrt werden. Die christliche Weltanschauung muß in der politischen Tagespresse vertreten sein, damit die Gebildeten es nicht noch mehr verlernen die Ereignisse der Zeit und ihre Fragen im Lichte des Evangeliums zu beurtheilen. Es handelt sich nicht so sehr um die Begründung neuer Blätter, denn

wir haben in Deutschland schon weit über 3000 Zeitungen,
Zeitschriften u. s. w., und außer den Blättern für äußere und innere Mission gab es im J. 1872 schon 53 ev. Erbauungs-
und Unterhaltungsblätter, die meistens wöchentlich erschienen.
In unserer Provinz wurde damals nur ein größeres kirchliches, mehr für die Geistlichen berechnetes, der Gemeinde
fast unbekanntes Blatt, das „Evgl. Gemeindeblatt," in Königsberg gedruckt, welches jetzt mit viel Geist und Geschick
von Pf. Eilsberger in Pr. Holland redigirt wird. In diesem Jahre ist endlich die „Evangelische Volks-Kirchenzeitung"
hinzugekommen, welche seit dem 1. Juli wöchentlich, ½—¾
Bogen stark, für den Preis von 12½ Sgr. vierteljährlich
erscheint und gleich bei ihrem Erscheinen 1700 Abonnenten
zählte. Von Pf. Lehmann in Labiau redigirt und für das
deutsche ev. Volk bestimmt, will dieses Blatt vor Allem über
die wichtigsten kirchlichen Tagesfragen Uebersicht gewähren
und zur Klarheit helfen; es giebt von Zeit zu Zeit eine
gute kirchliche Umschau, behandelt in anregender Weise das
apostolische und augsburgische Glaubensbekenntniß u. s. w.
und ist dringend zur Unterstützung zu empfehlen. Der
„christliche Dorfbote", welcher in Schönbruch jährlich in 12
Nummern erscheint und für 10 Sgr. durch die Post zu beziehen ist, hat in Westpreußen nicht die Verbreitung unter
dem Volke gefunden, die er verdient. Als halb erbauliches halb politisches Blatt wird in christlichem Geiste
der Preußische Volksfreund in Königsberg geschrieben. In
Westpreußen erscheint nicht ein einziges ev.-kirchliches Blatt!
Für die christliche Sache ist vor Allem der Reichsbote (S.
79) von großer Wichtigkeit, ferner ist der „Evangelisch-
Kirchliche Anzeiger von Berlin," ein Wochenblatt, welches
bei der Post 15 Sgr. vierteljährlich kostet, als erbauliches,
unterhaltendes und die kirchlichen Zeitereignisse berichtendes
und beleuchtendes Blatt der Verbreitung werth. Es ist
mehr die Aufgabe, diese und ähnliche Blätter, vorzüglich

auch durch Beiträge zu unterstützen, als neue zu begründen.
— Von größerer Bedeutung als die für einen weiteren
Leserkreis bestimmten Blätter ist die kleine Lokalpresse, welche
für einen großen Theil unseres Volkes das einzige Erzeug-
niß der Tagespresse ist, das zu ihm bringt; sie bestimmt
also das Urtheil vieler ausschließlich. Sie ist häufig schlecht,
mehr aus Unfähigkeit und aus Mangel an gediegenen Beiträgen als aus Böswilligkeit. In viel ausgedehnterem Maße
als bisher kann sie benutzt werden, um durch Mittheilungen
über kirchliche Feste und Vereine ein Interesse für kirchliche
Dinge zu wecken. Die schlechten Blätter, welche oft in den
Krügen ausliegen, sind dadurch unschädlich zu machen, daß
von christlicher Seite für den Krug ein gutes Blatt gehalten wird. Meistens wird von dem Mittelstande, zumal dem
ländlichen gar kein Blatt gelesen. Ehe wir im nordöstli-
chen Deutschland für ein christliches Blatt einen ähnlichen
Umsatz erreichen, wie etwa den des Stuttgarter Sonntag-
blattes, welches 54,000 Abonnenten zählt, wird noch viel
vorgearbeitet werden müssen. In den westlichen Provinzen
steht es besser. Ein viel regeres kirchliches Leben läßt sich
für Westfalen schon aus dem Umstande erschließen, daß
eine kleinere Gemeinde in Minden = Ravensberg 63 Exemplare eines westfälischen kirchlichen Blattes und 49 Missionsblätter, eine andere 345 Blätter der ersteren Art und
viele Missionsblätter hält. Wir aber haben große Landgemeinden, in denen nicht ein Gemeindeglied ein kirchliches Blatt liest. Ein für Westpreußen oder wenigstens für die ganze Provinz bestimmtes kirchliches
Blatt fehlt uns noch, es müßte, in ganz einfacher Sprache
geschrieben, 1. einen erbaulichen Abschnitt 2. eine politische
Uebersicht 3. Nachrichten über die Arbeiten der äußeren
Mission 4. Nachrichten über die innere Mission im Allgemeinen und ihre Thätigkeit in der Provinz insbesondere 5.
gute einzelne Mittheilungen 6. Bücheranzeigen und 7. eine

Bibellesetafel enthalten, womöglich illustrirt sein und bei wö=
chentlichem Erscheinen 7½—10 Sgr. kosten. Durch solch
ein Blatt würde die Liebe zur Kirche und das Verständniß
für ihre Angelegenheiten gemehrt und ihre Freunde würden
im Glauben klar, stark und fest werden.

IV. Die nächsten Aufgaben.

Die Arbeiten der J. M. müssen zusammengefaßt, und
die J. M. muß dem christlichen Volke näher gebracht wer=
den. — Ein Provinzialverein für J. M. in der Prov. Preu=
ßen hat seit 1849 in Königsberg bestanden und bis 1852
gewirkt. Er sandte nach und nach 3 Reiseprediger und 28
Bibelkolporteure aus und unterhielt dieselben. Seine den
Eisenbahnarbeitern bewiesene Fürsorge kam auch bei dem
Bau der Ostbahn unserm Westpreußen zu gut. Seine
Thätigkeit erlahmte, weil in Königsberg die Personen
fehlten, die einen Mittelpunkt für die Arbeiten der
J. M. in unserer Provinz hätten bilden können.
Seit einigen Jahren ist der ostpreußische Zweig wieder le=
bendig geworden, und es sind Kolporteure zu den Eisen=
bahnarbeitern gesandt, auch ist die Gründung einer Gefäng=
nißgesellschaft für die Provinz vollzogen worden; der west=
preußische Zweig steht noch kahl und todt, ohne Blätter,
Blüthen und Früchte da. Im Anschluß an die Danziger
Pastoralkonferenz findet wohl auch eine Versammlung statt,
in welcher über Angelegenheiten der J. M. verhandelt wird,
aber es nehmen fast nur Geistliche, und auch diese nur in
sehr geringer Zahl, daran Theil; wenn ein Provinzialverein
gegründet wird, müßte er von Anfang an selbständig, nicht
als Anhang einer Pastoralkonferenz, dastehen. Das Ver=
langen nach einem Provinzialverein ist unter den Freunden
der J. M. in Westpreußen rege vorhanden, wie sich der
vom Centralausschuß im J. 1873 ausgesandte Agent, Pred.

Rathmann, auf seiner Reise über Löbau, Rosenberg, Riesenburg, Thorn, Graudenz, Marienwerder, Krojanke, Schlochau und Flatow davon überzeugte. Den Schluß seiner
Reise, auf welcher er die Anstalten und die Arbeiter der J.
M. besuchte, predigte, auf einer Synodalkonferenz einen
Vortrag hielt, die Gründung christlicher Sonntagsschulen in
zwei Städten anzuregen suchte u. s. w., hatte eine die Gründung eines Provinzialvereins vorbereitende Versammlung bilden sollen. Aber des Herrn Stunde schien noch nicht gekommen. Wenn irgend etwas sich nicht „treiben" läßt, so
gewiß nicht die J. M., der Herr wird uns auf unser Gebet auch den rechten Mann zeigen und geben, der den Lie-
besdienst der Leitung übernehmen und ausrichten kann.
Ein Provinzialverein kann ein größeres Feld ins Auge fassen als ein kleinerer Verein, allgemeine Nothstände erforschen und deren Abhülfe anregen, allgemein wichtige Sachen
ausführen z. B. Chaussee- und Eisenbahnarbeiter mit dem
gepredigten oder gedruckten Worte Gottes versorgen, Anstalten zur Ausbildung von Arbeitern der J. M. anlegen oder
befördern, einen Agenten, einen Reiseprediger für die J.
M. anstellen, für die einzelnen Bestrebungen einen zusam-
menfassenden Mittelpunkt bilden u. s. w. Auch ist es eine
wesentliche Hülfe für die Verbreitung der die J. M. betref-
fenden Schriften, wenn der Provinzialverein eine Druckerei
und einen Bücherverlag besitzt, die Schriften sind dann viel
billiger herzustellen als auf buchhändlerischem Wege. — In
andern Provinzen bestehen neben dem Provinzialverein land-
schaftliche Konferenzen, wie auch wir deren mindestens 2,
die eine für die überwiegend deutschen, die andere für die
Diaspora-Kreise brauchten: Schlesien hat deren 8, die zum Theil
aus kleinen Anfängen entstanden sind, einige derselben haben eine
bedeutende Wirksamkeit entfaltet. — In Rheinland und Westfalen haben viele Synoden einen besonderen Ausschuß für
die Angelegenheiten der J. M., welcher Berichte erstattet,

14

Aufragen beantwortet u. s. w. Unseren Synoden sind auch einige Fragen aus dem Gebiete der J. M. durch das königliche Konsistorium zur Beantwortung vorgelegt worden, und die Frage des J. 1870: „Welche Arbeiten kirchlicher Vereine, namentlich auf dem Gebiete der J. M., können die Kreissynoden überhaupt und die Kreissynode N. N. insonderheit in Angriff nehmen, und wie soll dieses geschehen?" sollte die Kreissynoden veranlassen, christliche Liebeswerke anzuregen und auszuführen. Nur bei 4 Synoden der Provinz führten damals die Verhandlungen zu Thaten. Es gilt aber, nicht müde zu werden und auch in den Synoden immer wieder zur Theilnahme an den Werken der J. M. aufzufordern. Jede Synode sollte alljährlich mit den Arbeiten der J. M. in ihrem Gebiete sich eingehend beschäftigen. — Für die Stadt Danzig ist die Gründung eines Stadtvereins für J. M., zu dessen Leitung Vorstandsmitglieder der einzelnen Vereine mitzuberufen wären, das nöthigste Bedürfniß, er würde gewiß, wie der Stadtverein in Königsberg, der Stadtmission sich annehmen, sie wieder aufleben lassen und sie weiter ausdehnen. Es ist ferner in Danzig, vielleicht auch in dieser oder jener andern größern Stadt Westpreußens, die Einrichtung von Abendandachten nöthig, für die Leute bestimmt, welche so zerlumpt sind, daß sie keine Kirche zu besuchen wagen, und von denen mancher nach Gottes Wort von Herzen begehrt. In Königsberg werden viele solcher Andachten durch die Stadtmissionare gehalten. — Die Anlage einer neuen Anstalt oder die Stiftung eines neuen Vereins hängt ganz vom Bedürfniß ab. Die Liebe öffnet die Augen, daß sie Noth und Bedürfniß herausfühlt und sieht. Wo aber das Bedürfniß erkannt ist, da muß auch im Glauben auf den Herrn etwas gewagt werden. Es ist kein Schade, wenn die Arbeiten der J. M. klein beginnen; sie theilen dann nur die Senfkornnatur des göttlichen Reiches; wenn sie groß anfangen, kann man eher

erschrecken. Es muß aber fast jedes rechte größere Liebeswerk jahrelang auf sorgendem und betendem Herzen getragen werden, ehe es überhaupt zum Leben kommt. Bei den
einzelnen Arbeitsfeldern der J. M. ist darauf hingewiesen,
wo insbesondere ein Bedürfniß nach einer Anstalt der Liebe
hervorgetreten ist. Es sei hier nur noch darauf aufmerksam
gemacht, daß bis jetzt keine Anstalt zur Ausbildung polnisch-
ev. Diakonen besteht und doch für Schlesien, Posen und
Preußen eine solche nöthig erscheint. Ueberhaupt fehlt eine
Diakonenanstalt, wenigstens müßte in Ostpreußen eine solche
errichtet werden, die dort reichlicher vorhandenen christlichen
Persönlichkeiten kämen durch die Ausbildung zu Diakonen
erst zur rechten Bedeutung und zum vollen Leben; es muß
in unseren Gemeinden das Bewußtsein geweckt werden, daß
jeder Gläubige dem Reiche Gottes und der Kirche Jesu
Christi mit seinen Kräften und erforderlichen Falles auch
mit seiner Person zu dienen hat.

Eine wichtigere und allgemeinere Sorge als die um
Begründung von Anstalten und Vereinen der J. M. wird
uns in Westpreußen durch den Mangel an christlichen Persönlichkeiten auf das Herz gelegt; wie bekommen wir christlich lebendige Persönlichkeiten, welche entweder als Freunde
der J. M. an Anstalten und in Vereinen oder als Arbeiter
in den Krankenhäusern, Kleinkinderschulen, Sonntagsschulen,
Rettungshäusern u. s. w. sich in den Dienst des Herrn stellen? Steht es auf der einen Seite fest, daß Leben nur der
lebendige Gott selbst wecken kann, so thut er es doch durch
menschliche Werkzeuge, und diejenigen, welche amtlich dazu
berufen sind, dem Herrn Seelen und seinem Reiche Arbeiter
zu werben, sind die Geistlichen. Die J. M. muß ebenso,
wie es schon hier und da die äußere Mission geworden ist,
eine Angelegenheit der christlichen Gemeinde werden, diese
muß in den Missionsstunden auch über die J. M. anregende
Mittheilungen empfangen. Sie muß durch die Predigt und

durch Bitten zu christlicher Opferwilligkeit angeregt und darin
erhalten werden; es ist doch sehr beschämend, daß die
Juden, als es galt, die Stiftshütte zu bauen, mehr herbei=
schafften als nöthig war (2. Mos. 36,5). Bei uns aber
— nicht bloß bei den Laien, auch bei den Geistlichen —
sind die Klagen so häufig, daß christliche Liebesgaben zu oft
und zu viel gefordert werden, und sie dienen doch dem Bau
eines geistlichen Tempels, dem Leibe Jesu Christi. Wie der
Apostel Paulus die Christen zu Korinth (1 Kor. 16, 1 u.
2) ermahnt, daß sie regelmäßig an jedem Sonntage ihre
Gabe zurücklegen sollten, und wie die Korinther dann für
die Armen geben konnten, als Paulus sammelte, so wird es
uns auch nicht an Mitteln für die Arbeiten des göttlichen
Reiches fehlen, wenn wir uns selbst und andere veranlas=
sen, an jedem Sonntage unsere Gabe zurückzulegen. Selbst
dem Arbeiter gilt diese Mahnung (Eph. 4,28); auch der
Aermste kann eine kleine Gabe für das Reich Gottes wö=
chentlich erübrigen. Wo aber erweckte, gläubige Leute sich
finden, muß ihnen eine Arbeit, ein Dienst im Reiche Got=
tes angeboten, sie müssen herangezogen und gesammelt wer=
den. Auch im Geistlichen ist „ein unnütz Leben ein früher
Tod." — Die Diener des göttlichen Wortes müssen in der
Predigt die Schäden offen, ohne Menschenfurcht, aufdecken,
auch einmal in ganz besonderen Predigten über die Trunk=
sucht und die Sonntagsentheiligung das Uebel durch schla=
gende Thatsachen beleuchten und durch Verbreitung von
Schriften das gesprochene Wort unterstützen. In dem Kon=
firmandenunterricht ist mit immer größerem Ernste, mit im=
mer innigerer Liebe, mit immer fröhlicherem Glauben zu
zeugen, insbesondere auch der Behandlung des 3., 6. und
7. Gebotes viel Sorgfalt zu widmen. Die Hauptsache ist
aber die Pflege der Konfirmirten; ist durch den ganzen Geist
des Unterrichtes und durch den Einzelverkehr mit den Kon=
firmanden ein festes Band der Gemeinschaft geschlungen und

haben die „Betkinder" Vertrauen zu ihrem Seelsorger gefaßt, so wird es ihm gelingen, auch später diese Verbindung
aufrecht zu erhalten und in vierteljährlichen oder monatli-
chen Zusammenkünften die Jugend im Pfarrhause um sich zu
versammeln. In Pommern sind diese an vielen Orten feste
Sitte. Auf diesen Zusammenkünften, für welche Jaspis in
seiner Schrift: „Winke für die Versammlungen der konfirmirten Jugend" vortreffliche Anweisungen giebt, wären
hauptsächlich Erklärung der Bibel, Besprechung einer besonders wichtigen Glaubenswahrheit, Auslegung eines Kirchen-
liedes und Aehnliches zu berücksichtigen, auch sind Mittheilungen aus andern Wissensgebieten und Singübungen am
Platze. Diese Versammlungen werden auch sehr gut dazu
geeignet sein, die jungen Leute mit den Arbeiten der J. M.,
wie mit der Thätigkeit eines Diakonen, Kolporteurs u. s. w.,
einer Diakonissin, Kleinkinderlehrerin u. s. w., bekannt zu
machen. — Auch sind die so gesegneten Gebetsverhöre sehr
zu pflegen, an vielen Orten betheiligt sich die Jugend mit
großem Eifer daran, wenn sie in rechter Weise behandelt wird.

Die ev. Kirche muß sich rechtzeitig der Lösung der socialen Frage zuwenden, sonst wird sie durch den Ultramon-
tanismus und die Socialdemokratie bei Seite geschoben; sie
muß auf Beschränkung der Frauenarbeit, auf Errichtung
von Sparkassen und ähnlichen Kassen durch die Geistlichen
und andere christliche Männer, auf Wiederherstellung der
Sonntagsfeier, auf Gründung christlicher Volksbibliotheken
und anderes hinwirken. — Die nächstliegende Aufgabe scheint
eine viel reichere Benutzung der Presse zu sein, also reich-
liche Austheilung von Traktaten an das Volk und von Bro-
schüren an die Gebildeten, Verbreitung der guten, Verbesserung der mittelmäßigen Blätter, Gründung von Volksbibliotheken und besonders Einrichtung christlicher Kolportage.
— Am schwierigsten ist es, den Gebildeten mit dem Worte
Gottes zu nahen, die kirchliche Predigt ist ihnen unverständ-

lich sie sind voll Argwohn gegen die Kirche — und doch sind auch unter ihnen suchende Gemüther. Vorträge zur Vertheidigung des christlichen Glaubens, von fein gebildeten Geistlichen und Laien gehalten, würden auch bei uns einen ähnlichen Erfolg haben wie die in den letzten 3—4 Jahren in Leipzig, Hannover, Berlin u. a. O. veranstalteten. Das Brod des Lebens ist den Gebildeten in einer für sie genießbaren Form zu bieten und die Kluft, welche zwischen dem Christenthum und der Bildung der Jetztzeit gerissen ist, dadurch auszufüllen, daß wir allen alles werden und mit den Mitteln der heutigen Bildung den Gebildeten nahe zu kommen und sie für die rechte Bildung, die christliche, zu gewinnen suchen.

Lasset uns nicht müde werden, den Namen Christi als den Namen zu verkündigen und zu bekennen, in dem allein Heil und Heilung ist. Der Herr gebe uns bei aller Arbeit der J. M. Liebe, Weisheit, Geduld und den festen Glauben, daß der, der in seinen Gläubigen, in der Kirche lebt dem Fürsten dieser Welt und aller Sündennoth gewachsen ist. „Der in uns ist, ist größer denn der in der Welt ist" 1 Joh. 4,4.

Anhang.

Literatur.

Die mit einem * versehenen Schriften sind theils ganz, theils sind einzelne Jahrgänge derselben von dem Verfasser zur Abfassung dieser Schrift gelesen unbedeutendere sind weggelassen.

A. Innere Mission im Allgemeinen.

* 1. Dr. Wichern: Die innere Mission der deutsch = ev Kirche. Rauhes Haus, Hamburg 22½ Sgr.

* 2. Prof. v. Zezschwitz: Innere Mission, Volkserziehung und Prophetenthum. Frankfurt a. M. 1864.

   3. Past. v. Kölln: Der Dienst der Gemeinde am Bau des Reiches Gottes. Breslau, Max Mälzer. 10 Sgr.

* 4. Past. Lehmann: Die Werke der Liebe. Sechs Vorträge über innere Mission. Leipzig, Heinrichsche Buchhandlung. 1870. 1 Thlr. (sehr anregend).

* 5. Busch: Hilfsbüchlein. Gotha, Perthes. 1872 (sehr brauchbar).

   6. Dr. Coulin: Die christliche Werkthätigkeit. Weimar, Böhlau. 1870.

* 8. Jahresberichte des Centralausschusses für die innere Mission der deutschen ev. Kirche.

* 7. Geordnete Liebesthätigkeit. Hamburg, Niedersächsische Gesellschaft zur Verbreitung christlicher Erbauungsschriften. 1867.

* 9. Die Verhandlungen des deutschen ev. Kirchentages (von 1848 ab). Berlin, Wilh. Hertz, Besser'sche Buchhandlung.

* 10. Fliegende Blätter aus dem Rauhen Hause bei Hamburg monatlich 1 Nummer, jährlich 1 Thlr.; Beiblatt dazu, monatlich 1 Nummer, jährlich 10 Sgr.; durch die Post zu beziehen (beide sehr empfehlenswerth.)

* 11. Geschichten und Bilder aus der inneren Mission. 17 Bde. 1. u. 2. Jahrgang zu 12 Sgr., 3—7 Jahrgang zu 7½ Sgr, Hamburg, Agentur des Rauhen Hauses.

  12. Duisburger Sonntagsblatt, wöchentlich 1 Nummer, halbjährlich 7½ Sgr., durch die Post zu beziehen.

* 13. Dr. Schian, Pastor: Die innere Mission in Schlesien, ihre Aufgaben und ihre Arbeiten. Liegnitz, Verlag des schlesischen Provinzialvereins für innere Mission. 5 Aufl. 1869. 4 Sgr.

* 14. Die innere Mission, ihre Arbeiten und Aufgaben in Ostpreußen. Berlin, Hofbuchhandlung von Heinersdorf. 1872 8 Sgr.

* 15. O. Simon: Die Aufgaben und Arbeiten der inneren Mission in der Prov. Sachsen Halle, Julius Fricke. 1873. 7½ Sgr.

* 16. Th. Schmalenbach: Die innere Mission in Westfalen Gütersloh. C. Bertelsmann. 12 Sgr.

B. Sonntagsheiligung.

1. Oschwald: Die christliche Sonntagsfeier. Leipzig, Gebhard und Reysland. 1850.

2. Dr. F. Liebetrut: Die Sonntagsfeier. Preisschrift. Hamburg, Rauhes Haus. 10 Sgr.

3. Denkschrift über die zur Beförderung der Sonntagsheiligung im ev. Deutschland u. s. w. anzuwendenden Mittel. Ebendaselbst. 3 Sgr.

4. Erster gekrönter Preisversuch über die zeitlichen Segnungen einer zweckmäßigen Sonntagsfeier. Ebendaselbst. 3 Sgr.

* 5. Viernaßky: Was ist seit dem Jahre 1848 zur Wiederherstellung einer christlichen Sonntagsfeier in Deutschland geschehen. Ebendaselbst. 1856.

* 6. W. v. Kröcher: Vier Vorträge über Sonntagsheiligung. Hauptverein für christliche Erbauungsschriften, Berlin. 1864. 1½ Sgr.

7. Der Sonntag der Tagelöhner. Ebendaselbst. 1½ Sgr.

C. Die innere Mission in der Familie.

Die innere Mission in der Familie, mit besonderer Beziehung auf den Hausgottesdienst. Vortrag Hamburg, Rauhes Haus.

D. Die innere Mission an den Kindern.

1. Joh. Vögehold: Die christliche Kleinkinderschule, monatlich 1 Nummer, halbjährlich 10 Sgr., durch die Post zu beziehen.

* 2. Adolf Freiherr von Vissing-Beerberg: Was Noth thut oder: die Kleinkinderschule. Hamburg, Rauhes Haus. 10 Sgr.

* 3. Derselbe: Die christliche Kleinkinderschule, ihre Entstehung und Bedeutung. Denkschrift im Namen des Kleinkinderschul-Centralcomitées herausgegeben. Leipzig, C. Bredt. 1872.

4. Derselbe: Die grundlegende und gemeinbepflegende Kleinkinderschule nicht nur nützlich, sondern nothwendig. Eine Denkschrift u. s. w. Ebendaselbst. 1874. 2 Sgr. 50 Stück 2 Thlr.

5. Joh. Hesekiel: Die Kleinkinderschule in ihrer Bedeutung für die Arbeiterfrage. Magdeburg, Heinrichshofensche Buchhandlung.

6. Past. Quandt: Die christliche Sonntagsschule. Berlin, Max Matthies. 2½ Sgr.

7. D. Prochnow: Die Sonntagsschule, illustrirte Kinderzeitung. 4 Nummern monatlich, 12½ Sgr. jährlich, durch die Post zu beziehen.

8. Derselbe: Der Sonntagsschulfreund, für Sonntagsschullehrer und Lehrerinnen, 1 Nummer monatlich, 12½ Sgr. jährlich, durch die Post zu beziehen.

9. Die Kinderharfe, Sonntagsschul-Liederbuch. Hauptverein für christliche Erbauungsschriften, Berlin. 2½ Sgr.

* 10. An die Empfänger. Aus dem Beiblatt der fliegenden Blätter des Rauhen Hauses. 1868.

* 11. W. Bröckelmann: Die Sonntagsschule. Vortrag. Heidelberg, Fabricius. 1869.

* 12. Aphorismen über die christliche Sonntagsschule, vom Provinzialverein für innere Mission in Königsberg für 1½ Sgr. zu beziehen.

* 13. Andreas Graf Bernstorff: Ich habe noch genug mit mir selbst zu schaffen. Vortrag bei der Konferenz der Sonntagsschullehrer und Lehrerinnen. Berlin, Max Matthies. 1868.

14. Past. Liesmeyer: Die Praxis der Sonntagsschule. Barmen, H. Klein. 1874. 12½ Sgr.

15. Ueber Kindererziehung u. s. w. Mit einem Vorwort von K. Bormann, Provinzialschulrath. Berlin, Wiegand und Grieben. 10 Sgr.

* 16. Haff: Ueber Waisenversorgung. Allenstein, Harich. Selbstverlag. 1870. 5 Sgr.

E. Die innere Mission an den Jünglingen und Jungfrauen.

* 1. J. Hesekiel: Die Mission an den Jünglingen. Berlin, Wiegandt und Grieben. 1864. 8 Sgr.

* 2. Prof. Kl. Perthes: Das Herbergswesen der Handwerksgesellen. (Gotha, Perthes. 1856. 8 Sgr.

3. G. Augener: Die Herbergen zur Heimath und die Vereinshäuser. Bielefeld und Leipzig, Velhagen und Klasing. 12 Sgr.

4. Der Bundesbote von Berlin. Organ der Jünglingsvereine des östlichen Deutschlands, seit 1859, 2 Nummern monatlich, 12½ Sgr. jährlich, durch die Post zu beziehen.

5. Brandis: Ein Wort über Gesellen- und Jünglingsvereine. Bonn. 1852.

6. Meyeringk: Ein Wort an und über Jünglings- und Gesellenvereine. 1858.

* 7. Der Jugend Noth und Hilfe. Zur Geschichte der Jünglingsvereine. Berlin, Hauptverein für christliche Erbauungsschriften. 1861. 1½ Sgr.

8. Körner: Die evangelischen, Jünglingsvereine. Berlin, Verlag des ev. Vereinshauses. 1½ Sgr.

9. Hülle: Die Herbergen zur Heimath. Ebendaselbst. 2½ Sgr.

* 10. Ed. Reichenau: Die Fortbildungsschule im Anschluss an die Volksschule als Mittel der Volkserziehung. Berlin, Besser'sche Buchhandlung. 1869. 5 Sgr.

11. Planer: Fortbildungsschulen. Wien, Pichlers Wittwe und Sohn. 1874. 10 Sgr.

12. E. Kannegießer, Archidiakonus zu Rathenow: Monatsschrift zur Beförderung des Fortbildungsschulwesens in Stadt und Land, halbjährlich 8 Sgr., vom Herausgeber zu beziehen.

13. Dr. Herbst, Pastor in Nymwegen in Holland: Die Magdalenensache. Elberfeld, Friederichs. 1867. 15 Sgr.

14. Lösche: Die Mädchenzeitung. Berlin. 6½ Sgr. jährlich.

* 15 Dr. Jaspis, Generalsuperintendent: Winke über die Versammlungen der konfirmirten Jugend. Berlin, Hauptverein für christliche Erbauungsschriften. 1870. 1½ Sgr.

F. Die innere Mission an den Kranken und Armen.

1. J. Disselhof: Das Diakonissenamt in der evangelischen Kirche. Berlin, Ed. Beck. 5 Sgr.

2 Nik. Beets: Das Krankenbett. Hamburg, Rauhes Haus. 7½ Sgr.

3. Disselhof: Der Armen- und Krankenfreund, Monatschrift. Berlin (Ed. Beck), 16 Sgr., durch die Post zu beziehen.

4. Dieffenbach: Evangelische Krankenblätter. Mainz, Kunzes Nachfolger.

5. Chalmers: Die kirchliche Armenpflege, übersetzt von Gerlach. Berlin. 1847.

6. E. Heinersdorf: Ein Wort über die Bettelei und Armenpflege in Ostpreußen. Gerdauen, Scheschonka. 1869.

G. Die innere Mission an den Gefangenen und aus dem Gefängniß Entlassenen.

* 1. Vorberg: Den Gefangenen eine Erledigung. Verlag der Rheinisch-westfälischen Gefängnißgesellschaft. Köln, Römke.

2. Das Werk der Liebe an den entlassenen Strafgefangenen. Derselbe Verlag.

3. A. Natorp: Kreuz und Kerker. Derselbe Verlag. 5 Sgr.

* 4. Jahresberichte der rheinisch-westfälischen Gefängnißgesell=
schaft. Düsseldorf. Selbstverlag der Gesellschaft.

5. Die Fürsorge für entlassene Sträflinge. Hamburg,
Rauhes Haus.

6. von Valentini: Das Verbrecherthum im preußischen
Staate. Leipzig. 1869.

II. Die innere Mission an den Evangelischen der Zerstreuung.

* 1. A. Natorp: Philadelphia, das Werk der evangelischen
Bruderliebe im Gust=Ad.=Verein. Düsseldorf, Gestewitz
3. Aufl. 1865. 4 Sgr. (zu empfehlen).

* 2. Gustav=Adolf=Bote für die Prov. Preußen. I.—V. Bd.
Hft. 1—10. Königsberg, Hartung, bis 1874.

I. Kampf gegen die Trunksucht.

* 1. Dr. Wald: Centralblatt für sämmtliche Enthaltsamkeits=
vereine u. s. w. 8 Nummern jährlich, durch die Post 7
Sgr. jährlich, durch den Centralverein 10 Exemplare für
1 Thlr.

* 2. Böttcher, Pastor: Drei Aktenstücke in Sachen der Mä=
ßigkeitsreform. Hannover, Gohmann. 1869.

3. G. Thümmel: Enthaltsamkeitsbuch. Verlag der Wup=
perthaler Traktatgesellschaft.

* 4. Dr. Wald: Neues Enthaltsamkeitsbuch. Königsberg.
Verlag des Central=Enthaltsamkeits=Vereins. 2 Sgr.

K. Kampf gegen die Unzucht.

* 1. Die öffentliche Sittenlosigkeit. Berlin, Enßlin. 3 Sgr.

2. v. Kapff: Warnung eines Jugendfreundes vor dem ge=
fährlichsten Jugendfeind. Stuttgart, Liesching. 5 Sgr.

L. Die sociale Frage und die innere Mission an den Arbeitern.

1. V. A. Huber: Concordia. Beiträge zur Lösung der so=
cialen Fragen. Leipzig. 1861.

2. Derselbe: Sociale Fragen. Nordhausen, Förstemann.
1863. 7 Bdchen zu 5—6 Sgr.

* 3. Dr. Wichern: Die Mitarbeit der Kirche an den socialen
Aufgaben der Gegenwart. Verhandlungen der kirchlichen
Oktoberversammlung des J. 1871. Berlin, Wiegandt
und Grieben. 1872.

4. von Oertzen=Saffen: Ein Wort über die sociale Frage.
Vortrag. Hamburg, Rauhes Haus. 10 Sgr.

5. Prof. Kuntze: Die sociale Frage und die innere Mission. Leipzig, Buchhandlung des Vereinshauses. 15 Sgr.

* 6 Prof. v. d. Goltz: Die sociale Frage. Vortrag. Danzig, Kafemann. 1872.

* 7. Derselbe: Die ländliche Arbeiterfrage und ihre Lösung. Ebendaselbst. 1872. 1 Thlr. 15 Sgr. (empfehlenswerth).

8. Concordia, Zeitschrift für die Arbeiterfrage, 8 Nummern monatlich. Berlin, Enslin. 20 Sgr. vierteljährich, durch die Post zu beziehen.

9. Der Arbeiterfreund, Zeitschrift. Halle, Verlag des Waisenhauses.

10. Bilder aus dem Arbeiterleben, oder wie gelangt ein Volk zur wahren Bildung? Hamburg, Rauhes Haus. 5 Sgr.

11. Was kann die innere Mission zur praktischen Lösung der Arbeiterfrage thun? Erster Jahresbericht der südwestdeutschen Konferenz für innere Mission, Karlsruhe.

12 F. W. Otto: Arbeit und Christenthum. Gütersloh, Bertelsmann. 12 Sgr.

* 13. A. Peters: Die Arbeiterfrage im Lichte des Christenthums. Zwickau, Verein zur Verbreitung guter und wohlfeiler Schriften. 1870.

* 14. Gust. Nebe: Die Stellung der Kirche zur Arbeiterfrage. Halle, Julius Fricke. 1872 (zu empfehlen).

* 15. J. Quistorp, Kommerzienrath: Der Kern der Arbeiterfrage. Stettin. 1872.

16. K. Wächtler: Die Arbeiterfrage, vom christlich-ethischen Standpunkte aus beleuchtet. Bielefeld und Leipzig, Velhagen und Klasing. 1872.

17. A. Trümpelmann: Bilder aus den Verhältnissen der ländlichen Arbeiterbevölkerung. Gotha, Perthes. 1874. 10 Sgr.

18. Dr. E. Say: Die Wohnungszustände der arbeitenden Klasse und ihre Reform. Wien, Pichler.

19. Dr. Fabri: Die Wohnungsverhältnisse der Fabrikarbeiter. Barmen, Langenwiesche.

20. Dr. Frhr. v. d. Goltz und W. Kinzel: Ländliche Arbeiterwohnungen, mit Plänen und Kostenanschlägen. Gekrönte Preisschrift. Königsberg, Theile.

M. Presse.

1. Verzeichniß guter Jugend- und Volksschriften. Hamburg, Rauhes Haus.

2. F. Schaubach: Charakteristik der heutigen Volksliteratur. Hamburg, Rauhes Haus. 1863. 12 Sgr.

3. F. Löwe: Kritische Musterung der Traktate deutsch-evangelischer Gesellschaften. Ebendaselbst. 10 Sgr.

* 4. F. Bodemann: Die Verbreitung christlicher Schriften, insonderheit die christliche Kolportage u. s. w. Gotha, Perthes. 1868. 10 Sgr.

* 5. Die Religion der Gartenlaube. 4. Aufl. Eckartsberga. 1868. ½ Sgr.

* 6. Prof. Zöckler: Einfluss der Presse auf das kirchliche Leben der Gegenwart. Berlin, Hofbuchhandlung von Heinersdorff. 7½ Sgr.

7. H. Höpfner: Praktischer Wegweiser durch die christliche Volksliteratur, Bonn, A. Marcus. 1873. 22½ Sgr.

N. Bildung, Natur, Kunst, Kultur und Volksthum im Verhältniß zum Christenthum.

1. Dr. D. Woysch: Materialismus und christliche Weltanschauung. Hamburg, Rauhes Haus. 15 Sgr.

2. L. Konrady: Kultur und Christenthum. Vortrag. Wiesbaden, J. Niedners Verlagsbuchhandlung. 10 Sgr.

3. Dr. F. G. Arndt: Ueber Erhaltung christlich deutscher Volkssitten. Berlin, Wiegand und Grieben. 5 Sgr.

4. Past. von Bodelschwingh: Das deutsche Volksfest. Langenberg, Verlag des rheinisch-westfälischen Ausschusses für innere Mission.

5. Th. Zollmann: Bibel und Natur in der Harmonie ihrer Offenbarungen. Hamburg, Rauhes Haus. 1 Thlr. (gekrönte Preisschrift.)

6. H. Heinrici: Teutsches Volksthum und deutsches Christenthum. Vortrag. Bremen, C. Müller. 5 Sgr.

7. F. Oldenberg: Ein Streifzug durch die Bilderwelt. Hamburg, Rauhes Haus. 6 Sgr.

8. Dr. F. Lübker: Bildung und Christenthum. Ebendaselbst. 1 Thlr. 10 Sgr.

* 9. E. Frommel: Von der Kunst im täglichen Leben. Berlin, Wiegandt und Grieben. 12½ Sgr.

Außer schriftlichen, amtlichen und privaten Berichten über einzelne Kreise und über einzelne Gemeinden, gedruckten Jahresberichten der Anstalten und Vereine und den Mittheilungen des ev. Gemeindeblattes und größerer Kirchenzeitungen sind noch benutzt worden: 1. die statistischen Arbeiten des Reg=Rath H. Oelrichs über den Rgbz. Danzig (4 Werke, 1863—1869 erschienen), 2. die preußische Statistik vom statistischen Bureau herausgegeben, No IX.—XVI. Berlin 1863—1869, 3. die geographischen und geschichtlichen Handbücher über die Prov. Preußen von Müller und Wilh. v. St. Paul, 4. die Prov. Preußen, Königsberg, 1863 und 5. Kreis=Geschichten und Statistiken von Rhode über den Kr. Elbing, Fröhlich über den Kr. Graudenz, Schmidt über die Kreise Dt. Crone und Stuhm und über den Marienburger Kreis von Eckert und Parey.

Inhalt.